Ein Hoch auf den Montag

Glück im Beruf für Fach- und Führungskräfte,
ohne den Job zu wechseln.

Berufslust statt Berufsfrust mit Glücksimpulsen
aus der Positiven Psychologie

Tim Ong

W0212940

IMPRESSUM

Fragen und Anregungen an:

info@tim-ong.de

Copyright © 2022 Tim Ong

Auflage 10/2022

Alle Rechte vorbehalten

Nachdruck, auch auszugsweise, nicht gestattet.

Das Werk, einschließlich seiner Teile, ist urheberrechtlich geschützt.

Jede Verwertung ist ohne Zustimmung des Verlages

und des Autors unzulässig.

Dies gilt insbesondere für die elektronische oder sonstige

Vervielfältigung,

Übersetzung, Verbreitung und öffentliche Zugänglichmachung.

Kontakt:

Tim Ong/ Türkstr. 4/ 30167 Hannover

Covergestaltung und Satz:

Wolkenart - Marie-Katharina Becker,

www.wolkenart.com

Lektorat: Eugenie Dsos

Softcover ISBN: 978-3-96716-067-3

Hardcover ISBN: 978-3-96716-068-0

TIM ONG

EIN Hoch AUF DEN Montag

Glück im Beruf für Fach- und Führungskräfte, ohne den Job zu wechseln.

Berufslust statt Berufsfrust mit Glücksimpulsen aus der Positiven Psychologie

BLEIB MIT DEM NEWSLETTER AUF DEM LAUFENDEN

Abonnier gerne auch meinen **E-Mail-Newsletter**, um über aktuelle Projekte/ (Sonder-)Aktionen von mir informiert zu bleiben. Du erhältst **wertvolle Impulse**, die Dein alltägliches Leben bereichern. Zusätzlich gibt es noch ein **digitales Resilienz-Arbeitsbuch** kostenlos und unverbindlich dazu, welches Dir in schwierigen Zeiten unterstützend zur Seite stehen wird.

Um den Newsletter zu abonnieren, kannst du entweder den QR-Code einscannen oder den darunter stehenden Link eingeben:

SCAN MICH

Hier geht es zum Newsletter: https://qrco.de/bdL8TB

INHALTSVERZEICHNIS

VORWORT

Arbeit ist das, was Sie daraus machen

„Gehst du zur Arbeit – oder willst du glücklich sein?“ Diese provokante Frage könnte man stellen, wenn man in die aktuellen Studien schaut. Die meisten Menschen blühen im Job nicht auf, sondern sie welken. Engagement ist die Ausnahme, innere Emigration die Regel. Corona hat diesen Trend noch verstärkt.

Deshalb kommt das Buch von Tim Ong zum richtigen Zeitpunkt und ist so wichtig: Es zeigt auf, wie Sie Arbeit und Erfüllung miteinander verbinden können. Denn wer bestimmt über Ihr Glück bei der Arbeit? Nicht der Chef, nicht die Firma – sondern Sie selbst. Stellen Sie sich ein A-4-Blatt vor, auf dem sich ganz viele Plus- und Minuszeichen befinden. Was passiert, wenn Sie eine Lupe über ein Minuszeichen halten? Dann sehen Sie nur noch das Minus, nur noch das Negative. Die Pluszeichen werden irrelevant. Viele Arbeitskräfte konzentrieren sich zu sehr aufs Störende. Das raubt ihnen die Energie, ihre Arbeit positiv zu gestalten.

In diesem Buch geht es darum, wie Sie mehr Pluszeichen sehen und mehr Erfüllung in Ihr Arbeitsleben holen können. Tim Ong ist Experte für Positive Psychologie und zeigt Ihnen in komprimierter Form auf, wie Sie Ihre Emotionen steuern und Ihre Einstellung zum Schlüssel zu jener Türe machen, hinter der Ihr persönliches Arbeitsglück wartet. Sie erfahren sogar, warum Stress viel besser als sein Ruf sein kann.

Der Autor lässt nicht nur die neusten Erkenntnisse der Wissenschaft einfließen, sondern er greift auch auf seine Erfahrungen als Coach und Berater zurück. So entsteht eine lebendige Mischung aus Theorie und Praxis, die für Mitarbeiter und Führungskräfte gleichermaßen inspirierend ist.
Arbeit ist das, was wir daraus machen. Dieses Buch zeigt Ihnen, wie Sie künftig mehr daraus machen. Packen Sie's an!

Martin Wehrle, Karriereberater und Bestseller-Autor (u. a. von „Den Netten beißen die Hunde"), **www.karriereberater-akademie.de**

1. EINLEITUNG

„Je mehr Vergnügen du an deiner Arbeit hast, umso besser wird sie bezahlt.“

Mark Twain (1835 - 1910)

Die Arbeit: Sie nimmt einen Großteil unseres Erwachsenenlebens ein, kostet uns oft genug viel Kraft, natürlich auch immer wieder Nerven – und ist doch (zumindest für die meisten von uns) unerlässlich für unser wirtschaftliches Überleben. Darin unterscheiden wir uns nicht von anderen Lebewesen: Diese bewerkstelligen in der Regel ausschließlich unter Einsatz ihrer Kräfte die Nahrungssuche und sorgen für eine sichere Unterkunft für sich selbst und ihren Nachwuchs. Nun, aus diesem Stadium haben wir uns als Mensch längst entfernt. Wir bedienen nur noch einen mehr oder weniger kleinen Abschnitt innerhalb einer langen Kette von Tätigkeiten, die in einem Produkt oder einer Dienstleistung ihr Ergebnis finden. Wie ein winziges Rädchen in einem riesigen Getriebe, wie ein kleines Teil eines gigantischen Puzzles.

Wie alles im Leben hat auch diese Medaille eine zweite Seite: Arbeit kann nämlich ebenso Freude, Erfüllung und Bestätigung bringen, sie kann auf unterschiedliche Weise befriedigen, die persönliche Entwicklung vorantreiben und den Wissensdurst immer weiter befeuern. Und genau an diesem Punkt scheiden sich die Geister: Während sich viele Menschen wie unter großer Last im Hamsterrad abmühen, um permanent zu laufen und doch nicht von der Stelle zu kommen, scheinen sich andere deutlich leichter zu tun. Sie nehmen Herausforderungen an, haben Spaß dabei, sich mit anderen zu messen und ihren Beitrag zum Erfolg des gesamten Vorhabens zu leisten.

Ja, sie blühen regelrecht auf, wenn sie gefordert werden. Und haben auch noch Erfolg!

Was ist ihr Geheimnis? Um dies zu ergründen und wichtige Schlüsse zu ziehen, werden wir uns mit einigen Fragestellungen auseinandersetzen, wie zum Beispiel: Was genau ist heutzutage das Besondere an menschlicher Arbeit? Wieso ist dieser wichtige Teil unseres Lebens für viele Menschen so schwer, so eine Belastung – und für andere nicht? Und was hat Positive Psychologie mit all dem zu tun? Lass uns also zunächst näher darauf eingehen, was die heutige Arbeit ausmacht und wie sie sich im Laufe der Zeit verändert hat. Auf dieser Grundlage stecken wir die Wege ab, die Dich zu einem erfüllten Berufsleben führen. Nicht nur theoretisch, sondern ganz praktisch und leicht umsetzbar.

Tipp: Wenn Dich beispielsweise die geschichtlichen Hintergründe weniger interessieren, kannst Du diesen Part gerne überspringen. Allgemein empfehle ich Dir, einfach dort hineinzulesen, wo Du aktuell den größten Mehrwert für Dich siehst.

2. DIE BESONDERHEITEN DER ARBEIT VON HEUTE

Wir sind jederzeit erreichbar, können Informationen aus aller Welt in Echtzeit konsumieren und in vielen Fällen faktisch von überall arbeiten – die heutige Arbeitswelt hat, von der immer stärkeren Arbeitsteilung und Spezialisierung abgesehen, nicht mehr viel mit der von Karl Marx zu tun. Bringt die moderne Kommunikations- und Informationstechnik eine Menge Komfort und Flexibilität für Arbeit und Privates, verschwimmen gerade diese beiden wesentlichen Bereiche des menschlichen Lebens zunehmend: Schon lange vor der Corona-Pandemie und den damit verbundenen drastischen Änderungen in der Arbeitswelt hat knapp die Hälfte der Berufstätigen wenigstens gelegentlich die Möglichkeit genutzt, von zu Hause aus zu arbeiten, wie eine im Jahr 2012 vom Digitalverband Deutschland Bitkom durchgeführte Umfrage ergab. Zwischenzeitlich wurde aus der Not eine Tugend gemacht: Pandemiebedingt mussten alle Arbeiten, die flexibel zu erledigen sind, ins Home-Office verlegt werden. Damit wird es **immer schwerer, die Arbeit von der Freizeit zu trennen:** Arbeitnehmer sollen aus Sicht der Unternehmen permanent zur Verfügung stehen, was oft genug die reguläre Arbeitszeit sprengt.[1]

---

1 Bitkom (2013): Arbeit 3.0 – Arbeiten in der digitalen Welt. URL: https://www.bitkom.org/sites/default/files/file/import/Studie-Arbeit-30.pdf [Stand: 15-11-2021]
Greef, S.; Schroeder, W.; Sperling, H. J. (2020): Plattformökonomie und Crowdworking als Herausforderungen für das deutsche Modell der Arbeitsbeziehungen. In: Industrielle Beziehungen, Vol. 27 (1), S. 205-226

Doch die technologischen Möglichkeiten bringen auch vollkommen **neue Arbeitsmodelle** hervor, wie zum Beispiel die Plattformökonomie in ihrer enormen Komplexität: Das einst bilaterale Arbeitsverhältnis wird zum Dreiergespann, denn neben Auftraggeber/Arbeitgeber und Auftragnehmer/ Arbeitnehmer gibt es die Online-Plattform, auf der sich Angebot und Nachfrage treffen. Die Plattformunternehmen setzen die Regeln für die Arbeit – und dabei neue Maßstäbe. Die Regulierungsbemühungen schreiten nur langsam voran, dabei hat sich die Plattformarbeit bereits in vielen Wirtschaftsbranchen etabliert, so dass sich unter dieser sehr grob gefassten Überschrift die unterschiedlichsten Plattformunternehmen sammeln: IoT-Plattformen ebenso wie Lieferdienste, Plattformen zur Vermittlung von Haushaltshilfen, Freelancern oder Künstlern bis hin zu den speziellen Dienstleistungen, wie sie Webcam-Models anbieten.[2]

Es stellen sich in der modernen Arbeitswelt also ganz neue Herausforderungen, die auch eine **Neufassung des Arbeitsbegriffes notwendig** machen. Das ist umso komplizierter, als dass es derzeit noch keine klaren Vorstellungen davon gibt, wie sich die menschliche Arbeit im Zuge der Digitalisierung, Vernetzung und Automatisierung weiter verändern wird: Wird die menschliche Arbeitskraft in den nächsten Jahren überhaupt noch gebraucht werden? Mit Sicherheit, allerdings wird diese Nachfrage stark von der relevanten Branche und dem konkreten Berufsbild abhängen. Ob und inwieweit sich die herkömmlichen Arbeitsmodelle behaupten können, das sei noch dahingestellt. Schon heute zeichnet sich ab, dass sich die Anforderungen dramatisch verändern.

Die neue Arbeitswelt: VUCA

Und diese Veränderungen kommen nicht von ungefähr: Unternehmen bewegen sich derzeit in einem ganz anderen Marktumfeld, als dies noch vor 50 Jahren der Fall war. Technologische Innovationen lösen in immer

2 Wintermann, O. (2019): Studie zur Plattformarbeit – So ist die Lage - und so kann es weitergehen. URL: https://www.zukunftderarbeit.de/2019/05/07/plattformarbeit-in-deutschland-freie-und-flexible-arbeit-ohne-soziale-sicherung/ [Stand: 18-11-2021]

kürzeren Abständen lang bewährte Technologien, Produkte oder Dienstleistungen ab, führen zu deren vollständigen Verdrängung – und damit zu fehlgeschlagenen Investitionen. Langfristige Planungen werden von vielen **Unwägbarkeiten und damit Unsicherheiten** begleitet. Mit einem Wort: Unternehmen müssen lernen, in der VUCA-Welt zu überleben. Dieses Akronym steht für:[3]

Volatility (Volatilität) – sich häufig und vor allem umfassend verändernde marktwirtschaftliche Gegebenheiten

Treiber dieser Veränderungen können **neue Technologien** sein, **aber eben auch sich ändernde kulturelle Rahmenbedingungen oder neue Regularien.** Neue Mitbewerber treten auf den Plan, Produkte werden ersetzt – und die Produktlebenszyklen verkürzen sich zunehmend. Damit verändern sich jedoch auch die Bedürfnisse und Erwartungen der Kunden. *Allein das Smartphone hat unser Leben seit 2007 drastisch verändert: Längst ist es normal, immer und überall online zu sein – und wir gehen davon aus, dass wir jederzeit die gewünschten Informationen und komfortablen Funktionen nutzen können. Wie viel hat sich seit den Telefonen mit Wählscheibe verändert? Diese Entwicklung hatte über Jahrzehnte Bestand – heute veralten Smartphones und iPhones bereits innerhalb kürzester Zeit. Dazu tragen nicht allein die Geräte bei, sondern auch flankierende Technologien, wie zum Beispiel die Einführung von 5G, neuer Chip-, Lade- und Batterietechnologien. Ein erfolgreiches Modell oder eine Modellreihe können also die kontinuierliche Geschäftsentwicklung nicht mehr garantieren, wie Samsung im vierten Quartal 2019 erleben musste: Die Chip-Preise waren so drastisch gesunken, dass das Unternehmen dazu gezwungen war, eine Gewinnwarnung herauszugeben.*

---

3 Me & Company: VUCA Welt – Definition, Beispiele und Workhacks für agile Führungskräfte. URL: https://www.me-company.de/magazin/vuca-welt/ [Stand: 12-11-2021]

Uncertainty (Ungewissheit) – nicht vorhersehbare künftige Marktentwicklungen

Diese sich **zunehmend verkürzenden Produktlebenszyklen** erschweren wirtschaftlich sinnvolle Entscheidungen – Marktanalysen haben nur noch eine begrenzte Halbwertzeit. Das führt naturgemäß zu Unsicherheiten und Druck, denn Unternehmen müssen schneller auf Entwicklungen am Markt reagieren können:

- Welche Technologie ist die richtige?
- Wird das Geschäftsmodell noch funktionieren – und wenn ja, wie lange?
- Wie kann sich das Unternehmen im Wettbewerb – auch im globalen – behaupten?
- Welche Berufe sind künftig notwendig, um das Angebot zu realisieren?

Die Resultate dieser Überlegungen können jedoch jederzeit über den Haufen geworfen werden, wenn sich eine Innovation am Markt durchsetzt. Diese werden zwar oft genug zunächst wenig Beachtung geschenkt, lösen aber regelmäßig Dynamik aus – auch wenn sich diese meist auf die Entwicklung von MeToo-Produkten bezieht, wie das Beispiel Tesla zeigt. Die großen deutschen Automobilhersteller brauchten bis 2019, um überhaupt E-Fahrzeuge auf dem Markt zu etablieren. Von autonomem Fahren, einer ansprechenden Performance oder ausgefeiltem In-Car-Entertainment konnte da noch nicht die Rede sein. Um die Zukunft der etablierten Automobilbranche zu sichern, mussten erst spezielle Innovationsbereiche gegründet werden.

Complexity (Komplexität) – ein Umfeld mit vielen und noch unbekannten Elementen

Angesichts der vielfältigen, sich verändernden Faktoren wie Technologien, Regularien, Globalisierung der Märkte, auf den Markt drängende Wettbewerber haben es Unternehmen und deren Führungskräfte immer schwerer, die einzelnen Entwicklungen nachzuvollziehen. Was war die Ursache? Oder war es eine Wirkung, die auf eine andere Ursache zurückgeht? **Aktionen**

und Reaktionen, Strömungen und Wechselwirkungen – es sind zu viele Ebenen, auf denen Veränderungen parallel stattfinden. Wie sollen Führungskräfte in diesem System noch Einfluss nehmen? Erschwerend kommt hinzu, dass Unternehmen oft genug selbst für ein zusätzliches Maß an Komplexität sorgen:

- Sie unterteilen die anstehende Arbeit in immer kleinere Schritte, um die Qualität zu verbessern. Allerdings müssen die Ergebnisse wieder zusammengeführt werden. Also werden Experten ausgebildet, die wiederum von speziellen Managern geführt werden. Die Organisationsstruktur nimmt in der Folge immer mehr an Komplexität zu – Aufwand und Nutzen stehen selten in einem interessanten Verhältnis.

- Sie drücken aufs Tempo, um die anstehenden Projekte schneller zum Abschluss zu bringen. Es liegt auf der Hand, dass der Zeitdruck zu Lasten von Planungen und Standards geht, die tatsächlichen Prozesse aber eben auch immer komplexer werden.

- Sie vergrößern ihr Leistungsspektrum und die Produktpalette, um auf diese Weise die Umsatzzahlen zu verbessern. Doch Produkte müssen jeweils konzipiert, entwicklungstechnisch ausgearbeitet und auf den Markt gebracht werden – damit steigt auch die Produktkomplexität.

Je komplexer jedoch die Umgebung wird, desto schwieriger ist die Einschätzung von innovativen Maßnahmen in Bezug auf deren Wirkung und möglichen Erfolg – und hier kommt ein ganz menschlicher Zug zum Tragen: Aus Angst vor einem fehlerbedingten Karriereknick, meiden Führungskräfte eventuelle Risiken und halten an Bewährtem fest. Mit fatalen Folgen, wie sich immer wieder zeigt, denn wegen fehlender Innovationskraft und stagnierender Weiterentwicklung wird letztendlich der unternehmerische Erfolg auf lange Sicht negativ beeinträchtigt.

Hier bietet sich der Vergleich mit einer IT-Infrastruktur in großen Unternehmen an, denn diese wachsen häufig einfach so im Laufe der Jahre aus vielfältigen Lösungen zusammen. Allerdings ist die Dokumentation zu oft unzureichend, fußt auf einer Betriebsumgebung, die längst veraltet ist, und enthält Details wie Schnittstellen, die zum Teil schon wieder vergessen sind. Die Folge: Die gesamte IT-Infrastruktur ist kompliziert, schwierig zu bedienen und entsprechend langsam. Jede neue Applikation wird zum Risiko – und kann richtig Geld kosten:

- 1990 brach das AT&T-Netzwerk zusammen, als der Code um eine neue Zeile ergänzt wurde und einen Fehler enthielt – das kostete mehrere 100 Millionen US-Dollar.

- 2012 wollte Knight Capital ein Update für die Handelssoftware aufspielen, was nicht komplett gelang, aber einen Test-Code wieder zum Leben erweckte – und damit auch automatisierte Anleihe-Ankäufe startete. Innerhalb einer knappen Stunde belief sich der Schaden auf 440 Millionen US-Dollar, so dass das Unternehmen Kredite aufnehmen musste, um nicht in die Insolvenz zu rutschen.

- Im Oktober 2018 stellte Haribo sein Warenwirtschaftssystem um, wobei fehlerhafte Stammdaten übersehen wurden. Die Produktion von kompletten Artikeln wurde nicht gestartet, so dass sich die Lieferausfälle von mehr als 10 Prozent bis Anfang 2019 hinzogen.

Doch es sind nicht nur die potentiellen Folgen derartiger Entscheidungen, die Führungskräften zu schaffen machen, sondern auch der Aufwand derartiger Umstellungen selbst. Um vorhandene Systeme zu schützen, erfolgen Neuerungen nur in eng begrenzten Zeiträumen – echte IT-Innovationen, die die Wettbewerbsfähigkeit erhalten könnten, finden deswegen nur selten und dann noch viel zu langsam statt.

Ambiguity (Ambiguität) – unterschiedlich zu deutende Informationen

Informationen stellen heutzutage ganz eigene Werte dar – können sie jedoch auf mehrere Weisen interpretiert werden, bergen sie Risiken, schließlich drohen falsche Entscheidungen. Und damit sind wir wieder bei den Führungskräften, die logischerweise Angst haben, sich selbst oder dem gesamten Unternehmen zu schaden. Wie sollen sie in einer solchen Situation mutige Entscheidungen treffen und die richtigen strategischen Maßnahmen ergreifen? Doch diese Unsicherheit hemmt die Unternehmensentwicklung, die gerade in dieser schnelllebigen Zeit so wichtig ist.

Kannst Du Dich noch an Kodak erinnern? Das US-amerikanische Unternehmen brachte 1975 die erste Digitalkamera der Welt hervor – aber nicht auf den Markt. Diese Innovation hätte das eigene Hauptgeschäft, nämlich das mit Filmen, beeinträchtigt. Doch die Konkurrenz schlief nicht, Sony zog Anfang der 1980er Jahre nach und stellte eine eigene Digitalkamera vor. Was machte Kodak? Das Management ließ eine Studie anfertigen, um die Gefahr, die von der digitalen Fotografie für das eigene Geschäft ausgeht, zu erforschen. Das Ergebnis: kein Problem – zumindest in den nächsten rund 10 Jahren nicht. Für Kodak war das Grund genug, sich weiter auf die Filme zu konzentrieren. Die Umsätze brachen Ende der 1980er Jahre ein, selbst die 1991 eingeführte eigene Digitalkamera konnte die Insolvenz nicht mehr abwenden.

Wie die VUCA-Welt die Arbeit beeinflusst

Es lässt sich leicht nachvollziehen, dass diese VUCA-Welt für **Unternehmen** nicht leicht zu handhaben ist, denn **sie sind quasi unwissend:** Veränderungen lassen sich kaum vorhersagen, wie sollen sie also effektiv reagieren? Und diese aus der Unwissenheit resultierende **Ohnmacht führt zu Verunsicherung:** Führungskräfte ringen um Kontrolle, sie führen ihre Teams reflexartig enger – und damit ineffektiver: Vor einer Entscheidung sind Abstimmungen durchzuführen, denen wiederum Berichte, Jour Fixes und eine wahre Flut an E-Mails mit ausuferndem E-Mail-Verteiler vorausgehen. Es sollen so viele Informationen zusammengetragen werden, dass eine belastbare Entscheidungsgrundlage vorliegt. Dieser Versuch kostet nicht nur viel zu viel Zeit, sondern ist kontraproduktiv und letztendlich zum Scheitern verurteilt, weil er kein wirksames Mittel gegen den Kontrollverlust darstellt. Er geht darüber hinaus zu Lasten der Mitarbeiter: Der *Aufwand und damit der Stress steigen,* die Maßnahmen zeitigen aber keine Wirksamkeit – die Motivation geht in den Keller.[4]

Hier ist in erster Linie die **Führungsriege gefragt:** Einerseits muss sie den faktischen Kontrollverlust akzeptieren, was jedoch nicht bedeutet, dass Unternehmen blind zu steuern wären. Sinnvoller wäre es, neue Perspektiven einzunehmen und mit realistischen Zielen zu arbeiten. Die können sich naturgemäß nur auf begrenzte Zeiträume beziehen. Andererseits ist Komplexität ebenso abzubauen wie oft über Jahrzehnte gewachsene hierarchische Strukturen, die alle Prozesse bremsen und vor allem die notwendigen Veränderungen nahezu unmöglich machen.

Nicht umsonst formulieren laut Oliver Bendel im Gabler Wirtschaftslexikon und einige Unternehmensberatungen eine eigene VUCA-Antwort auf die Herausforderungen der neuen Welt, nämlich

- Vision (Vision)
- Understanding (Verstehen)
- Clarity (Klarheit
- Agility (Agilität)[5]

So soll, zugegebenermaßen auf eine sehr vereinfachende Art, eine positive Sichtweise als Bewältigungsstrategie entwickelt werden. Fakt ist jedoch, dass **Agilität und Empathie** unverzichtbar werden, um die anstehenden Fragen anzugehen:

---

4 a. a. O.

5 Bendel, O.: VUCA – Definition - Was ist „VUCA"? URL: https://wirtschaftslexikon.gabler.de/definition/vuca-119684#:~:text=Definition%3A%20Was%20ist%20%22VUCA%22,Merkmale%20der%20modernen%20Welt%20beschrieben [Stand: 13-11-2021]

- Was interessiert die Kunden wirklich?
- Was geht generell in der Zielgruppe vor?
- Welche Bedürfnisse sollten bedient werden?

Die Antworten geben letztendlich die Richtung vor, in die sich Unternehmen bewegen müssen. Gleichzeitig sollte die wichtigste Ressource überhaupt in den Fokus gerückt werden – die **Arbeitskräfte in ihrer ganz eigenen Komplexität:**

- Wie verkraften diese die Veränderungen?
- Werden sie auf dem wichtigen unternehmerischen Weg wirklich mitgenommen und dafür qualifiziert?
- Sind sie motiviert, die Herausforderungen mit aller Kraft anzugehen?

Gerade in diesen Punkten schlummert ein enormes Potential, doch viele Führungskräfte hängen noch immer den veralteten Führungsstilen an, die auf Kontrolle und Beschäftigung um jeden Preis fußen. So lassen sich die Herausforderungen unserer Zeit nicht meistern, im Gegenteil. Dieses Vorgehen macht krank. Dabei ist die physische Gesundheit ebenso wichtig wie die psychische – und die wird in dieser neuen Arbeitswelt besonders gefordert.

Neugier und Mut als wichtige Ressourcen für die Zukunft

Es hat sich bereits viel verändert, seit der Mensch sich bewusst mit Arbeit befasst – und die Geschwindigkeit dieser Entwicklung nimmt stetig zu. Gleichzeitig fehlen derzeit die klaren Vorstellungen davon, wie die **Arbeit der Zukunft** aussehen und **welche Rolle der Mensch** künftig spielen wird. Diese Zeit des Umbruchs ist aufregend, tun sich doch ungeahnte Möglichkeiten auf, doch eben auch anstrengend: Oft genug prallen innovative Ansätze auf verknöcherte Strukturen, versagen Verantwortliche wegen ihrer Ängste und Befindlichkeiten – und leiden Arbeitnehmer unter den

Widersprüchen zwischen proklamierten Visionen und realistischen Gegebenheiten. Sinnvoll ist es, eine **positive Einstellung** zu entwickeln und die neuen Herausforderungen neugierig und motiviert anzugehen. Doch, das ist oft leichter gesagt als praktisch getan.

3. STATUS QUO: GLÜCKLICH IM JOB – WIE IST ES DARUM BESTELLT?

Wir gehen nicht umsonst so ausführlich auf das sich dramatisch verändernde Marktumfeld der Unternehmen ein: Es hat direkte Auswirkungen auf die **Qualität der Arbeit** – und das ganz unabhängig davon, ob sich unsere Welt gerade in einer Pandemie befindet oder nicht. Diese hat natürlich auch ihre deutlichen Spuren hinterlassen, verschiedene Entwicklungstendenzen wurden zusätzlich befeuert, andere Bereiche wie der soziale drohen, auf der Strecke zu bleiben. Umso wichtiger ist die Erkenntnis: *Diese äußeren Verhältnisse kannst Du nicht verändern, Du hast schlichtweg keinen Einfluss darauf. Aber, Du solltest sie kennen, um Dich auf die neuen Gegebenheiten einstellen und auf weitere Veränderungen vorbereiten zu können. Wie Du sehen wirst, stehst Du nicht allein da, solltest Du Probleme in Deinem beruflichen Umfeld haben und damit nicht glücklich sein.*

3.1 GALLUP-STUDIE ZEIGT KLARE (UND BEDENKLICHE) TRENDS

Die unterschiedlichsten Studien geben Aufschluss darüber, wie es um **Mitarbeiterzufriedenheit, Mitarbeiterbindung – und damit um das Glücklichsein im Job** bestellt ist. Das Beratungsunternehmen

Gallup führt zum Beispiel jährlich eine Umfrage unter 1.000 Beschäftigten im Alter ab 18 Jahren durch, um deren emotionale Bindung ans Unternehmen zu erfassen und so eine Entwicklung darzustellen. Gleichzeitig werden die Fehltage erhoben, die ein wichtiges Indiz für die aktuelle Situation sind und ins Ergebnis einfließen. Es ist kaum verwunderlich, dass der Gallup-Report 2020 einige negative Veränderungen aufweist:[6]

- Im Jahr 2019 hatten immerhin 73 % der Teilnehmer angegeben, auch im kommenden Jahr beim aktuellen Arbeitgeber tätig sein zu wollen – 2020 war der Anteil bereits auf 61 % gesunken.

- Mit 37 % der Teilnehmer befindet sich demnach ein erheblicher Teil bereits auf aktiver Suche nach einem anderen Job – somit sind mehr als ein Drittel absprungbereit.

- Rund 17 % fühlen sich emotional nach wie vor stark an ihr aktuelles Unternehmen gebunden – der überwiegende Teil, nämlich 83 %, hingegen wenig oder gar nicht.

- Die Kosten aufgrund geringen Mitarbeiterengagements liegen in Deutschland ca. zwischen 96 und 114 Milliarden Euro im Jahr

- Das Mitarbeiterengagement hat sich seit knapp 2 Jahrzehnten kaum verändert – der Anteil der engagierten Beschäftigten pendelt stets zwischen 11 und 17 %

---

6 machtfit (2021): Gallup-Report 2020 - Mitarbeiterbindung stärken um Fehlzeiten zu reduzieren. URL: https://www.machtfit.de/bgm-studien/gallup-report/ [Stand: 17-11-2021]
Nink, M.; Sinyan, P. (2021): 2 Decades of Low Engagement – How Germany Can Turn It Around. URL: https://www.gallup.com/workplace/339842/decades-low-engagement-germany-turn-around.aspx [Stand: 17-11-2021]
Tödtmann, C. (2021): Gallup-Studie 2020 – Die Top Manager haben bei der Pandemie einen guten Job gemacht, die Führungskräfte eher nicht. Kurzarbeit verzeihen die Mitarbeiter nicht. URL: https://blog.wiwo.de/management/2021/03/18/gallup-studie-2020-die-top-manager-haben-bei-der-pandemie-einen-guten-job-gemacht-die-fuehrungskraefte-eher-nicht-kurzarbeit-verzeihen-die-mitarbeiter-nicht/ [Stand: 18-11-2021]

Die Wechselbereitschaft hat sich also drastisch erhöht, auch wenn die emotionale Bindung im Vergleich zum Vorjahr zugenommen hat – allerdings auf einem niedrigen Niveau. Offenbar haben viele Beschäftigte bereits eine **innere Distanz zu ihrem Arbeitgeber** aufgebaut, was naturgemäß nicht nur die **Fluktuationsrate** nach oben treiben wird, sondern auch die Fehltage: Je weniger sich die Mitarbeiter an ein Unternehmen gebunden fühlen, desto wahrscheinlicher werden Ausfälle – im Schnitt sind es dann 7,1 Tage jährlich. Bei einer intensiveren Mitarbeiterbindung fehlen die Arbeitskräfte jedoch nur 5,2 Tage im Jahr. Das mag auf den ersten Blick nur ein kleiner Unterschied sein, allerdings kostet ein Fehltag rund 400 Euro – und das summiert sich gewaltig.

Auch die weiteren Erkenntnisse der Gallup-Studie sollten nachdenklich machen: Die Corona-Pandemie hat nämlich den psychischen Druck, dem sich die Beschäftigten ausgesetzt sehen, noch einmal deutlich erhöht. So fühlen sich *35 % der Befragten innerlich ausgebrannt* – im Vergleich zu den Vorjahren, in denen diese Aussage von rund 26 % getroffen wurde, ist das ein **bedenklicher Zuwachs.** Dieses Ergebnis spiegelt nicht nur die Herausforderungen der VUCA-Welt wider, diese wurden vielmehr in der **Corona-Pandemie** verstärkt: Konnten sich Führungskräfte in der Annahme, dass ihre Mitarbeiter froh über ihren Job sein können, bislang mehr oder weniger zurücklehnen und gegen Neuerungen sträuben, werden sie nun kritischer reflektiert. **Fehlende zeitgemäße Führungsqualitäten** machen die Arbeit auf Distanz immer schwerer, nur Druck auszuüben und von einem Meeting ins nächste zu hetzen, kann keine herausragenden Ergebnisse zeitigen. Hier trennt sich die Spreu vom Weizen, was sich an der Wechselbereitschaft ablesen lässt – aber auch an den **zunehmenden psychischen Erkrankungen.**

Nach der Gallup-Studie 2020 unterliegen demnach die engagierten Mitarbeiter nur einem **Burn-out-Risiko** von 26 %, wohingegen das Risiko an einem Burn-out bei den nicht engagierten Mitarbeitern bei rund 50 % liegt.[7]

---

7 Nink, M.; Sinyan, P. (2021): 2 Decades of Low Engagement – How Germany Can Turn It Around. URL: https://www.gallup.com/workplace/339842/decades-low-engagement-germany-turn-around.aspx [Stand: 17-11-2021]

Gallup hebt in seinem 2022 veröffentlichten Report **5 Schlüsselfaktoren für engagierte Mitarbeiter** in Unternehmen hervor, auf denen sich dementsprechend der organisatorische Fokus gelegt werden sollte:[8]

1. **Messung** des Mitarbeiterengagements nach dem Grundsatz von Peter Drucker: „Was man nicht messen kann, kann man nicht lenken."
2. Eine **wachstumsorientiere Kommunikation,** die zur Potentialentfaltung von Menschen in Unternehmen beiträgt
3. Eine **klare Kommunikation** seitens der Unternehmenslenker, um die Marschroute der Organisation unmissverständlich vorzugeben
4. **Fokus auf das Wohlbefinden der Menschen,** in der die individuellen Bedürfnisse der Menschen berücksichtigt werden
5. Eine **stärkenorientierte Kommunikation,** wo der Mensch mit seinen Stärken adäquat eingesetzt und gefördert wird, so dass er sich bestmöglich entfalten kann

3.2 CORONA-PANDEMIE: INNOVATIONS- ODER „BRANDBESCHLEUNIGER"?

Das eine trifft wohl ebenso zu wie das andere: Die **Bertelsmann Stiftung** hat eine Sonderstudie erstellt, die sich mit den Auswirkungen der Pandemie auf die deutsche Arbeitswelt befasst – und zwar als Begleitstudie[9] zu der bereits 2020 erhobenen Zukunftsstudie Leben, Arbeit, Bildung 2035[10], an der auch der **MÜNCHNER KREIS e. V.** maßgeblich beteiligt

8 Gallup (2022): The 2022 Guide to Employee Engagement – 5 Elements of Success

9 MÜNCHNER KREIS, Bertelsmann Stiftung & TUM Campus Heilbronn gGmbH (2020): Zukunftsstudie – Sonderstudie zur Corona-Pandemie

10 MÜNCHNER KREIS & Bertelsmann Stiftung (2020): Leben, Arbeit, Bildung 2035+ – Durch Künstliche Intelligenz beeinflusste Veränderungen in zentralen Lebensbereichen - Zukunftsstudie MÜNCHNER

war. Demnach wurden 211 der bereits in die Hauptstudie involvierten Experten und Expertinnen für Technologie, Digitalisierung und Künstliche Intelligenz erneut befragt, um während des Shutdowns speziell auf die zu erwartenden Auswirkungen auf mittlere und lange Sicht einzugehen. Die wichtigsten Ergebnisse:[11]

- 85 % der Teilnehmer glauben, dass sich mobile Arbeit und/oder Home-Office auch nach dem Ende der Corona-Krise als Alternativen zu klassischen Arbeitsmodellen ebenso fester Bestandteil der Arbeitswelt werden wie die digitalen Kommunikationsinstrumente, die als Behelf dienen sollten.

- 92 % der Befragten sehen eine pandemiebedingte Beschleunigung der digitalen Transformation, die auch nach Ende der Corona-Krise Bestand haben wird. Hervorgehoben wurden digitale Dienstleistungen und Kommunikationskanäle zur Kundenansprache, aber auch die zeitliche und räumliche Verteilung der Arbeit, die neue Standards für die Zukunft markieren dürfte.

- 87 % der Teilnehmer entkräfteten das Vorurteil, isoliertes Arbeiten würde die Arbeitsleistung beeinträchtigen. Sie sahen eine gleich hohe und durchaus auch höhere Arbeitsleistung.

Unter dem Strich lässt sich festhalten, dass Unternehmen durch die Pandemie gezwungen wurden, sich mit neuen Lösungen auseinanderzusetzen, um überhaupt noch arbeitsfähig zu sein. Dabei waren die Lösungen durchaus schon bekannt, wurden jedoch zuvor nicht oder nur zaghaft genutzt. Hier spielen wiederum die alten Führungsstile eine entscheidende Rolle: **Kontrolle statt Vertrauen, Präsenz statt Home-Office.** Doch ein

---

11 Wintermann, O. (2020): Die Auswirkungen der Corona-Krise auf die Arbeitswelt – Was bleibt und was nicht? URL: https://www.bertelsmann-stiftung.de/de/unsere-projekte/betriebliche-arbeitswelt-digitalisierung/projektnachrichten/die-auswirkungen-der-corona-krise-auf-die-arbeitswelt#detail-content-51a2-10 [Stand: 20-11-2021]

Virus hat diese verkrusteten Muster über den Haufen geworfen, Unternehmen mussten sich zum technologischen Fortschritt bekennen und damit auch neuen Arbeitsmodellen öffnen.

Wie wird es aber weitergehen? *Während zwei Drittel der Befragten auch in der Zukunft eine Auflösung des gängigen Büroalltags erwarten, vermutet ein Drittel eine schnelle Abkehr, sobald die Notwendigkeit nicht mehr besteht.* Daraus lässt sich ableiten, dass es künftig nicht mehr nur die eine Lösung geben wird, sondern ein **paralleles Nebeneinander verschiedener Arbeitsweisen,** das mit Fingerspitzengefühl ausbalanciert werden muss. Auch das ist eine der wichtigsten Erkenntnisse aus der Pandemie, die die alte Arbeitswelt nachhaltig verändert und Old-school-Führungskräfte vor große Herausforderungen stellen wird: **Beschäftigte** werden **als mündige Arbeitnehmer** – und natürlich in Abstimmung mit dem Team – verstärkt selbst entscheiden, wo sie die anstehenden Arbeiten am besten erledigen können.

Damit verändern sich die Arbeitsprozesse deutlich und die Organisation muss wohl oder übel mitziehen: *Kontrolle muss Vertrauen weichen – davon sind 44 % der Studienteilnehmer überzeugt.* Die traditionell aufgestellten Unternehmen mit ihren tiefen hierarchischen Strukturen werden sich schwertun, da eine vollkommen **neue Qualität von Mitarbeiterführung notwendig** wird, um auch in der neuen Arbeitswelt die gewünschten Ergebnisse zu erzielen. Denn eine weitere Tendenz zeichnet sich im Zuge der Pandemie ab: Weniger Dienst- und Flugreisen, geringeres Pendleraufkommen, eine gewisse Entschleunigung und andere Folgen der Maßnahmen zur Pandemiebekämpfung könnten einen nachhaltigen Effekt haben, wenn politische und wirtschaftliche Entscheidungsträger das Potential erkennen und gezielt ausschöpfen.

Soweit die eine Seite der Medaille, die andere sollte Besorgnis erregen: Wie das **Ärzteblatt** am 12. Februar 2021 online veröffentlichte, hat die Corona-Pandemie den **Bedarf an psychotherapeutischer**

Betreuung nach oben getrieben. Angesichts der ohnehin knappen Behandlungskapazitäten verschärft sich die Lage für Betroffene. Die Deutsche Psychotherapeuten Vereinigung (DPtV) startete deswegen eine Blitzumfrage mit 4.693 Teilnehmern. Die Ergebnisse:[12]

- Im Vergleich zum Vorjahr stiegen die Patientenanfragen demnach um 40 % an.

- Nur 25 % der anfragenden Patienten können kurzfristig ein erstes Gespräch in Anspruch nehmen, rund 50 % warten mehr als einen Monat darauf. Ein unzumutbarer Zustand, wie der DPtV-Bundesvorsitzende Gebhard Hentschel betont.

- An rund 77 % der Therapeuten geht diese Situation nicht spurlos vorbei, es fehlen flexiblere Lösungsansätze, wie zum Beispiel telefonische Konsultationen auch für neue Patienten – hier stehen die Regeln der Kassenärztlichen Bundesvereinigung (KBV) im Wege.

- Ein Vergleich der Patientenanfragen in den Monaten 2020 und 2021 ergab einen Anstieg von durchschnittlich 4,9 wöchentlichen Anfragen 2020 auf 6,9 Anfragen 2021. Gleichzeitig verdoppelte sich die Zahl der Psychotherapeuten, die wöchentlich mehr als 10 Anfragen zu bearbeiten hatten.

- Nur 10 % der anfragenden Patienten erhielten in einem Zeitraum von einem Monat einen Therapieplatz, für 38 % betrug die Wartezeit mehr als 6 Monate.

Dabei gäbe es zumindest einige Möglichkeiten, diese angespannte Situation etwas zu entschärfen: **Akutbehandlungen per Video** sollten schnell und unbürokratisch eingesetzt werden, zumal die Patientenreaktionen

---

12 aerzteblatt.de (2021): Coronapandemie – Nachfrage nach Psychotherapie hat zugenommen. URL: https://www.aerzteblatt.de/nachrichten/121113/Coronapandemie-Nachfrage-nach-Psychotherapie-hat-zugenommen [Stand: 21-11-2022]

während der Pandemie durchweg positiv waren. Trotzdem sei betont, dass der persönliche Kontakt nicht zu ersetzen ist, um den Behandlungserfolg zu gewährleisten.

Fakt ist, die psychische Belastung für den Einzelnen nimmt aus unterschiedlichen Gründen zu – und die **klassische Psychologie hat nicht die Kapazitäten,** um eine zielführende Antwort zu geben. Doch es stellt sich die grundsätzliche Frage: Kann eine Gesellschaft auf Dauer erfolgreich funktionieren, wenn sie derart auf psychologische Behandlungen angewiesen ist? Hier ist offenbar ein **Umdenken notwendig,** das nicht zuletzt bei der Unternehmenskultur beginnt.

3.3 PSYCHOLOGISCHE SICHERHEIT IM BERUF

Der **Erfolg eines Unternehmens** hängt immer stärker davon ab, wie die Zusammenarbeit sowohl in den Teams als auch übergreifend funktioniert. Wie ist es bei Dir? Kannst Du jederzeit Deine eigenen Ideen anbringen, aber auch gelebte oder gesetzte Standards kritisch hinterfragen? Was passiert, wenn Du einen Fehler gemacht hast? Davor ist niemand gefeit, aber wie sind die Reaktionen in Deiner Umgebung? Nur wenn es ein **vertrauensvolles, konstruktives Miteinander** gibt, kann ein Unternehmen sein Potential, nämlich die Talente, Fähigkeiten und Erfahrungen seiner Mitarbeiter, effektiv ausschöpfen.[13]

Wie sieht aber die Realität aus? Befürchten Mitarbeiter, als Besserwisser verunglimpft zu werden, werden sie sich ebenso wenig einbringen, wie sie Fragen stellen – nämlich aus Angst, sich lächerlich zu machen. Damit gehen **viel Wissen, sinnvolle Impulse und wichtige Inspiration**

---

13 managerSeminare (2020): Change in Krisenzeiten – Spannungsfelder im Wandel. Heft 268, 07/2020

verloren. Hast Du aber über Jahre erlebt, dass allzu große Vertraulichkeit oder Mitteilsamkeit abschreckende Folgen nach sich zieht oder Dein Vorgesetzter Dich abbügelt, dass Du einfach das auszuführen hast, was er verlangt, wirst Du Dich zwangsläufig zurückhalten. Leider trauen viele Führungskräfte, auch wenn sie sich interessiert an der Einbeziehung ihrer Mitarbeiter zeigen, einer größeren Offenheit im Austausch mit ihren Mitarbeitern nach wie vor nicht über den Weg. Und das hat fatale Konsequenzen: **Fehlentwicklungen werden nicht rechtzeitig ausgebremst, Weiterentwicklungen sind auf diese Weise nicht möglich.** In einem permanent agiler werdenden wirtschaftlichen Umfeld kann dies Unternehmen einen hohen Preis kosten.[14] In einer in 2014-2015 durchgeführten australischen Studie mit über 2.500 Teilnehmenden zur psychologischen Sicherheit am Arbeitsplatz konnte beispielsweise. festgestellt werden, dass Mitarbeiter in einer Arbeitsumgebung mit geringer psychologischer Sicherheit signifikant mehr monatliche Fehlzeiten aufgrund von Krankheiten (43 Prozent mehr als jene mit hoher psychologischer Sicherheit) sowie eine wesentlich geringere Produktivität (mit 72 Prozent höheren Performanceverlust) aufweisen.[15]

Genau an diesem Punkt setzt das von der **Harvard-Professorin Amy Edmondson** entworfene *Konzept der Psychologischen Sicherheit* an, denn aus ihrer Sicht ist **eine der wichtigsten Ursachen für Stagnation und Misserfolg: das Schweigen.**[16] Wie so oft war es auch hier ein Zufall, der zur Entwicklung dieses Ansatzes des angstfreien Arbeitens führte. Edmondson war damit befasst, in Krankenhäusern die Qualität der Teamarbeit zu analysieren. Erstaunlich war die hohe Fehlerquote in den Teams, die eine besonders gute Performance hinlegten – und umgekehrt.

---

14 a. a. O.

15 Becher, H.; Dollard, M. F. (2016): Psychosocial and better productivity in Australian workplaces – Cost, productivity, presenteeismn, absenteeism. Safe Work Australia Report. URL: https://www.safeworkaustralia.gov.au/system/files/documents/1705/psychosocial-safety-climate-and-better-productivity-in-australian-workplaces-nov-2016.pdf [Stand: 05-03-2022]

16 Edmondson, A. (1999): Psychological Safety and Learning Behavior in Work Teams. In: Administrative Science Quarterly, Vol. 44 (2), S. 350-383

Sie vermutete, dass diese herausragenden Teams nicht zwangsläufig häufiger Fehler machten, sondern mehr über die gemachten Fehler kommunizierten. Diese These ließ sich zwischenzeitlich in mehreren Studien bestätigen.[17] Daraus folgen einige wichtige Erkenntnisse: *Wollen Unternehmen ihre Beschäftigten dazu anregen, konstruktiv mitzudenken und mitzugestalten, müssen sie ihnen die notwendige Sicherheit einräumen.* Die Beschäftigten müssen ganz praktisch erfahren, dass ihre Erfahrungen und ihre Meinungen gefragt sind, sie diese frei äußern können und sollen, ohne deswegen Sanktionen befürchten zu müssen. Nur dann werden sie dazu bereit sein und sich dazu verpflichtet fühlen, sich ehrlich und vertrauensvoll einzubringen. Doch es geht um mehr als nur Vertrauen, wie **Edmondson** formulierte: *„Behandle andere Menschen so, wie du selber behandelt werden möchtest“.* **Beide Seiten sollten also respektvoll miteinander umgehen, dann gedeihen Unternehmen und Belegschaft.**[18]

Wie sieht es in puncto Psychologische Sicherheit in Deinem Job aus? Die folgende Übung hilft Dir dabei, die Situation realistisch zu erfassen, die wichtigen Rückschlüsse zu ziehen und geeignete Maßnahmen zu ergreifen:

Übung: Psychologische Sicherheit

Angstfrei arbeiten – was so selbstverständlich klingt, stellt sich in der Praxis viel zu oft ganz anders dar. Dabei macht gerade unsere moderne Welt kollaboratives Arbeiten notwendig: Jeder sollte sich mit eigenen Ideen und alternativen Sichtweisen einbringen können, aber eben auch Fehler machen dürfen und zugeben können, ohne dass dies Konsequenzen hätte. Vor allem in Krisenzeiten ist dies umso wichtiger, wenn nämlich jede Beobachtung wichtig ist und vor größeren Schäden schützen kann. Doch halten sich viel zu viele Menschen zurück – und das aus gutem Grund: Sie riskieren abfällige Reaktionen und Schlimmeres. Hier fehlt es an Psychologischer Sicherheit. Und wir haben es hier mit einem essentiell wichtigen Faktor zu tun, der

---

17 managerSeminare (2020): Change in Krisenzeiten – Spannungsfelder im Wandel. Heft 268, 07/2020
18 Edmondson, A. (2012): Teaming – How Organization Learn, Innovate, and Compete in the Knowledge Economy. San Francisco, CA: Jossey-Bass

jedoch oft genug unterschätzt wird. Nur wenn Führungskräfte ein Arbeitsklima schaffen, in dem die Mitarbeiter jederzeit ihre Meinung äußern, ohne deswegen Angst zu verspüren, kann die gesamte Organisation durch bessere Leistungen und gemeinsames Lernen profitieren.

Analyse der Situation

Zur Ist-Analyse empfiehlt sich der sog. *„PsySafety-Check (PS-C): Fragebogen zur Messung psychologischer Sicherheit in Teams"* von **Josef A. Fischer & Hendrik Hüttermann** vom GESIS - Leibniz-Institut für Sozialwissenschaften:[19]

Nr.	Item	Polung	Antwort
1	„In diesem Team kann man auch Probleme und schwierige Themen offen ansprechen."	+	
2	„Niemand in diesem Team würde absichtlich etwas tun, das meiner Arbeit schadet."	+	
3	„Wenn man in diesem Team einen Fehler macht, dann wird einem das oft vorgehalten."	-	
4	„In diesem Team kann man sich trauen, ein persönliches Risiko einzugehen."	+	
5	„Die Mitglieder dieses Teams sind manchmal TeamkollegInnen gegenüber abweisend, die anders sind."	-	
6	„In diesem Team ist es schwierig, andere Teammitglieder um Hilfe zu bitten."	-	
7	„Bei der Zusammenarbeit in diesem Team werden meine besonderen Fähigkeiten und Begabungen wertgeschätzt und genutzt."	+	

Tabelle 1: Fragebogen zur psychologischen Sicherheit in Teams[20]

19 Fischer, J. A.; Hüttermann, H. (2020): PsySafety-Check (PS-C). Zusammenstellung sozialwissenschaftlicher Items und Skalen (ZIS). ZIS – GESIS Leibniz Institute for the Social Sciences

20 Eigene Darstellung in Anlehnung an Fischer, J. A.; Hüttermann, H. (2020): PsySafety-Check (PS-C). Zusammenstellung sozialwissenschaftlicher Items und Skalen (ZIS). ZIS – GESIS Leibniz Institute for the

Antwortmöglichkeiten

Zur Beantwortung der Fragen wird eine 7-stufige Skala genutzt, die wie folgt aussieht:[21]

„(1) stimme ganz und gar nicht zu“
„(2) stimme weitgehend nicht zu“
„(3) stimme eher nicht zu“
„(4) bin neutral“
„(5) stimme eher zu“
„(6) stimme weitgehend zu“
„(7) stimme voll und ganz zu“

Bei der **Auswertung** ist zu beachten, dass die Items 3, 5 und 6 aufgrund der negativen Polung zunächst wieder invertiert werden müssen, d. h. bei den genannten Items wird aus einer 1 eine -7, aus einer 2 eine -6, aus einer 3 eine -5 usw. Anschließend können alle Zahlen addiert werden und daraus ein Mittelwert gebildet werden, der Dir Aufschluss über die aktuelle psychologische Sicherheit im Team gibt.[22]

Aufgaben für Führungskräfte

Die Psychologische Sicherheit liegt eindeutig im Kompetenz- und Handlungsbereich der Führungskräfte. So kannst Du einen entscheidenden Beitrag leisten:[23]

Social Sciences: Die Kurzskala wurde im Gegensatz zur Originalform nicht abgebildet. In der Kurzskala sind nur die positiv kodierten Items vorhanden.

21 a. a. O.

22 a. a. O.

23 Grahn K.; Pfleger-Lorenz, B. (2020): Angstfrei arbeiten – eine Kultur der psychologischen Sicherheit etablieren. URL: https://lorenz-grahn.de/angstfrei-arbeiten-eine-kultur-der-psychologischen-sicherheit-etablieren/ [Stand: 28-11-2021]

1. Schaffe eine gemeinsame Verständnisebene!

Ob Einzel- oder Teamgespräch – wichtig ist, dass Deine Mitstreiter die Herausforderungen und Ziele einer anstehenden Arbeit verstehen. Folgende Punkte sollten im Vorfeld geklärt werden:

- Welche **Anforderungen** müssen obligatorischerweise erfüllt werden?
- Welche **Risiken** sollten entweder für das Team oder einzelne Beschäftigte in Erwägung gezogen werden?
- Welchen **Sinn** hat diese Arbeit und wer zieht einen Nutzen aus ihr?

So kann es ausgesprochen hilfreich sein, das angestrebte Ergebnis im Kontext darzustellen: Soll beispielsweise ein Zubehörteil hergestellt werden, welches zur Herstellung größerer, komplexerer Produkte unverzichtbar ist, dann zeig dies klar und plastisch auf! Mach bei dieser Gelegenheit auch deutlich, **welche Folgen Fehler haben könnten** und wie wichtig es ist, frühzeitig auf Probleme in der Produktion hinzuweisen. Deine Mitstreiter können sich dann deutlich besser mit ihrer Arbeit und den Erzeugnissen identifizieren, machen sich Gedanken zu Verbesserungen und stellen mit größerer Wahrscheinlichkeit Mängel aus eigener Initiative ab.

2. Animiere Dein Team aktiv zum Mitwirken!

Dir stehen verschiedene Wege offen, ein wichtiger ist jedoch die Änderung Deiner eigenen Haltung zum Thema Arbeit: Verstehst Du darunter die optimale Ausführung der vorgegebenen Aufgaben, dann werden abweichende Ergebnisse schnell als unzureichend und damit als persönlicher Misserfolg verstanden. Sinnvoller ist es, wenn Du die Arbeit als Lernprozess einordnest. So können Fehler offen angesprochen und Unwissenheit eingeräumt werden, um aktiv nach Unterstützung zu fragen und diese auch in Anspruch zu nehmen. Google hat hier eine sehr gute Lösung gefunden, nämlich das „Risiko der Woche“: Im Meeting benennt jedes Teammitglied eine Situation, die in der vergangenen Woche als Risiko bewältigt werden musste – und das unabhängig von den Folgen. Du kannst aber auch selbst einige Beobachtungen als Aufgabe erledigen:

- Wie gehst Du mit Situationen um, die Du nicht erwartet hattest? Welche Gedanken gehen Dir dabei durch den Kopf – und sind diese eher abwehrend bzw. abwertend oder doch konstruktiv und lösungsorientiert?
- Suche gezielt nach Fehlern, die um Haaresbreite fast eingetreten wären, entwickle Lösungen und bespreche Deine Erfahrungen mit Deinen Mitstreitern.

Der Austausch mit Deinen Mitarbeitern zu Erfolgen und Fehlern, alltägliche Dinge, aber auch Ängsten oder Zielen ist ausgesprochen wichtig, darauf basiert die Psychologische Sicherheit. Hier ist es wichtig, immer neugierig zu bleiben, Fragen zu stellen und die etablierten Prozesse kontinuierlich zu hinterfragen. Nur so eröffnet sich das Potential für Weiterentwicklungen. Prüfe also folgende Punkte:

- Welche bestehenden Strukturen im Unternehmen sind förderlich, damit die Mitarbeiter ihre Ideen einbringen?

- Gibt es beispielsweise Arbeitsgruppen für neue Ideen, welche diese kritisch hinterfragen und voranbringen?

- Erkundigen sich Mitarbeiter offen nach dem Ideenmanagement?

3. Reagiere konstruktiv auf Anregungen, Einwände und Ideen!

Wertschätzung ist die beste erste Reaktion, die Du Deinen Mitarbeitern auf eingebrachte Ideen oder auch kritische Bemerkungen entgegenbringen kannst – und das unabhängig davon, wie relevant oder irrelevant die jeweilige Idee auch sein mag. Das Einzige, was zählt, ist dass sich Mitarbeiter für ihre Ideen einsetzen. Eine positive Würdigung des Beitrags sollte da selbsterklärend sein. Ein kurzer Dank dafür, dass er einen Umstand anspricht, kann natürlich auch eine Richtigstellung einleiten, sollte die Anmerkung des Mitarbeiters gegenstandslos sein, weil er beispielsweise nicht alle Umstände kannte. Allein die positive Reaktion stellt die Weichen dafür, dass der

Mitarbeiter auch künftig nicht mit seinen Beobachtungen, Impulsen und Erfahrungen hinter dem Berg halten wird.

4. Sanktioniere Verhaltensverstöße konsequent!

Es gibt zahlreiche Verhaltensweisen, die das gemeinsame Lernen und damit die Weiterentwicklung im Unternehmen verhindern: Sprechen beispielsweise 2 Mitarbeiter über ihre Kollegen, statt den Austausch direkt mit ihnen zu suchen, dann ist konsequentes Handeln erforderlich:

- Zunächst sollten Deine Mitarbeiter genau wissen, welche Verhaltensweisen schädlich für das Team und das Unternehmen sind.

- Stellst Du derart störendes Verhalten fest, dann solltest Du dies ansprechen.

- Wiederholt sich dieses Verhalten, ziehe Konsequenzen und verhänge Strafen.

In der Praxis zeigt sich, dass entschlossenes Auftreten schon dazu führt, dass Du die verhängten Konsequenzen gar nicht durchziehen musst. Spürt nämlich der Betroffene Deine Entschlossenheit, wird er sein Verhalten ändern. Drohst Du hingegen nur Maßnahmen an, die Du im Ernstfall nicht umsetzen kannst oder willst, wirst Du unglaubwürdig. Glaubwürdigkeit steht bei Deinen Mitarbeitern jedoch ganz oben auf der Liste der wichtigen Eigenschaften einer Führungskraft! Die von Dir verhängten Sanktionen sollten logisch sein: Wird eine Arbeit unzureichend erledigt, darf kein Tadel folgen, sondern die zügige Nacharbeit durch den Verantwortlichen. Wie lange er dafür benötigt, spielt dabei keine Rolle.

5. Fördere Neugier

Das 1990 gegründete kanadische Erlebnisreiseunternehmen G Adventure ist ein Paradebeispiel für eine Unternehmenskultur, dessen Nährboden auf neugierige Mitarbeiter beruht. G Adventure bietet mehr als 700 Touren in Kleingruppen in über 100 Ländern an. Sie stellen bei ihren Herausforderungen neben dem

Return on Investment das sog. „Return on Experience" – also das Kundenerlebnis – in den Vordergrund, welches durch eine experimentierfreudige Mentalität geschaffen wird. Das Fundament ist eine Lernkultur, welche die Schritte der Reise aufmerksam begleitet, Kreativität begrüßt, transparente Kommunikation als Ausgangsbasis hat und agil und anpassungsfähig auf Hindernisse reagiert. U. a. sorgen permanente Coaching- und Feedbackrunden – formeller und informeller Natur – für stetige Verbesserung der Unternehmensprozesse, bei dem der Kunde und seine Bedürfnisse eine zentrale Rolle spielen und zugleich auch die Mitarbeiter mit ihren Belangen gehört, verstanden und ernst genommen werden. Letztlich ist es G Adventure als Reiseunternehmen wichtig, neue Wege zu bestreiten, auf die sie ihre Kunden mitnehmen wollen.[24]
Ein weiteres eindrückliches Beispiel liefert das erfolgreiche Animationsstudio Pixar. Ed Catmull, der ehemalige Präsident Pixars, schaffte es mit einem strukturell- verhaltenstechnischen Ansatz eine mehr als wettbewerbsfähige, offene Lernkultur zu etablieren. Zum einen gab er seine Unfehlbarkeit zu und präsentierte sich dabei selbst als ein bescheidener, interessierter und neugieriger Mensch. Zum anderen basierte der Erfolg Pixars strukturell auf 3 Säulen:[25]

1. Das Unternehmen stellt den **Menschen im Vordergrund**
2. Der Profit speist sich aus **qualitativ hochwertigen Filmen,** ohne Qualitätszugeständnisse auf Kosten der Gewinnmaximierung zu machen
3. Einer **offenen Kommunikation und Kooperation,** welche Silodenken weitestgehend eliminiert

24 Toane, M. (2017): How to Build a Culture of Curiosity in Your Organization. URL: https://medium.com/@actionableco/how-to-build-a-culture-of-curiosity-in-your-organization-10622f00ed86 [Stand: 14-12-2021]
25 Wellbeing Works: PIXAR's Unparalleled Success and its roots in Psychological Safety. URL: http://wellbeing-works.co.uk/pixars-unparalleled-success-and-its-roots-in-psychological-safety/ [Stand: 12-12-2021]

Psychische Krankheiten im Fokus – Zeit für einen Paradigmenwechsel

Unsere **Arbeitswelt wird immer komplexer** – und vor allem schneller. Allerdings sind Unternehmen oft genug noch in alten Verhaltensmustern, Führungsstilen und Strukturen verfangen, so dass sich zwangsläufig Konflikte ergeben. Die wiederum gehen zu Lasten der Beschäftigten, was die Zunahme der psychischen Erkrankungen eindrücklich belegt. Laut Gesundheitsreport der Techniker Krankenkasse haben von 2006 bis 2018 die psychisch bedingten Fehlzeiten um ca. 90 Prozent zugenommen.[26] Doch ein Blick auf die Schwerpunkte der Psychologie zeigt ein **Ungleichgewicht in Forschung und Praxis** auf: *Der Fokus liegt offenbar auf den negativen Aspekten des menschlichen Verhaltens und Erlebens.* In den letzten Jahrzehnten wurden überwiegend Artikel zu Burn-out und Depressionen (mehr als 46.000 Werke) veröffentlicht, während sich nur ein Bruchteil der Publikationen mit Freude und Glück (bis 2011 nur knapp über 400 Werke) befasst.[27] Ist das wirklich zielführend? Ist es nicht viel mehr Zeit, sich **verstärkt den positiven Dingen des Lebens** zu **widmen?** Für viele Betroffene, die insbesondere unter ihrer beruflichen Situation leiden und ins Burn-out abzudriften drohen, könnte dies ein probates Mittel sein. Genau dies ist Gegenstand der **Positiven Psychologie** – und Du kannst effektiv davon profitieren.

---

26 Techniker Krankenkasse (2020): Gesundheitsreport Techniker Krankenkasse 2020

27 Ruch, W.; Proyer, R. T. (2011): Positive Interventionen – Stärkenorientierte Ansätze, S. 84. In: Frank, R. (Hrsg.), Therapieziel Wohlbefinden – Ressourcen aktivieren in der Psychotherapie, 2. Aufl., S. 83-91. Heidelberg: Springer

4. POSITIVE PSYCHOLOGIE: WAS IST DAS UND WAS MACHT SIE SO NOTWENDIG?

Genau genommen reichen die Wurzeln der Positiven Psychologie bis in die **Antike** zurück, als sich die Philosophen intensiv damit befassten, was ein gutes und erfülltes Leben ausmacht. Damit sind wir wieder bei **Aristoteles,** der sich nicht nur zum Thema Arbeit Gedanken gemacht hat, sondern auch zum Thema Glück: Seine Nikomachische Ethik[28] nach wie vor maßgeblich unsere Kriterien für Wohlbefinden, für das er grundsätzlich Charakterstärken und Tugenden sowie deren Einsatz für einen höheren Zweck als Voraussetzungen definiert. Damit stand er im Laufe der Geschichte nicht allein da, Begründer von **Religionen und Theologen** folgten diesem Ansatz: Der Dienst an anderen, an einer höheren Macht oder der Menschheit war oft genug das erklärte Ziel ihrer Mission. Auch die Psychologie griff dieses Thema Anfang des 20. Jahrhunderts auf, doch es sollte noch einige Jahrzehnte brauchen, bis die Positive Psychologie sich etablieren konnte.[29]

Diesen **eigenen Forschungszweig der Psychologie** gibt es nunmehr seit über 20 Jahren, maßgeblich verantwortlich war **Martin Seligman,**

28 Aristoteles (2000): Nicomachean ethics. Cambridge, UK: Cambridge University Press
29 Universität Zürich: Positive Psychologie. URL: http://www.positive-psychologie.ch/?page_id=24 [Stand: 30-11-2021]

der 1998 als Präsident der American Psychological Association den Fokus auf die positiven Seiten des menschlichen Lebens richtete. Damit rückten ganz neue Fragen ins Rampenlicht, wie zum Beispiel:

- Was macht ein gutes Leben aus?
- Welche Eigenschaften fördern die Lebenszufriedenheit?

Die Positive Psychologie richtet sich also in erster Linie nicht an in Krisen befindliche oder psychisch kranke Menschen. Sie zielt vielmehr darauf ab, Menschen grundsätzlich dazu zu befähigen, ihre **Zufriedenheit und ihr Wohlbefinden zu verbessern.** Die Positive Psychologie ist ein **wachstumsorientierter Ansatz,** bei dem untersucht wird, welche Faktoren ein gelingendes Leben ausmachen.

Damit wird eine bislang wenig beachtete Seite der Psychologie verstärkt in den Blickpunkt genommen, die durchaus auch dazu beitragen kann, bei psychischen Beeinträchtigungen Abhilfe zu schaffen. Grundsätzlich sollte sie jedoch die **bestimmenden Faktoren der Zufriedenheit definieren, aber auch messen und unter dem Strich gezielte Interventionen anbieten.** Diese können sowohl psychisch kranke als auch gesunde Menschen dabei unterstützen, wieder stabiler in puncto Zufriedenheit zu werden bzw. diese weiter zu verbessern. Es lässt sich also zusammenfassen: Ziel der Positiven Psychologie ist es, die das Leben am effektivsten lebenswert machenden Aspekte explizit zu erforschen und bewusst zu kultivieren. Augenmerk wird dabei vor allem solchen Aspekten wie **Tugenden und Talenten, Charakterstärken, positiven Emotionen und Lebenszufriedenheit sowie psychischem und subjektivem Wohlbefinden** gewidmet.

Die Psychologie sollte sich also mit deutlich mehr als der bloßen Wiederherstellung eines Zustandes, der für in Krisen befindliche Menschen akzeptabel ist, befassen. Die reine *Abwesenheit von Krankheit sei zwar notwendig, aber eben keine hinreichende Bedingung für die Gesundheit der Seele,* so formulierte

Marie Jahoda das Anliegen an die Joint Commission on Mental Illness and Health – und zwar bereits im Jahr 1958.[30] Es gab aber viele weitere Experten, die zum Verständnis der positiven Aspekte des menschlichen Lebens und damit zur Schaffung der Grundlagen der Positiven Psychologie beigetragen haben. Genannt seien hier stellvertretend **Carl Rogers oder Abraham Maslow,** beides Repräsentanten der Humanistischen Psychologie, oder **Viktor Frankl,** der die Logotherapie begründet hat.

Was ist aber eigentlich so neu am Ansatz der Positiven Psychologie?

Positive Psychologie will demnach empirisch erforschen und wissenschaftlich belegen, wie positive Eigenschaften zum allgemeinen menschlichen Wohlbefinden beitragen. Das Thema Glück, das Streben danach und die Bemühungen, das einmal erreichte Glück auch aufrechtzuerhalten, ist schon lange philosophischer Diskussionsstoff. In diesem Zusammenhang wurden **2 Wege bzw. Prinzipien** als Weg zu einem guten Leben beschrieben:

- Einerseits wird der **Hedonismus** angeführt, also das Streben nach Sinnesgenuss und -lust, da die dauerhafte Erfüllung der individuellen psychischen und physischen Lust als privates Glück zu erstreben wäre.

- Andererseits verspricht die **Eudaimonie,** nämlich die gelungene Lebensführung, die den Grundsätzen und Ansprüchen einer philosophischen Ethik entspricht, einen ausgeglichenen Gemütszustand, der gewöhnlich mit Glückseligkeit oder Glück gleichgesetzt wird.

Es sind also 2 unterschiedliche Wege zum guten Leben – was nicht zuletzt an der **Komplexität des Begriffs Glück,** der so vielfältig verwendet wird, liegt.

---

30 Jahoda, M. (1958); Curent concepts of positive mental health. Joint commission on mental health and illness monograph series (Vol. 1). New York, NY: Basic Books

Zwischenzeitlich erfuhr die Positive Psychologie bereits eine Professionalisierung – allerdings bevorzugt im englischsprachigen Raum. Du bist sicher schon über Begriffe wie Health and Well-Being gestoßen, die sich sukzessive in die Business-Welt vorarbeiten. Es gibt spezielle Gesellschaften, aber auch Fachzeitschriften, Konferenzen und Studiengänge, die die Positive Psychologie und ihr enormes Potential thematisieren.

4.1 DIE HAUPTTHEMEN DER POSITIVEN PSYCHOLOGIE

Die Positive Psychologie kann als **ergänzender Ansatz** verstanden werden, die sich gezielt mit bislang vernachlässigten Bereichen der Psychologie befasst. *Dabei geht sie klassisch vor und umfasst die Beschreibung und Messung sowie Entwicklung und Evaluation geeigneter Interventionen.*[31]
Seligmann definiert die Themen so:[32]

- *positives Erleben wie Zufriedenheit, positive Emotionen in Bezug auf Vergangenheit, Gegenwart oder Zukunft*
- *positive Merkmale wie Tugenden, Talente oder Charakterstärken*
- *positive Institutionen wie Familien, Wohnumfeld, Schulen, Unternehmen oder Medien, die Wachstum ermöglichen*

Es sind vor allem die positiven Emotionen, wie wir sie beispielsweise beim Genießen, beim Vergnügen, aber auch bei der Selbstverwirklichung, beim Ausschöpfen der eigenen besonderen Stärken und natürlich bei deren Einsatz zum Wohl einer höheren Sache empfinden, in denen Seligmann das

31 Ruch, W.; Proyer, R. T. (2011): Positive Psychologie – Grundlagen, Forschungsthemen und Anwendungen. In: Report Psychologie, Vol. 36 (2), S. 60-70
32 Seligman, M. E. P.; Csíkszentmihályi, M. (2000): Positive psychology – An Introduction. In: The American Psychologist, Vol. 55 (1), S. 5-14

zentrale Element für ein erfülltes Leben verortet. Und das sind keineswegs neue Thesen.

Übung: Mini-Urlaub – ganz einfach für zu Hause

Der kleine Urlaub – und das, ohne zu verreisen: Du kannst Dir im Alltag ganz schnell und ohne großen Aufwand eine Auszeit verschaffen, um das bewusste Genießen als Gewohnheit zu etablieren.

So gehst Du vor:

1. Erstelle Dir eine **Liste mit den Aktivitäten,** die Dir guttun und **Spaß** bereiten. Es sollten wenigstens 20 unterschiedliche Dinge sein, wobei Du ganz unterschiedliche Versionen einplanen kannst und sollst – lang oder kurz, geplant oder spontan, aktiv oder ruhig, gemeinsam mit anderen oder allein – wie Du willst.

   Hier **einige Beispiele,** um Deine Fantasie anzuregen:

   - Genieße Dein Lieblingsgetränk.
   - Gönne Dir eine Massage.
   - Lies ein Buch bzw. höre ein Hörbuch.
   - Telefoniere oder mache einen Video-Call mit einem Menschen, den Du magst.
   - Geh an die frische Luft und mache einen Spaziergang.
   - Mach einen entspannten Filme- oder Serienabend.
   - Bestell Dir etwas bei Deinem Lieblingsrestaurant oder koch Dir selbst etwas, was Du magst.
   - Mach ein ausgedehntes Nickerchen am Mittag.
   - Höre in aller Ruhe Musik, die Du magst.
   - Dreh Deine Lieblingsmusik auf (und tanze dazu)
   - Gehe Deinem Hobby nach – Yoga, Meditation, Fitness oder was auch immer Dir beliebt.
   - etc.

2. Hast Du Deine Liste, die Du selbstverständlich jederzeit erweitern kannst, zusammengestellt, dann **trage in Deinen Kalender entsprechende Termine ein:** In der nächsten Woche sollte an jedem einzelnen Tag mindestens ein Mini-Urlaub umgesetzt werden – und zwar verbindlich. Die geplanten Aktivitäten sollten einen ganz offiziellen Charakter haben, die nur in absoluten Notsituationen aufgeschoben oder gestrichen werden dürfen.

3. Und nun **setzt** Du **die Pläne um** – und zwar ganz ohne Reue. Die dabei empfundenen positiven Emotionen wirken sich in vielerlei Hinsicht positiv aus, also solltest Du diese kleinen Auszeiten genießen.

4. Ist die Woche wie geplant gelaufen, kannst Du kurz **reflektieren:** Wie waren die Mini-Urlaube für Dich? Was bräuchtest Du, um Deinen nächsten Mini-Urlaub beim nächsten Mal noch ein kleines bisschen besser zu machen? Erweitere oder passe Deine Liste dahingehend gerne an. Dann kannst Du die kommende Woche einplanen, um die Mini-Urlaube nach und nach immer mehr in den alltäglichen Wochenablauf zu integrieren. So schaffst Du es, Dir auch im stressigen Alltag ganz bewusst die kleinen Verschnaufpausen für positive Emotionen einzuräumen.

4.1.1 DREH- UND ANGELPUNKT DER POSITIVEN PSYCHOLOGIE: DAS GUTE LEBEN

Es spielt also eine Hauptrolle in der Positiven Psychologie, doch: Was ist eigentlich ein **gutes Leben** – und wie kannst Du es erreichen? Mit dieser Frage befasst sich, wie bereits erwähnt, die Psychologie seit Jahrtausenden. Im Laufe der Zeit haben sich die Ansichten logischerweise verändert, aktuelle Studien und Arbeiten lassen sich aber wie folgt auf den Punkt bringen:

Du kannst von einem guten Leben sprechen, wenn Du

- mehr positive Emotionen als negative wahrnimmst,
- mit Deinem Leben zufrieden bist,
- engagiert und aktiv bist,
- positive Beziehungen gestaltest,
- Dich einer Gemeinschaft zugehörig fühlst,
- sicher und gesund durchs Leben gehst,
- Du Deine eigenen Stärken und Talente erkennst und alltäglich einsetzt.[33]

Interessant ist in dem Zusammenhang das der Faktor **positive Beziehungen** hervorgehoben werden sollte. In einer Langzeitstudie zum Thema Glück haben Forscher an der Universität Harvard (harvard study of adults development) herausgefunden, dass positive Beziehungen uns glücklicher machen. Zu diesem Zweck wertete Robert Waldinger, Harvard Professor und Psychiater, Daten seit 1938, d. h. seit mehr als 75 Jahren, zum individuellen Leben der Studienteilnehmer, aus. Anfänglich haben 724 Männer an der Studie teilgenommen, die alle 2 Jahre befragt wurden, was sie denn persönlich glücklich macht. Von der anfänglichen Studiengruppe leben noch knapp 60 Personen. Der Studienkreis wurde zwischenzeitlich mit mehr als 2000 Kindern und ausgesuchten Lebenspartnern ergänzt. Die Personen haben bei der Abfrage nicht nur Fragebögen ausgefüllt, sondern auch persönliche Interviews gegeben und zusätzlich flossen auch gesundheitliche Daten der Probanden in die Auswertung ein. Robert Waldinger stellte **3 Haupteinflussfaktoren von positiven Beziehungen** heraus:[34]

---

33 Ruch, W.; Proyer, R. T. (2011): Positive Psychologie – Grundlagen, Forschungsthemen und Anwendungen. In: Report Psychologie, Vol. 36 (2), S. 60-70

34 Mineo, L. (2017): Good genes are nice, but joy is better. URL: https://news.harvard.edu/gazette/story/2017/04/over-nearly-80-years-harvard-study-has-been-showing-how-to-live-a-healthy-and-happy-life/ [Stand: 18-12-2021]

Mindful Staff (2021): What the Longest Study on Happiness Reveals About Building a Fulfilling Life. URL: https://www.mindful.org/what-makes-a-good-life-lessons-from-the-longest-study-on-happiness/ [Stand: 18-12-2021]

1. Soziale Verbundenheit hat einen **positiven Einfluss auf unsere Gesundheit**
2. **Qualität statt Quantität:** Nicht die quantitative Zahl der Beziehungen ist für das Gefühl von Glück verantwortlich, sondern die Qualität, sprich: lieber wenige enge als viele lose Beziehungen
3. **Positive Beziehungen** sind nicht nur ein **Schutz** für den Körper, sondern auch gleichermaßen **für den Geist.** So weisen beispielsweise 80-jährige Personen, die eine enge positive Beziehung haben, eine wesentlich bessere Gehirnleistung als ihre gleichaltrigen Pendants ohne (enge) soziale Verbindung auf.

Eine Studie aus 2021 von Oishi und Westgate legt nahe, dass der sog. **„psychologische Reichtum“,** worunter „eine Vielfalt an interessanten und perspektiv-erweiternden Erfahrungen“ zu verstehen ist, ebenso eine zentrale Bedeutung bei der Beurteilung des Wohlbefindens einnehmen müsste. Solch eine Erfahrung kann sich individuell verschieden z. B. in Form eines beruflichen Wechsels oder einer Auslandsreise erlebt werden und nimmt bei den meisten Menschen einen höheren Stellenwert als das persönliche Glück oder dem Sinn des Lebens ein. Auch schmerzhafte Erfahrungen, die wir als persönlicher Bereicherung unseres Lebens sehen wie z. B. Trennungen, zählen dazu.[35]

Selbstverständlich ist Wohlbefinden sehr subjektiv: Ab welchem Verhältnis von positiven und negativen Emotionen Du Dich wohlfühlst, hängt von vielen **persönlichen Faktoren** ab. Fakt ist, je häufiger Du im Vergleich zu negativen Gefühlen positive Emotionen empfindest, desto höher ist der positive Affekt – und umgekehrt. *Auch die Lebenszufriedenheit ist als kognitive Komponente des persönlichen Wohlbefindens zu verstehen,* die sich zudem differenzieren lässt: Einerseits gibt es die **allgemeine Lebenszufriedenheit,**

---

35 Oishi, S.; Westgate, E. C. (2021): A psychologically rich life – Beyond happiness and meaning. In: Psychological Review. Advance online publication

andererseits die in bestimmten Bereichen, wie zum Beispiel in der Familie oder in der Freizeit, auf Arbeit oder in puncto Gesundheit.[36] Es gibt aber auch andere Wege, um die Frage nach dem guten Leben zu beantworten, wie **Peterson, Park und Seligman** im Jahr 2005 publizierten. Sie **definierten 3 Glücksorientierungen,** von denen nur die ersten 2 den philosophischen Theorien folgen:[37]

- Das **Life of Pleasure,** also das hedonistische Prinzip, bei dem es darum geht, möglichst viel Vergnügen und so wenig Schmerz wie möglich zu erleben.

- Das **Life of Meaning** – und damit das eudaimonische Prinzip, sich seiner eigenen Tugenden und Stärken bewusst zu werden, diese zu pflegen und im Sinne eines höheren Ziels einzusetzen.

- Das **Life of Engagement,** also einem psychologischen Ansatz, nachdem Du vollkommen in einer Tätigkeit aufgehen kannst, in die Du Deine individuellen Fähigkeiten einbringst, die Zeit vergisst und Dich anschließend zufrieden fühlst.

Der letzten Glücksorientierung folgt **Mihály Csíkszentmihályi,** der sich seit 1990 mit dem *Glücksgefühl im Beruf* befasst. Mithilfe spezifisch erstellter Fragebogen konnten **Peterson, Ruch, Beermann, Park & Seligman** eine positive Korrelation zwischen allen 3 Orientierungen und Lebenszufriedenheit sowie Wohlbefinden nachweisen. Dabei war der Einfluss des vergnüglichen Lebens vergleichsweise gering, während ein erfülltes Leben, in dem alle 3 Glücksorientierungen stark ausgeprägt sind, mit der höchsten Zufriedenheit korreliert.[38]

---

36 Diener, E; Oishi, S.; Lucas, R. E. (2009): Subjective well-being - The science of happiness and life satisfaction. In: Lopez, S. J.; Snyder, C. R. (Hrsg.), Oxford handbook of positive psychology, 2. Aufl. S. 187-194. Oxford: Oxford University Press

37 Peterson, C.; Park, N.; Seligman, M. E. P. (2005): Orientations to happiness – the full life vs. the empty life. In: Journal of Happiness Studies, Vol. 6, S. 25-41

38 Peterson, C.; Ruch, W.; Beermann, U.; Park, N.; Seligman, M. E. P. (2007): Strengths of character,

4.1.2 WICHTIGE SCHWERPUNKTE: CHARAKTERSTÄRKEN UND TUGENDEN

Charakterstärken und Tugenden – was verstehst Du darunter? Deine Antworten werden sich wahrscheinlich von denen Deiner Mitmenschen unterscheiden. Wir benutzen Begriffe wie selbstverständlich, ohne deren Komplexität zu erfassen. Es waren vor allem **Peterson und Seligman,** die sich genau aus diesem Grund mit einer **Klassifikation** befasst und diese im Jahr 2004 veröffentlicht haben. Dem Modell der Charakterstärken ging eine von der Mayerson Foundation gestartete Inititiative zur Entwicklung von Kindern und Jugendlichen voraus. Die Mayerson Foundation selbst wurde im Jahre 2000 gegründet und ist eine gemeinnützige amerikanische Stiftung. Sie setzte sich mit der Fragestellung auseinander, welche Faktoren förderlich für die Entwicklung von Kindern und Jugendlichen sind, um einen guten Charakter zu formen. Da diese Frage gleichermaßen auch für erwachsene Menschen wichtig war, wurde die Ausgangsfrage auf Menschen aller Altersklassen ausgeweitet. Aufbauend darauf entwickelten Seligman und Peterson von 2001 bis 2004 das Konzept der Charakterstärken (weiter), indem fortan Personen aller Altersklassen in die Fragestellung integriert wurden. Zugrunde liegen umfangreiche Analysen religiöser, philosophischer und psychologischer Schriften. In Zusammenarbeit mit einem Expertengremium aus über 50 Leuten aus dem Bereich der Sozialwissenschaft definierten Seligman und Peterson eine homogene, kulturübergreifende Auffassung von Stärken und Werten.[39]

Um überhaupt in die Klassifikation der Charakterstärken einzufließen, musste eine Eigenschaft 10 Kriterien erfüllen: Einerseits musste sie auf verschiedene Erfüllungen Einfluss haben, die wiederum für andere ebenso wie

orientations to happiness, and life satisfaction. In: The Journal of Positive Psychology, Vol. 2 (3), S. 149-156

39 Peterson, C.; Seligman, M. E. P. (2004). Character strengths and virtues – A handbook and classification. Washington DC: American Psychological Association; New York: Oxford University Press

für den Betroffenen selbst das gute Leben bestimmen. Andererseits musste die jeweilige Stärke selbst den moralischen Wert ausmachen – und das unabhängig davon, ob die Eigenschaft zu wünschenswerten Resultaten führt oder nicht. All die so gewonnenen Erkenntnisse flossen in einen mehrstufigen Prozess ein: die **Values in Action Classification of Strengths – VIA.**[40]

Aus der Basis des einheitlichen Stärken- und Werteverständnisses wurden final **24 Charakterstärken** abgeleitet, welche wiederum **in 6 höherstehenden Tugenden kategorisiert** werden. Jede der Charakterstärken ist eigen, dass sie kulturübergreifend als moralisch wertvoll und tugendhaft – losgelöst vom zeitlichen Kontext – angesehen wird.[41]

Übersicht: 24 Charakterstärken und 6 Tugenden der Values-in-Action-Klassifikation

1. Tugend: Wissen und Weisheit – also kognitive Fähigkeiten, um Wissen zu erwerben und zu gebrauchen

- **Kreativität:** Dinge auf neue Art und Weise effektiv angehen (und lösen)
- **Neugier:** äußert sich am Interesse an der Umgebung und der Umwelt
- **Aufgeschlossenheit und Urteilsvermögen:** über Dinge nachdenken und unterschiedliche Blickwinkel bei er Betrachtung einnehmen
- **Liebe zum Lernen:** neue Methoden erschließen und sein Wissen erweitern
- **Weitsicht:** die Fähigkeit, gute Ratschläge zu geben

40 a. a. O.
41 a. a. O.

2. Tugend: Mut – also die emotionalen Stärken, die Dich mit Willen internale und externale Hürden bei der Zielerreichung überwinden lassen

- **Tapferkeit und Mut:** trotz Furcht und Schmerz schwierige Situationen bewerkstelligen
- **Ausdauer, Beharrlichkeit:** Dinge zu Ende bringen, die man angefangen hat
- **Ehrlichkeit und Integrität:** die Wahrheit von sich geben und zu dieser stehen
- **Tatendrang und Vitalität:** seine Begeisterungs- und Umsetzungsenergie in die Welt tragen

3. Tugend: Menschlichkeit – also die interpersonalen Stärken, die Dir eine menschliche, liebevolle Interaktion möglich machen

- **Fähigkeit, Liebe zu geben und zu empfangen:** emotionale Nähe zulassen und schaffen
- **Freundlichkeit und Großzügigkeit:** freundlich im Umgang sein und anderen einen Gefallen erweisen
- **Soziale Intelligenz:** seine eigenen Gedanken und Gefühle verstehen und sich gut in die Gefühls- und Gedankenwelt anderer hineinversetzen zu können

4. Tugend: Gerechtigkeit – also die Stärken zur Förderung des Gemeinwesens

- **Teamwork, -fähigkeit:** sich gut in ein Team eingliedern und arbeiten können
- **Fairness:** allen Menschen mit Gerechtigkeit und Gleichheit begegnen
- **Führungsvermögen:** die Führung in Gruppen übernehmen

5. Tugend: Mäßigung – also exzessives Verhalten entgegenwirkende Stärken

- **Vergebungsbereitschaft:** das Vergeben unrechter Taten anderer
- **Demut und Bescheidenheit:** das persönliche Zurücknehmen und den „Erfolg" so für sich unausgesprochen stehen lassen
- **Vorsicht bzw. Umsicht:** Konsequenzen vor dem Handeln berücksichtigen
- **Selbstregulation:** sich selbst in dem eigenen Tun und Fühlen regulieren

6. Tugend: Transzendenz – also Stärken, die als sinnhaft empfunden und Dich einem höheren Zweck dienen

- **Sinn für das Schöne:** das Schöne in den unterschiedlichen Lebenskontexten wahrnehmen und würdigen
- **Dankbarkeit:** positive Dinge wahrnehmen, nicht als selbstverständlich abtun und dankbar für diese sein
- **Optimismus:** Dinge mit einer positiven zuversichtlichen Haltung begegnen
- **Humor:** humorvolle Aktionen begrüßen und selbst gerne andere Leute zum Lachen bringen
- **Spiritualität und Religiosität:** davon überzeugt sein, dass das Leben einen übergeordneten Zweck verfolgt

Zur wichtigen Einordnung: Diese Klassifikation wird von den Wissenschaftlern vorgeschlagen, es handelt sich um eine **Zusammenstellung, die theoriebasiert abgeleitet** wurde – und zwar als Grundlage für eine Diskussion in der Psychologie. Und hier gibt es einiges zu besprechen, denn dem Charakter wurde lange wenig Beachtung gewidmet. *Der Charakter werde im Bereich der Ethik verortet, in der Psychologie wäre er hingegen irrelevant,* so **Gordon Allport** noch 1937.[42] Die kritisierten moralisch bewerteten Eigenschaften, aber auch der unterstellte Einfluss sozialer Erwünschtheit oder die fehlende Konsistenz unterschiedlicher Maße der Ehrlichkeit konnten einerseits in Re-Analysen differenziert werden, andererseits durch empirische Studien. Diese belegten, dass nicht nur die Maße der sozialen Erwünschtheit mit den Charakterstärken aus den Selbstberichten korrelieren, sondern auch bei anderen Persönlichkeitsmerkmalen.[43] Letztendlich stellt VIA eine **Klassifikation für positive Eigenschaften des Menschen** dar – und damit ein Gegenmodell zum Diagnostic and Statistical Manual of Mental Disorders (DSM).

4.1.3 DIE GROSSE HERAUSFORDERUNG: CHARAKTERSTÄRKEN MESSEN

Peterson und Seligman haben nicht nur die VIA-Klassifikation aufgestellt, sondern auch einen **Fragebogen** zur Erfassung der Ausprägung der Charakterstärken entwickelt – **Values-in-Action Inventory of Strengths (VIA-IS):** Anhand von 240 Fragen (je 10 Fragen pro Charakterstärke) können die 24 Stärken einer Person individuell gemessen werden. Es gibt inzwischen deutschsprachige Angebote für einen VIA-IS, aber auch auf 120 oder 94 Fragen reduzierte Varianten, für die zunächst eine Registrierung notwendig ist. Hier findest Du kostenlose deutschsprachige Fassungen des VIA-Test, welche Du (kostenfrei) online durchführen kannst:

42 Allport, G. W. (1937): Personality – a psychological interpretation. New York: Holt & Co.
43 Ruch, W.; Proyer, R. T.; Harzer, C.; Park, N.; Peterson, C.; Seligman, M. E. P. (2010): Adaption and Validation of the German Version of the Values in Action Inventory of Strengths (VIA-IS) and the Development of a Peer-Rating Form. In: Journal of Individual Differences, Vol. 31 (3), S. 138-149

https://www.charakterstaerken.org/[44]
https://www.viacharacter.org/account/register/[45]

Der erstgenannte VIA-Online-Test ist in der ungekürzten Fassung mit 240 Fragen verfügbar und bildet die Rangfolge der Stärken prozentual nach ihrer Gewichtung ab. Die meistgenutzte Stärke (Stärke auf Rang 1) wird auf 100 Prozent gesetzt und darauf aufbauend die Quantität der übrigen Stärken mit einer Prozentzahl abgebildet. Damit ist es möglich, interessante Einblicke zu gewinnen, inwieweit die unterschiedlichen Stärken auseinanderliegen und gegebenenfalls persönliche Entwicklungspotentiale aus dem Ergebnis abzuleiten.

Doch, wie sind die Ergebnisse zu interpretieren?

Zunächst ist das Profil im Allgemeinen interessant, im nächsten Schritt das **Ranking der Stärken.** Der VIA-Test an sich misst den quantitativen Einsatz von Stärken und erlaubt lediglich einen Abgleich der eigenen persönlichen Stärken. Ein **Vergleich mit anderen Personen** ist **nicht möglich,** da keine absoluten Werten durch den Test erfasst werden, sondern die Ausprägung der Stärken in Relation zueinander. Vor allem den **ersten 5 Rängen** sollte Augenmerk gewidmet werden, da es sich hierbei um **Signaturstärken,** die also besonders typisch für Dich sind, handeln könnte.[46] Auch wenn Du Dich vielleicht selbst nicht in diesen Stärken wiederfindest, stellt dieses Ergebnis erst einmal nur einen Anhaltspunkt dar: Um tatsächlich eine Signaturstärke zu identifizieren, sind nach **Peterson und Seligman** verschiedene Kriterien zu erfüllen: *emotionale Erregung ist spürbar, charakteristisch ist eine steile Lernkurve oder eine hohe intrinsische Motivation, wenn Du diese Stärke ausübst.*[47]

---

44 Universität Zürich (2021): Was sind ihre Stärken? (ungekürzte Fassung des VIA-Tests). URL: https://www.charakterstaerken.org/ [Stand: 22-10-2021]

45 VIA Institute on Character (2021): Bring Your Strengths to Life & Live More Fully (überarbeitete Version des VIA-Tests). URL: https://www.viacharacter.org/ [Stand: 22-10-2021]

46 Niemic, R. M. (2017): Character Strengths Interventions – A Field Guide for Practitioners. Boston, MA: Hogrefe Publishing

47 Peterson, C.; Seligman, M. E. P. (2004): Character strengths and virtues – A handbook and classification. Washington DC: American Psychological Association; New York: Oxford University Press

Zur Bestimmung einer solchen Signaturstärke hat **Peterson** ein strukturiertes Interview, das **VIA-SI,** entwickelt. Dabei wird erfasst, wie die Interviewten normalerweise in einem die jeweilige Stärke betreffenden Kontext reagieren. Sollten sie die relevante Charakterstärke über eine längere Zeit in Erscheinung treten, folgen diese Fragen:[48]

1. *Wie benennst Du selbst diese Stärke?*
2. *Beschreibt die Stärke Deinen Charakter als Person wirklich?*
3. *Würden Familienmitglieder und Freunde der Antwort zu 2. zustimmen?*

Folgende **Voraussetzungen** müssen für eine **Signaturstärke** erfüllt sein:

- *Du musst über den Großteil der Zeit diese Stärke ausleben,*
- *sie mit einem positiven, bezeichnenden Namen beschreiben und*
- *die Punkte 2. und 3. müssen ebenfalls zutreffen.*

In der Regel gehen die Experten davon aus, dass ein Mensch **bis zu 7 Signaturstärken** (Top-Charakterstärken) aufweist, welche den **Kern der Persönlichkeit** bilden.[49] Studien von Claudia Harzer und Willibald Ruch belegen, dass Menschen positivere Arbeitserfahrungen machen, wenn sie Signaturstärken (unabhängig davon welche) auf der Arbeit ausleben können.[50] Dies gilt insbesondere dann, wenn diese 4 oder mehr ihrer Signaturstärken in der Arbeit einbringen können, so dass der Job noch positiver wahrgenommen wird bzw. eher als Berufung angesehen wird.[51]

Weißt Du eigentlich, welche Stärken Dich bereits heute auszeichnen? Verschaff Dir Klarheit mit der Übung Reflected Best Self.

---

48 Peterson, C. (2003): The Values-in-Action Structured Interview (VIA-SI). Cincinnati, OH: The VIA Institute on Character

49 Peterson, C.; Seligman, M. E. P. (2004): Character strengths and virtues – A handbook and classification. Washington DC: American Psychological Association; New York: Oxford University Press

50 Harzer, C.; Ruch, W. (2013): The application of signature character strength and posititve experiences at work. In: Journal of Happiness Studies, Vol. 14, S. 965-983

51 Harzer, C.; Ruch, W. (2012): When the job is a calling – The role of applying one's signature strengths at work. In: Journal of Positive Psychology, Vol. 7 (5), S. 362-371

Übung: Reflected Best Self – mein bestes Selbst

Erkenne, was Du bist – diese Übung kann Dir sehr interessante Erfahrungen bescheren. Nicht umsonst vertrat schon Heraklit die Meinung, dass es allen Menschen zuteil ist, sich einerseits selbst zu erkennen und andererseits verständig zu denken. Es liegt in der Natur der Dinge, dass es uns selbst schwerfällt, uns ohne Vorurteile zu betrachten und zu beurteilen. Hier hilft Dir die Übung Reflected Best Self, die das Center for Positive Organizations an der Ross School of Business der University of Michigan entwickelt hat.[52]

So gehst Du vor:[53]

1. **Wähle Dir 10 Personen aus, mit denen Du in unterschiedlichen Bereichen Deines Lebens zu tun hast.**
   Im Beruf können das zum Beispiel aktuelle, aber auch ehemalige Vorgesetzte sein, aber eben auch gute Freunde und Familienmitglieder oder Sportkameraden. Sinnvoll kann es sein, einen Menschen auszuwählen, der nach Deiner Meinung mit Dir konkurriert.

2. **Frage die Personen: Welche Stärke schätzt Du als meine größte ein?**
   Lass Dir diese Stärke plastisch beschreiben, also an einem konkreten Beispiel, bei dem die Person diese Stärke festgestellt oder vielleicht sogar Nutznießer davon ist.

3. **Analysiere das Feedback.**
   Behalte dabei im Blick, was Du besonders gut kannst und bei welchen Gelegenheiten Du diese Stärke ausspielst, also wann, wo und wie. Das ist umso wichtiger, als dass Stärken und Schwächen sich erst in einem Kontext entfalten.

---

52 Management Coaching (2021): Management Letter – Mein bestes Selbst. URL: https://www.management-coaching.org/toolbox/management-letter/mein-bestes-selbst [Stand: 28-11-2021]
Quinn, R. E.; Dutton, J. E.; Spreitzer, G. M. (2003): Reflected Best Self Exercise. Center for Positive Organizational Scholarship, University of Michigan
53 a. a. O.

Mit Sicherheit wirst Du erstaunt sein! Du erhältst ein **authentisches Fremdbild** von Dir und wirst in einigen Punkten Deine eigene Meinung von Deiner Person revidieren. Diese Übung ließe sich theoretisch auch zu Deinen Schwächen durchführen, doch aus Perspektive der Positiven Psychologie ist das nicht zielführend. Erkenne Deine Stärken, setze Sie bewusst ein und baue so Deine Ressourcen aus!

4.1.4 POSITIVE PSYCHOLOGIE IN DER PRAKTISCHEN ANWENDUNG

Charakterstärken und Lebenszufriedenheit – diese positive Beziehung gilt als eines der wichtigsten Ergebnisse, wenn man die Bescheidenheit ausnimmt. Noch interessanter ist jedoch, dass regelmäßig dieselben 5 Charakterstärken die höchsten Korrelationen aufweisen – wenn auch in leichten Variationen:[54]

- Bindungsfähigkeit (love)
- Dankbarkeit (gratitude)
- Enthusiasmus (zest)
- Hoffnung und Optimismus (hope)
- Neugier (curiosity)

Dieses Ergebnis wurde von dem **Zürcher Stärken Programm (Z.S.P.)** aufgegriffen, um das Potential für positive Interventionen zu prüfen. Es wurden 2 Gruppen zusammengestellt: Eine sollte 5 Stärken trainieren, die hoch mit Lebenszufriedenheit korrelieren (Dankbarkeit, Neugier, Humor, Optimismus und Enthusiasmus), die andere Gruppe Charakterstärken mit niedriger Korrelation (Kreatitvität, Sinn für das Schöne, Liebe zum Lernen,

54 Park, N.; Peterson, C.; Seligman, M. E. P. (2004): Strength of Character and Well-Being. In: Journal of Social and Clinical Psychology, Vol. 23 (5), S. 603-619

Freundlichkeit und Weitsicht/Umsicht). Eine weitere Gruppe diente als Kontrollgruppe und hat keinerlei Trainings durchgeführt. Für jede der Stärken wurde demnach eine spezielle Übung entwickelt und für Gruppen von rund 60 Personen ein Trainingsabend durchgeführt.[55] Dabei ging es um

- theoretische Wissensvermittlung zu aktuellen Forschungsergebnissen in einer für Laien verständlichen Form,
- eine Übung in kleineren Gruppen mit Austausch und Diskussion sowie
- eine Hausaufgabe inklusive Übungstagebuch mit detaillierten Instruktionen sowie einen Fragekatalog zur Evaluation.

Nach dem über 12 Wochen dauernden Trainingszeitraum ließen sich die zuvor erwarteten Ergebnisse feststellen: Tatsächlich war in der Gruppe, welche die **hoch korrelierenden Stärken trainierte, eine signifikant angestiegene Lebenszufriedenheit** zu konstatieren. Doch auch andere Stärken hatten ihren Beitrag zum Erfolg geleistet, wie zum Beispiel Selbstregulation und Ausdauer. Es lässt sich also festhalten: Über Stärken können durchaus Interventionen durchgeführt werden, die die Lebenszufriedenheit der Teilnehmenden verbessern.[56] Darüber hinaus kamen **Seligman und seine Mitstreiter** im Jahr 2005 in ihrer umfangreichen Studie zu dem Schluss, dass schon das Identifizieren der eigenen Signaturstärken mithilfe des VIA-IS und in der Folge das gezielte Einsetzen der Charakterstärken für eine Woche die Lebenszufriedenheit signifikant verbessern – und zwar für 6 Monate nach Abschluss der Übungen. Selbst **Depressivität ließ sich so für diesen Zeitraum reduzieren.**

---

55 Proyer, R. T.; Ruch, W.; Buschor C. (2013): Testing strength-based interventions – A preliminary study on the effectiveness of a program targeting curiosity, gratitude, hope, humor, and zest for enhancing life satisfaction. In: Journal of Happiness Studies, Vol. 14 (1), S. 275-292
56 a. a. O.

Daraus leitet sich eine besondere Bedeutung der Charakterstärken für positive Interventionen ab, die eine höhere Lebenszufriedenheit bewirken können.[57]

Nachdem wir nun wissen, dass Dankbarkeit einen hohen Einfluss auf unsere Lebenszufriedenheit hat, gibt es an der Stelle direkt einige praktische Übungen zur direkten Umsetzung für Dich.

Übung: Dankbarkeit im Alltag

Sie tut gut – und das vollkommen unabhängig davon, wem oder wofür wir dankbar sind: einem Menschen in unserer Umgebung, einer höheren Macht oder dem Schicksal. Als dankbarer Mensch bist Du nicht nur glücklicher, sondern auch einfühlsamer, hilfsbereiter und optimistischer. Und das hat gute Gründe, wie **Sonja Lyubomirsky** in „Glücklich sein“ formulierte: *Bist Du dankbar, erlebst Du weniger negative Emotionen wie Eifersucht, Ärger oder Schuld, kannst aber auch positive Erfahrungen stärker genießen.* Dein Selbstwertgefühl profitiert, was Dir wiederum den Umgang mit Belastungen erleichtert. *Deine höhere Hilfsbereitschaft wirkt sich wiederum positiv auf Deine sozialen Beziehungen aus.* Dieser Effekt stellt sich sogar ein, wenn Du gar nicht über Deine Dankbarkeit sprichst oder sie anderweitig ausdrückst, es reicht schon, darüber nachzudenken oder zu schreiben.[58]

Hier also einige Dankbarkeitsübungen:[59]

1. Dankbarkeitstagebuch

Notizbuch und Stift reichen aus: Notiere täglich wenigstens 5 Dinge, für die Du Dankbarkeit empfindest. Beziehe dabei auch die Dinge mit ein, die Du vielleicht als selbstverständlich hinnimmst, wie Deine Wohnung, Deine Gesundheit oder Deinen Beruf.

---

57 Seligman, M. E. P.; Steen, T. A.; Park, N.; Peterson, C. (2005): Positive psychology progress – Empirical validation of interventions. In: American Psychologist, Vol. 60 (5), S. 410-421

58 Lyubomirsky, S. (2008): Glücklich sein – Warum Sie es in der Hand haben, zufrieden zu leben. Frankfurt/New York: Campus-Verlag

59 Maeck, S. (2016): Training für mehr Wohlbefinden. URL: https://www.spiegel.de/gesundheit/psychologie/dankbarkeitsuebungen-training-fuer-mehr-wohlbefinden-a-1124223.html [Stand: 02-12-2021]

Wichtig: Natürlich kannst Du auch kommerzielle Angebote nutzen, wie beispielsweise das „5-Minuten-Tagebuch" – Du erreichst Dein Ziel aber auch mit einfachen Mitteln.

2. Expression of Gratitude

Drücke Deine Dankbarkeit gegenüber einem anderen Menschen in Form eines Briefes oder eines Besuches aus. Du kannst auch auf moderne Kommunikationskanäle, wie zum Beispiel WhatsApp, zurückgreifen und einfach nur mitteilen, dass Du an die Person denkst. Auch, wenn Dir das lapidar erscheint, wurde die positive Wirkung dieser Dankesbezeugungen auf das Wohlbefinden nachgewiesen – sowohl in verschiedenen psychologischen Studien als auch in Gehirnscans.

Wichtig: Hast Du keine Lust, zu schreiben, oder fehlt Dir die Zeit, dann nutze die Macht der Gedanken. Selbst mentale Danksagungen entfalten ihre Wirkung. Schließ also einfach Deine Augen und rufe Dir den oder die Menschen vor Dein inneres Auge, denen Du Dank sagen willst.

3. Meilensteine der Dankbarkeit

Eine weitere Übung besteht darin, Deinen Lebenslauf so zu verfassen, dass eine Art Dankbarkeitsbiografie entsteht: Notiere chronologisch die Meilensteine in Deinem Leben, für die Du dankbar bist.

Wichtig: Du kannst das Gefühl der Dankbarkeit intensivieren, indem Du Bilder, Musik oder Fotos zur visuellen Imagination nutzt, um die sinnliche Dimension der Dankbarkeit ihre Wirkung entfalten zu lassen.

4. Dankbarkeitsliste

Diese Übung hilft Dir insbesondere beim Einschlafen: Lass in Gedanken Deinen Tag Revue passieren und erstelle dabei eine imaginäre Dankbarkeitsliste. Erfahrungsgemäß stellt sich auf diese Weise eine Gelassenheit ein, die Dich zufrieden einschlafen lässt.

Wichtig: Du kennst vielleicht diese Grübelschleifen, die viele Menschen am Einschlafen hindern – mit dieser Übung wirst Du sicher aus Deinen nervtötenden Grübeleien herausgerissen.

Zur Frage, **wie wirksam positive Interventionen** sein können, wurde 2009 eine Metaanalyse von **Nancy L. Sin und Sonja Lyubomirsky** veröffentlicht: *Sie erklärten positive Interventionen zu willentlichen Aktivitäten oder Behandlungsmethoden, die positive Verhaltensweisen, Kognitionen und Verhaltensweisen kultivieren sollen.* 51 Studien schafften es in die engere Auswahl, da sie die festgelegten Kriterien, wie zum Beispiel Empirie, Datenerhebung und Kontrollgruppe, erfüllten. Das zentrale Ergebnis: *Es wurden mittlere Effekte sowohl für die Verbesserung der Lebenszufriedenheit als auch die Reduktion der Depressivität ermittelt.* Darüber hinaus konnten die Autorinnen noch wichtige Hinweise zu den Bedingungen geben, unter denen derartige Interventionen besonders wirksam sind, wie zum Beispiel in Einzelsettings oder bei längeren Interventionen.[60] Doch nach **Stephen M. Schueller** spielen offenbar auch *individuelle Präferenzen in Bezug auf die verschiedenen Übungen eine Rolle, wenn es um den Erfolg des Trainings und die Motivation zur Fortsetzung über einen längeren Zeitraum geht.*[61]

60 Sin, N. L.; Lyubomirsky, S. (2009): Enhancing wellbeing and alleviating depressive symptoms with positive psychology interventions – A practice-friendly meta-analysis. In: Journal of Clinical Psychology, 65 (5), S. 467-487

61 Schueller, S. M. (2010): Preferences for positive psychology exercises. In: The Journal of Positive Psychology, Vol. 5 (3), S. 192-203

Die Positive Psychologie kann jedoch deutlich mehr, als positiv zu intervenieren, wie beispielsweise in Coachings. Möglich ist auch der Einsatz im **Rahmen der Psychotherapie.** Einige interessante Arbeiten lassen darüber hinaus ein deutlich größeres Potential vermuten, wie beispielsweise in den Bereichen **positives Altern, Humor oder Weisheit.** Nicht zu unterschätzen sind die Projekte zur **Laufbahn- oder Karriereberatung,** die den VIA-IS in ihre Arbeit mit einbeziehen. So konnten zum Beispiel berufstypische Profile erarbeitet werden, so dass der Abgleich Rückschlüsse zur grundsätzlichen Eignung zulässt.[62]

4.1.5 EINE FRAGE DER EMOTIONEN

Die **Broaden-and-build-Theorie of positive emotions von Barbara Fredrickson** war die Grundlage für zahlreiche Forschungsarbeiten zum Thema positive Interventionen: Fredrickson erkennt in negativen Emotionen spezifische Verhaltenstendenzen/-muster, um in gefährlichen Situationen prompt reagieren zu können. Dazu zählen beispielsweise die Bereitschaft zur Flucht, zum Kampf oder zum Empfinden von Ekel, wenn ein verdorbenes Lebensmittel konsumiert wurde. *Diese negativen Emotionen beschränken jedoch die Bandbreite unserer Gedanken- und Handlungen in dieser Situation, so dass bei Lebensgefahr die Handlungsweisen erhöht verfügbar sind, die zu Deiner Rettung, Deinem Überleben oder Deiner Unversehrtheit führen.* Im Gegensatz dazu empfindest Du in Situationen, die Dein Leben bedrohen, keine positiven Emotionen. Die würden in einem solchen Prozess, in dem schnelles, entschlossenes Handeln notwendig ist, stören. Fühlst Du hingegen Zufriedenheit, Glück oder Freude, bist Du in der Regel nicht auf diesen schnellen Entscheidungsprozess angewiesen.[63]

---

62 Jungo, D.; Ruch, W.; Zihlmann, R. (Hrsg.) (2008): Das VIA-IS (»Values in Action Inventory of Strengths«), ein Instrument zur Erfassung von Charakterstärken. Informationen und Interpretationshilfen für die Berufs-, Studien- und Laufbahnberatung. Bern: SDBB Verlag

63 Fredrickson, B. (2001): The role of positive emotions in positive psychology: The broaden-and-build theory of positive emotions. In: American Psychologist, Vol. 56 (3), S. 218-226

Fredrickson schließt in ihrer Broaden-and-build-Theorie auf eine **Erweiterung Deines Handlungsrepertoires,** wenn Du positive Emotionen erlebst – und konnte dies auch im Rahmen einiger Studien empirisch belegen: Die Kreativität steigt beim Erleben positiver Emotionen, Menschen entdecken aber auch mehr Handlungsoptionen für sich. Darüber hinaus können Menschen diese Erfahrungen gezielt dazu nutzen, um **zusätzliche Ressourcen für ihren Alltag auf- und auszubauen.** Gelingt es Dir beispielsweise in einer angespannten Situation, die Atmosphäre humorvoll zu entspannen und aufzulösen, dann wirst Du das auch künftig in Erwägung ziehen – Dein persönliches Handlungsrepertoire ist somit um eine Option reicher geworden. Daraus ergibt sich nach Fredrickson eine **positive Spirale aufwärts:** Pflegst Du Deine neuen Ressourcen im Alltag und setzt sie bewusst ein, dürften sich weitere positive Emotionen einstellen – und der Prozess setzt erneut ein.[64]

Es liegt also auf der Hand, dass die Positive Psychologie sich intensiv mit den positiven Emotionen befasst, schließlich sind diese essentiell wichtig für das Wohlbefinden und liefern letztendlich die Erklärung für die Wirkung, die positive Interventionen entfalten können. Deswegen sind einige der Übungen so aufgestellt, dass die Probanden positive Emotionen erleben oder sie sich wieder in Erinnerung rufen, sollten sie in Vergessenheit geraten sein. Nutze am besten zunächst die „Übung Positives Gefühlsportfolio aufbauen“, um positiven Emotionen (wieder) häufiger im Alltag wahrzunehmen. Vielleicht fragst Du Dich nun, welche positiven Emotionen es überhaupt gibt? Nach Barbara Fredrickson sind die **folgenden 10 positiven Emotionen,** die **am meisten erforschtesten** und zugleich jene, die unser Alltagsgeschehen weitestgehend prägen:[65]

---

64 a. a. O.
65 Fredrickson, B. (2009): Die Macht der guten Gefühle – Wie eine positive Haltung Ihr Leben dauerhaft verändert, S. 57 ff. Frankfurt/New York: Campus Verlag

Abbildung 1: 10 positive Emotionen nach Fredrickson[66]

Im Anschluss daran kannst Du die „Übung Best Possible Self" durchführen, um Dir über Deine enormen Potentiale klar zu werden und die Richtung für Deine weitere Entwicklung zu bestimmen!

Übung: Positives Gefühlsportfolio aufbauen

Vielleicht nutzt Du diese kleine Übung schon unbewusst, um zur Ruhe zu kommen – zum Beispiel kurz vor dem Einschlafen: Du versetzt Dich gedanklich in eine Situation, die für Dich richtig schön war. Vielleicht war es ein Meeting, in dem Du glänzen konntest, ein besonderer Moment der Zweisamkeit oder eines beruflichen Durchbruchs, der Dir interessante Chancen eröffnen könnte. Ausschlaggebend ist das, was in Dir vorgegangen ist – Du holst es hervor und durchlebst den Augenblick noch einmal. Derartig positive Emotionen lassen sich effektiv im Bewusstsein verankern, so dass Du sie jederzeit abrufen und erneut genießen kannst.[67]

66 Eigene Darstellung
67 Fredrickson, B. (2009): Die Macht der guten Gefühle – Wie eine positive Haltung Ihr Leben dauerhaft verändert, S. 259 ff. Frankfurt/New York: Campus Verlag

So gehst Du vor:

1. Suche Dir zunächst eine positive Emotion aus, von der Du mehr spüren und Dich deswegen intensiver damit beschäftigen möchtest. Nutze dazu gerne ein von den 10 vorher genannten positiven Emotionen.

2. Erstelle ein Gefühlsportfolio für genau dieses Gefühl. Dazu trägst Dinge zusammen, die in Dir diese Emotion hervorrufen, weil sie Dich an jenes Gefühl erinnern. Dabei kann es sich um die unterschiedlichsten Gegenstände wie Bilder, Fotos oder Einladungen handeln, aber eben auch Gerüche, Sprüche, Zitate oder Bücher.

3. Stelle diese Erinnerungsstücke ganz nach Deinem Geschmack zusammen – zum Beispiel als Collage oder Album, Poster oder Würfel – hier kannst Du Deiner Fantasie und Kreativität freien Lauf lassen. Und Du solltest Dir Zeit dafür nehmen, eine oder auch mehrere Wochen darf dieser Prozess durchaus dauern.

4. Hast Du das Gefühl, Dein Portfolio ist fertig, dann nutze es regelmäßig: Befasse Dich mit den Erinnerungsstücken und durchlebe ganz gezielt und bewusst die positiven Gefühle, die Du damit verknüpfst. Das kannst Du vor allem auch in den Momenten tun, in denen Du Deine Emotionen bewusst ins Positive verändern möchtest.

5. Gehören handliche Gegenstände zu Deinem Gefühlsportfolio, kannst Du diese bei Bedarf mitnehmen – und auch unterwegs von den damit verbundenen positiven Emotionen profitieren.

Ein positives Gefühlsportfolio hilft Dir dabei, Deinem emotionalen Zustand auch in schwierigen Situationen einen positiven Impuls zu geben – und beispielsweise zur Ruhe zu kommen.

Übung: Best Possible Self – Dein Wunsch-Ich für die Zukunft

Um die nächsten Schritte gut planen zu können, solltest Du wissen, wohin die Reise geht: Welche Ziele sind Dir wichtig? Wie soll Dein Leben in Zukunft aussehen? Wer möchtest Du sein? Mit einem Wort: Wie sieht Dein Wunsch-Ich für die Zukunft aus? Mit dieser Übung wirst Du Klarheit, aber auch eine gehörige Portion Optimismus gewinnen und Dein positives Mindset stärken.[68]

So gehst Du vor:

1. Suche Dir einen Ort, an dem Du die Übung für rund 20 Minuten ohne Störung durchführen kannst und lege dazu Schreibzeug parat.

Ein Timer kann hier durchaus hilfreich sein, denn Du wirst die ganze Zeit schreiben – und zwar ohne Pause. Solltest Du an einer Stelle nicht weiterkommen, dann schreibe einfach „Ich weiß gerade nicht, was ich noch schreiben könnte?", bis Dir wieder etwas einfällt. Es geht in erster Linie um durchgängiges Schreiben, welche Dich in eine andere Form des Bewusstseins eintauchen lässt.

> **Wichtig:** Rechtschreibung und Grammatik spielen in diesem Fall gar keine Rolle, schreibe einfach hintereinander weg, was Dir an Gedanken hochkommt.

2. Wähle einen künftigen Zeitraum, wie beispielsweise 1. 3, 4, 5 oder auch 10 Jahre.

68 King, L. A. (2001): The health benefits of writing about life goals. In: Personality and Social Psychology Bulletin, Vol. 27 (7), S. 798-807

3. Stell Dir nun vor, dass Dein Leben bis zum Ende dieses Zeitraums optimal gelaufen ist.
Du konntest Deine Stärken einsetzen und Dein Potential nutzen, Deine Ziele erreichen und Träume realisieren – Du hast Dich also zu der Person entwickelt, die Du sein wolltest.

4. Versetze Dich nun in dieses künftige bestmögliche Selbst hinein und schreibe aus dieser Perspektive.
Schreibe über Dich und Dein Leben, über das, was Du an diesem künftigen Tag wahrnimmst, wer Dir Gesellschaft leistet, was Du tust – und alles, was Dir sonst noch so einfällt. Vielleicht schreibst Du ein Tagebuch, dem Dein bestmögliches Selbst Dir anvertraut, was Du an diesem Tag erlebt hast?

5. Klingelt Dein Timer, dann lege den Text zunächst beiseite.
Nimm erst einmal Abstand zum Text und warte am besten mindestens einen ganzen Tag mit dem Lesen. Dann lass das Geschriebene in Ruhe auf Dich einwirken und frage Dich: Was sagt Dir das Ganze – über Dich und Dein Leben?

Die Positive Psychologie als wachstumsorientierter Ansatz zur persönlichen Weiterentwicklung

Die Positive Psychologie untersucht wissenschaftlich die positiven Aspekte des menschlichen Lebens. Dazu zählen in erster Linie die Grundlagen für ein gutes Leben, die Aspekte, die ein Leben lebenswert machen und natürlich auch die Bedingungen und Eigenschaften, die das Wohlbefinden begünstigen. Dazu werden die Merkmale der Zufriedenheit identifiziert und beschrieben, aber auch gemessen, um aus den Ergebnissen Interventionen zu entwickeln. Diese richtigen sich bevorzugt an Menschen ohne psychische Erkrankungen, die ihre Lebenszufriedenheit stabilisieren bzw. verbessern wollen. Doch das **Potential der Positiven Psychologie ist deutlich größer.** Grundsätzlich soll sie die Psychologie komplettieren, da die Bereiche, die sich mit Charakterstärken und Tugenden, Wohlbefinden und Lebenszufriedenheit sowie positiven Emotionen und Talenten befassen, bislang vernachlässigt wurden. Vielmehr hat sich die Psychologie nach dem zweiten Weltkrieg auf die menschlichen Probleme konzentriert, um diese beheben zu können. Es soll mit dem **Fokus auf Stärken, positive Erfahrungen und Eigenschaften eine gewisse Ausgewogenheit** geschaffen werden. Aus den Ergebnissen eröffnen sich jedoch auch interessante Einsatzmöglichkeiten in der Psychotherapie.

4.2 POSITIVE PSYCHOLOGIE IM BERUFSLEBEN

Mit einem Blick auf die vorherige Beschreibung der Positiven Psychologie fällt auf, dass es einen direkten Zusammenhang mit dem Beruf gibt. Arbeitnehmer, die innerlich bereits gekündigt haben und unzufrieden mit ihrem Beruf sind, empfinden psychischen Druck. Das schließt positive Antriebe wie eine starke Motivation bereits aus, was für Dich genau wie für Deinen Arbeitgeber ein echtes Problem darstellt. Fehlende Motivation und unzufriedene Mitarbeiter stellen nicht nur für Arbeitnehmer echte Schwierigkeiten dar, sondern genauso für Unternehmen, die nicht ihr maximales Potential ausschöpfen. Durch die Positive Psychologie ist es möglich, selbst bei weniger interessanten Jobs wieder einen Sinn zu finden und glücklich mit einem solchen zu werden. Denn einmal ehrlich: Möchtest Du nicht motiviert zur Arbeit gehen und einen Job haben, bei dem der anstehende Montag einen Grund zur Freude bereithält?

Positive Psychologie entdeckt die Welt hinter den positiven Emotionen und erkennt die Vorteile von Gesundheit, Wohlbefinden und einer höheren Lebensqualität. Das lässt sich für den Beruf anwenden, um mehr Zufriedenheit und Glück am Arbeitsplatz zu empfinden. Schließlich verbringen wir rund die Hälfte unserer wachen Stunden beim Arbeiten, wodurch der

Fokus auf positive Emotionen an dieser Stelle wertvoll sein kann.[69] Glück ist dabei mehr als abwesendes Unglück. In diesem Zusammenhang äußert sich **Daniela Blickhan,** leitende Diplom-Psychologin des Inntal Instituts, und sagt: *Entscheidend ist demnach, wie Deine Einstellung zur Arbeit aussieht.* Dafür müsste man aber wissen, was man will und sollte zusätzlich Glück im Job für sich erklären können. Die im Folgenden beschriebenen **3 Schwerpunkte** ermöglichen eine **Beurteilung der Arbeitseinstellung:**[70]

Job
Empfindest Du die Arbeit nur als Bürde und kannst es kaum abwarten, bis das Wochenende beginnt?

Career
Handelt es sich bei deinem Job um einen Schritt auf der Karriereleiter, bei dem der weitere Aufstieg mit einer Belohnung einhergeht? Die Motivation ist dabei höher als bei einem Job, es ist jedoch möglich, dass Du im Hamsterrad endest, um weiterzukommen.

Berufung
Die Berufung, gerne im Englischen als Calling bezeichnet, ist etwas, was Du gerne machst. So gerne, dass Du eventuell sogar auf eine Vergütung verzichtest, weil die Tätigkeit mit den eigenen Werten und Vorstellungen korrespondiert.

Was also bedeutet Dein Beruf für Dich?

Der erste Ansatzpunkt, um **Glück** im Beruf zu finden, ist es, herauszufinden, was Dein Beruf für Dich bedeutet. Wo stufst Du Deinen aktuellen Beruf ein, wenn Du die vorherige Auflistung beachtest? Im besten Fall findest

69 Desmond, B. (2016): Positive Psychology in the Workplace – Thank God it's Monday. URL: https://positivepsychology.com/positive-psychology-workplace-labor-of-love/ [Stand: 20-01-2022]
70 Ruzanski, C. (2020): Positive Psychologie – wie wir im Beruf glücklich werden. URL: https://www.bbx.de/positive-psychologie-wie-wir-im-beruf-gluecklich-werden/ [Stand: 08-12-2021]

Du wahlweise **Deine Berufung oder einige Aspekte** von dieser, um in Deinem Beruf Zufriedenheit zu empfinden und um die eigene Motivation zu steigern. In diesem Zusammenhang ist es besonders interessant, wenn Du Dir die folgenden **Fragen** für Dich beantwortest:[71]

- Was ist Dir persönlich bei Deiner Arbeit wichtig?
- Welchen Mehrwert liefert Deine Arbeit, wenn Du es in einen größeren Kontext stellst?
- Was begeistert Dich besonders an Deiner Arbeit?
- Welche Arbeit hat Dich in der Vergangenheit begeistert?

Es ist daher erst einmal herauszufinden, was genau wichtig bei der eigenen Arbeit ist. Das Ziel ist letztendlich, die eigene Berufung herauszufinden und damit eine Grundlage für mehr Glück im Beruf zu schaffen. Zuerst einmal ist somit herauszufinden, **was der eigene Beruf für Dich bedeutet und was Dir wichtig ist.** Im nächsten Schritt geht es um einen **Blick auf Werte,** die Dir wichtig sind oder die Du unterstützen möchtest. Ziehe täglich eine **Bilanz zum Feierabend** und überlege für Dich, was an diesem Tag im Beruf positiv war. Außerdem ist der Blick auf die Punkte wichtig, zu denen Du aktiv beigetragen hast, um einen positiven Tag im Beruf zu erleben. Führe diesen Rückblick auf den Tag täglich durch, um mit der Zeit den Blick auf positive Aspekte und nicht immer auf vorhandene Probleme zu werfen.[72] Hierzu kannst Du auf die gleich folgende Übung zum positiven Tagesrückblick nutzen. Stell Dir ergänzend gerne auch die Frage, aus welchen Grund Du den Beruf damals angetreten bist? Inwieweit decken sich die ehemals gesteckten Vorstellungen mit der aktuellen Realität? Vielleicht bringt Dir auch dieser Soll-Ist-Abgleich neue Erkenntnisse über Dich und deine Werte.

---

71 a. a. O.
72 a. a. O.

Übung: Positiver Tagesrückblick im Berufsleben

Diese in der Positiven Psychologie durchaus gebräuchliche Intervention ist auch unter den Namen **„Three Good Things"**, wie **Martin Seligmann, Christopher Peterson und Co.** es bevorzugen, bekannt – die Rede ist vom **Positiven Tagesrückblick,** wie es sich am besten ins Deutsche übertragen lässt.[73]

So gehst Du vor:[74]
Du räumst Dir abends einige Minuten ein, um in aller Ruhe den Tag an Dir vorbeiziehen zu lassen und nach positiven Momenten Ausschau zu halten. Frage Dich dabei:

- Was genau war am heutigen Tag schön?
- Warum hast Du das als schön empfunden?

Schon mit der ersten Frage und dem Nachvollziehen der schönen Momente wirst Du das positive Gefühl wieder aufleben lassen. Es mag sein, dass es nicht mehr an die Intensität der ursprünglichen Emotion heranreicht, aber Du wirst schon jetzt einen positiven Impuls erhalten. Mit der zweiten Frage verstärkst Du das Ganze: Christopher Peterson führt dazu aus, dass Du Deine Erfahrung mit der Beantwortung bewusster nachvollziehen kannst, weil Du intensiver darüber nachdenkst.[75] Um unnötigen Grübeln zu vermeiden, kannst Du auch folgende Formulierung als zweite Frage nutzen, welche den persönlichen Beitrag noch stärker in den Fokus nimmt:

---

73 Seligman, M. E. P.; Steen, T. A.; Park, N.; Peterson, C. (2005): Positive psychology progress – Empirical validation of interventions. In: American Psychologist, Vol. 60 (5), S. 410-421
Nach einer einwöchigen Intervention von Three Good Things steigerte sich das Glückslevel der Probanden um 2%, vgl. Lyubomirsky, S.; Dickerhoof, R.; Boehm, J. K.; Sheldon, K. (2011): Becoming Happier Takes Both a Will and a Proper Way – Experimental Longitudinal Intervention To Boost Well-Being. In: American Psychological Association, Vol. 11 (2), S. 391-402

74 Blickhan, D. (2018): Positive Psychologie – Ein Handbuch für die Praxis. Paderborn: Junfermann Verlag, S. 91 f.

75 Peterson, C. (2006): A Primer in positive psychology. New York: Oxford University Press

- Was hast Du dazu getan, um diese spezielle Erfahrung als so schön empfinden zu können?

Darüber hinaus ist es mit der Fragestellung möglich, eigene Handlungsstrategien zu identifizieren, die ursächlich für die positiven Erlebnisse waren.

Auch hier macht Übung den Meister: Beantwortest Du Dir regelmäßig diese beiden Fragen, trainierst Du Dein Gehirn. Du wirst auch die flüchtigen schönen Momente besser erkennen, wahr- und vor allem wichtig nehmen. So verschaffst Du Dir jeden Tag eine Dosis an positiven Emotionen. So könnte das zum Beispiel aussehen:

Fall 1

„Was genau war am heutigen Tag schön?"
„Es gab einen wunderschönen Regenbogen."

„Was hast Du dazu getan, um diese spezielle Erfahrung
als so schön empfinden zu können?"
„Ich habe mich am Nachmittag bewusst Zeit genommen,
um den Regenbogen in seiner ganzen Pracht zu bewundern."

Fall 2

„Was genau war am heutigen Tag schön?"
„Ich war schwimmen."

„Was hast Du getan, um diese spezielle Erfahrung
als so schön empfinden zu können?"
„Ich habe meinen inneren Schweinehund überwunden
und bin direkt nach der Arbeit in die Schwimmhalle gefahren.
Das Gefühl hinterher war einfach großartig!"

Fall 3

„Was genau war am heutigen Tag schön?"
„Ich habe ein Picknick mit meiner Familie genossen."

„Was hast Du getan, um diese spezielle Erfahrung als so schön empfinden zu können?"
„Ich habe die Vorbereitungen bereits am Vortag abgeschlossen und konnte so entspannt das Picknick in vollen Zügen genießen, ohne vorher in Zeitdruck zu verfallen!"

Damit wird auch klar, was diese Fragen bewirken sollen: Du hast zum Beispiel keinen Einfluss auf die Witterungsverhältnisse, doch in Deiner Hand liegt, was Du machst, so dass daraus eine positive Erfahrung ziehen kannst. Die Situationen, die Dir im Laufe eines Tages als angenehm erscheinen können, sind ausgesprochen unterschiedlich. Doch eines haben viele gemeinsam – nämlich die Tatsache, dass Du es selbst in der Hand hast, indem Du Dir zum Beispiel Zeit nimmst, Dich Deiner Stärken bedienst oder in irgendeiner Weise aktiv dazu beiträgst.

Nach einer Woche kannst Du ein erstes Fazit ziehen. Frage Dich danach,

- was sich in Deiner Wahrnehmung, in Deinem Erleben verändert hat,
- ob es Dir leicht von der Hand ging, wenigstens 3 schöne Erfahrungen festzuhalten,
- wie sich die einzelnen Antworten auf die beiden Fragen je Tag unterscheiden – und woran das liegen könnte,
- wie Du Dir selbst dabei helfen könntest, auch kleine schöne Erfahrungen im täglichen Leben wahrzunehmen und Freude dabei zu empfinden.

Der positive Tagesrückblick lenkt Deine Aufmerksamkeit auf die kleinen Dinge des Lebens, die ausgesprochen schön sein können. Du kannst diesen Ansatz auch in einem Ausblick verfolgen: Worauf freust Du Dich am heutigen Tag? Was kannst Du tun, damit Du wirklich die gewünschte Erfahrung machen wirst?

Wie kannst Du mit innerer Kündigung umgehen?

Immer mehr Arbeitnehmer haben innerlich bereits gekündigt und schleppen sich regelrecht zur Arbeit. Falls Du bei Dir eine solche innere Kündigung feststellst, ist es wichtig, damit passend umzugehen. Entscheidend ist der Fokus auf positive Emotionen, die für mehr Glück sorgen. Entdecke für Dich wieder die Vorteile Deiner Arbeit, belohne Dich selbst und setze Dir klare Ziele. Entscheidend für den Umgang mit einer inneren Kündigung ist die Einstellung zur Arbeit, die sich positiv umdeuten lässt.[76] Für das Verständnis der positiven Emotionen und der inneren Veränderung ist es entscheidend, zu verstehen, welche Grundbedürfnisse wir Menschen aufweisen.

Hier kommt das **Konzept der psychischen Grundbedürfnisse**[77] zum Tragen, das den Menschen **3 universelle Grundbedürfnisse** zuspricht, nämlich Beziehungen, aber auch Autonomie und Kompetenz zählen dazu:[78]

- **Beziehungen**
  Als soziale Wesen brauchen Menschen insbesondere Beziehungen – und das natürlich auch im beruflichen Umfeld. Überlege also, wo Du auf der Arbeit vertrauensvolle und sichere Beziehungen erlebst. Dir stehen vielfältige Möglichkeiten zur Förderung der Beziehungsebene zur Verfügung: Statt der E-Mail oder dem Anruf einen kurzen Gang ins Büro des betreffenden Kollegen, ein persönliches Gespräch oder der informelle Austausch über andere Dinge, die nichts mit dem

76 Desmond, B. (2016): Positive Psychology in the Workplace – Thank God it's Monday. URL: https://positivepsychology.com/positive-psychology-workplace-labor-of-love/ [Stand: 20-01-2022]
77 Deci, E. L.; Ryan, R. M. (2000): The "What" and "Why" of Goal Pursuits – Human Needs and the Self-Determination of Behavior. In: Psychological Inquiry, Vol. 11 (4), S. 227-268
Deci, E. L.; Ryan, R. M. (Hrsg.) (2004): Handbook of self-determination research. Rochester, NY: University of Rochester Press
78 Ruzanski, C. (2020): Positive Psychologie – wie wir im Beruf glücklich werden. URL: https://www.bbx.de/positive-psychologie-wie-wir-im-beruf-gluecklich-werden/ [Stand: 08-12-2021]

Projekt zu tun haben, sind probate Mittel. Auch ein kurzer gemeinsamer Kaffee oder Tee tragen in positiver Weise zur Beziehung bei.

- **Autonomie**
  Damit wird das Bedürfnis bezeichnet, eigenständig Entscheidungen zu treffen und darin Werte zu identifizieren. Die Bedeutung der Autonomie ist nicht zu unterschätzen: Das Gefühl, fremdbestimmt und faktisch ohnmächtig zu sein, ist nämlich einer der entscheidenden Risikofaktoren dafür, eine Burn-out-Erkrankung zu erleiden. Du fühlst Dich, als könntest Du nicht mehr selbst entscheiden, was Du tust, als wärst Du in eine Mühle geraten – oder in das berühmte Hamsterrad. In einer solchen Situation zu sagen, dass Dir nichts anderes übrig bleibt, solltest Du vermeiden. Deine eigene Autonomie kannst Du in derselben Situation verbessern, wenn Du Dir (innerlich) sagst: „Weil es derzeit das Beste für mich ist, bleibe ich ganz bewusst hier."

- **Kompetenz**
  Kompetenz bedeutet, dass mein Tun eine Wirkung im Außen zeigt und verhält sich damit konträr zum Gegenpart, der Hilflosigkeit, die im Übrigen eines der Anzeichen für Depressionen ist. Depressive Menschen folgen einem Denkmuster, das von der eigenen Hilflosigkeit überzeugt ist und der fehlenden Möglichkeit, irgendetwas daran verändern zu können. Erlebst Du hingegen im beruflichen Umfeld Deine Kompetenz in dem Sinne, dass Du eine Wirkung erzielst, schützt Du Dich auf diese Weise besser vor derart depressiven Denkmustern. Für Dein Verhalten heißt das: Setze Deine Stärken ein und erfahre die folgenden Erfolgserlebnisse ganz bewusst. Sollte sich kein Erfolg einstellen, werte dies nicht als Misserfolg, sondern lerne daraus, mach es beim nächsten Mal besser – und entwickle Dich weiter.

Was ist bei Überqualifizierung?

Überqualifizierung im Job heißt nicht, dass Du dadurch keinen Einfluss auf die Autonomie oder Kompetenz mehr hast. **Setze eventuell andere Maßstäbe an** und verwende für Dich einen **Zeitrahmen,** der infrage kommt, wenn es um Deinen aktuellen Job geht. Auf diese Weise bleibt genug Raum für persönliche Entwicklungen, da der Zeitrahmen feststeht und Du Dir persönliche Ziele setzen kannst. Schließlich ist die Hoffnung an dieser Stelle genau wie Glück und eine persönliche Belohnung wichtig, um selbst bei einem wenig anspruchsvollen Job weiterzumachen. Kleine Belohnungen und Auszeichnungen können daher im Berufsalltag dabei helfen, Glück im Job zu empfinden.[79] Entscheidend ist jedoch immer, dass Du Dich nicht nur auf die Probleme oder auf die wenig zufriedenstellende Arbeit fokussierst. Überqualifizierung ist damit nur ein Grund für Unzufriedenheit im Job, wenn Du es zulässt und ohne weitere Hoffnung oder ohne positive Emotionen durch den Arbeitsalltag gehst.

Wie kann Positive Psychologie das Berufsleben verändern?

Positive Psychologie soll dabei unterstützen, dass der **Arbeitsplatz zu einem Ort der Erfüllung** wird. Für mehr Glück am Arbeitsplatz ist im Sinne der Positiven Psychologie vor allem an folgenden Punkten anzusetzen:[80]

- das Gefühl von Sinn am Arbeitsplatz
- die Förderung der psychischen Gesundheit am Arbeitsplatz
- positive Führung
- weniger Stress und mehr Resilienz im Beruf

---

79 Froman, L. (2010): Positive Psychology in the Workplace. In: Journal of Adult Development, Vol. 17, S. 59-69
Ruzanski, C. (2020): Positive Psychologie – wie wir im Beruf glücklich werden. URL: https://www.bbx.de/positive-psychologie-wie-wir-im-beruf-gluecklich-werden/ [Stand: 08-12-2021]
80 Wilke, J.: Positive Psychologie. URL: https://workalive.de/positive-psychologie/ [Stand: 15-7-2022]

- positive soziale Beziehungen am Arbeitsplatz fördern
- eine wertschätze Kommunikation

Grundsätzlich dreht sich alles um die innere Einstellung jedes einzelnen in Kombination mit dem Fokus auf positive Emotionen. Finde Deine Stärken, setze Dir Ziele und genieße Erfolgserlebnisse im Beruf – selbst kleinere Glücksmomente.[81] Habe mehr Spaß im Beruf, indem Du Dich auf das Positive konzentrierst, anstelle vorhandene Probleme auseinanderzunehmen. Damit ist nicht gemeint, alle Probleme zu ignorieren oder sich den eigenen Beruf selbst schönzureden. Vielmehr lassen sich alle Probleme auch in positiver Hinsicht als Herausforderungen angehen, was in Bezug auf die Wirkung auf das eigene Wohlbefinden nicht zu unterschätzen ist.

Besonders interessant ist dabei der Ansatz der Positiven Psychologie, bei einer Tätigkeit in den Flow zu gelangen. Flow-Zustände lassen sich erst im Anschluss nachempfinden. Geprägt werden Aufgaben im Flow-Zustand durch ein regelrechtes Aufgehen in dieser sowie dadurch, dass die Aufgabe Erfüllung bringt und leicht von der Hand geht. Im Idealfall erkennst Du Deine Stärken, nutzt diese und findest dadurch immer mehr Aufgaben, die sich in einem Flow-Zustand durchführen lassen. Frage Dich zwischendurch immer wieder, wie es Dir bei bestimmten Aufgaben ging und wie Du Dich im Anschluss gefühlt hast.[82] Dadurch besteht die Chance, dass Du immer mehr erfüllende Flow-Zustände für Dich findest, die für mehr Glück im Job sorgen.[83]

In diesem Zusammenhang ist es für Dich wichtig, zu definieren, was Deinen Beruf für Dich ausmacht und welche positiven Emotionen Du in diesem erlebst. Passend dazu ist die Work-Life-Balance noch ausschlaggebend, da diese dazu beiträgt, noch glücklicher im Job zu sein. Natürlich ist das nur der Fall, wenn die Work-Life-Balance stimmt.

---

81 Scarcella, F.: Positive Psychologie. URL: https://filizscarcella.com/positive-psychologie/ [Stand: 14-7-2022]

82 Freisler, R. (2022): Positive Psychologie – Anleitung zum Glücklichsein am Arbeitsplatz. URL: https://unternehmer.de/management-people-skills/214696-positive-psychologie [Stand: 10-07-2022]

83 siehe Kapitel 5.7: mehr zum Thema Flow

Was ist Work-Life-Balance wirklich?

Jetzt könntest Du Dir die Frage stellen, warum Work-Life-Balance weiterhin eine Rolle spielen soll, wenn doch zunächst einmal mehr Zufriedenheit im Job angestrebt wird. Doch für mehr Glück im Job ist es wichtig, nicht nur im Beruf einiges zu optimieren, damit Du Dich motivierter fühlst, zielstrebiger unterwegs bist und Deinen Job als erfüllender empfindest. Die vorher vorgestellten **Grundbedürfnisse** solltest Du **nicht nur im Beruf oder nur im Privatleben erfüllen.** Sonst ergibt sich schnell ein Ungleichgewicht, wodurch es mit dem echten Glück im Beruf schwierig wird. Die Work-Life-Balance muss daher stimmen, um rundherum zufrieden und ausgeglichen zu sein – sowohl im Privaten als auch im Beruflichen.[84]

Die Menschen benötigen Zeit und Energie, um an Familienaktivitäten und an Treffen mit Freunden teilzunehmen. Zeit außerhalb der Arbeit ist entscheidend, um sich zu erholen, um sich persönlich zu entwickeln und um die Persönlichkeit außerhalb der Arbeit zu entwickeln. Niemand kann und sollte nur für die Arbeit leben.[85] Die Gefahr von einem Burn-out oder von der Entwicklung einer Depression ist sonst zu groß. Die Work-Life-Balance entscheidet damit mit über Deine gesamte Zufriedenheit und das Empfinden von Glück im Berufs- und im Privatleben. Überdenke Deinen aktuellen Status daher genauer, um zu prüfen, ob Du mit deiner Work-Life-Balance zufrieden bist und Du diese als ausgeglichen wahrnimmst.

Stelle Dir bei einem empfundenen Ungleichgewicht folgende Fragen:[86]

- Kann ich weniger Stunden arbeiten oder mein Arbeitsmodell grundsätzlich verändern?
- Was würde dabei helfen, dieses Ungleichgewicht zu beheben?

---

84 Ruzanski, C. (2020): Positive Psychologie – wie wir im Beruf glücklich werden. URL: https://www.bbx.de/positive-psychologie-wie-wir-im-beruf-gluecklich-werden/ [Stand: 08-12-2021]
85 Burn, S. (2015): How's Your Work-Life-Balance? URL: https://www.psychologytoday.com/us/blog/presence-mind/201509/hows-your-work-life-balance [Stand: 20-01-2022]
86 a. a. O.

- Kann ich in einem nachhaltigeren Beruf arbeiten?
- Könnte ich weniger für das Leben ausgeben, um weniger zu arbeiten?

In Verbindung mit der Positiven Psychologie geht es an dieser Stelle wieder darum, nicht nur die Unzufriedenheit oder die verschiedenen negativen Gefühle zu erleben. Decke negative Gefühle auf und versuche dann, Lösungen zu finden, anstatt bei den aktuellen Problemen stehenzubleiben. Ein Grundsatz, der nicht nur im Beruf für mehr Glück sowie für eine höhere Lebensqualität sorgt.

Positive Psychologie – Auch im Berufsleben eine gute (Handlungs-)Option

Häufig geht es im Leben genau wie im Beruf nur um Probleme und um die besten Lösungen für diese. Daher bietet die Positive Psychologie **interessante Möglichkeiten, um auf neue Weise mit Herausforderungen im Berufsleben umzugehen.** Steigende Anforderungen, ein immer schnelleres Arbeitstempo und nicht zuletzt die erwartete Befriedigung menschlicher Grundbedürfnisse führen zu einer größeren Belastung im Berufsleben. Dennoch besteht die Option, mit dem Fokus auf Positiver Psychologie selbst bei einem wenig ansprechenden Beruf dabeizubleiben. **Pflege beispielsweise Deine sozialen Beziehungen,** also innerhalb der Familie und im Freundeskreis, um daraus die für Deinen Job notwendige Energie zu ziehen. **Stärke Deine Kompetenzen,** indem Du Dich weiterentwickelst und neue Skills aneignest. Damit eröffnest Du Dir nicht nur **neue Handlungsmuster,** sondern vor allem die Chance auf zuvor nicht erlebte Befriedigung – und damit Glück. Auf diese Weise wird der Job als angenehmer empfunden, die Motivation steigt und der Fokus auf Fähigkeiten und positive Emotionen führt zu mehr Glück im Job.

4.3 ERKLÄRUNGSVERSUCH: GLÜCK! WAS IST EIGENTLICH GLÜCK?

Es dreht sich also alles um das Glück, das Du in Deinem Leben empfindest – oder eben nicht. Wie **komplex** das Thema jedoch ist, soll dieser Erklärungsversuch zeigen: Wir verwenden den Begriff ganz selbstverständlich und machen uns doch sehr wenig Gedanken darum, was Glücklichsein eigentlich bedeutet. Was ist also Glück? Die Antworten auf diese Frage könnten unterschiedlicher nicht sein – hier einige berühmte Beispiele:

„Die höchste Form des Glücks ist ein Leben mit einem gewissen Grad an Verrücktheit."

Erasmus von Rotterdam (1466 - 1536)

„Glück ist Liebe, nichts Anderes. Wer lieben kann, ist glücklich."

Hermann Hesse (1877 - 1962)

„Glück ist das einzige, das sich verdoppelt, wenn man es teilt."

Albert Schweitzer (1875 - 1965)

„Viele Menschen versäumen das kleine Glück, während sie auf das Große vergebens warten."

Pearl S. Buck (1892 - 1973)

„Glück ist kein Geschenk der Götter, sondern die Frucht innerer Einstellung."

Erich Fromm (1900 - 1980)

Hast Du für Dich schon einmal überlegt, was Glück bedeutet? Während es für die einen bedeutet, dass man durch einen Zufall reich wird, empfinden andere es als Glück, einen wunderbaren Partner an der eigenen Seite zu haben. Glück im Spiel, in der Liebe, im alltäglichen Leben oder bei Geschäften – Glück ist nicht nur vielschichtig, sondern bedeutet für jeden Menschen etwas anderes. Kennst Du das Gefühl, vor Glück regelrecht zu platzen, weil Dir gerade so schöne Dinge in Deinem Leben passieren? Oder den Eindruck von anderen Menschen, dass sie immer Glück bei allem haben, ganz egal was sie anfassen? Oft sind wir dankbar für Glück, manchmal nehmen wir es als selbstverständlich hin und manchmal sind wir neidisch auf das Glück anderer Menschen.

Nicht nur im Alltagsgebrauch fällt es schwer, Glück genauer zu fassen oder zu definieren. Dennoch ist es für die Wissenschaft längst zu einem wichtigen Thema geworden, Glück genauer zu erforschen. Schließlich streben Menschen danach, ihr Glück zu finden. Es ist sogar möglich, so weit zu gehen und zu sagen, dass Glück das Hauptmotiv des Handelns der Menschen ist. In diesem Zusammenhang ist die Glücksforschung entstanden, die herausfinden soll, was die Menschen glücklich macht und welche Faktoren dafür von besonderer Bedeutung sind.[87]

In mehreren Bereichen wird Glück erforscht, um dem Zustand auf den Grund zu gehen und um besser zu verstehen, was Glück bedeutet. Grundlage für die folgenden Disziplinen ist der von **Mike Hoffmeister** (Ostfalia FKW) veröffentlichte **Forschungsbericht Glück 2018-2019:**[88]

- In den Sozialwissenschaften dreht sich die Forschung rund um Glück, welches sich auf ganze Gruppen oder Nationen bezieht.

- Glücksbotenstoffe, Opiate sowie die gesamten körperlichen Auswirkungen und Reaktionen von Glück werden im Rahmen der Neurobiologie erforscht.

---

87 Mahncke, N. (2020): Glück aus wissenschaftlicher Perspektive. Glücksfaktoren und deren Bedeutung für eine politische Leitlinie am Beispiel Bhutan.

88 Hoffmeister, M. (2019): Bedeutung der Glücksforschung für das Management und die Führungskräfteausbildung – Bericht über das Forschungssemester WS 2018/2019. URL: https://www.ostfalia.de/cms/de/w/fakultaet/team/hoffmeister/END-Forschungsbericht-2019-Glueck-Happiness-at-Work.pdf [Stand: 26-11-2021]

- In der **Positiven Psychologie** werden Bedingungen analysiert, die ein erfülltes und insgesamt glückliches Leben ausmachen.

Trotz aller Forschungsversuche ist Glück nur schwer zu definieren, da nicht alle Menschen das gleiche Verständnis haben. Im 6. Jahrhundert vor Christus sah der Chinese Lao Tse wahres Glück als Untätigkeit an, die sich einstellt, wenn Menschen aufhören, danach zu suchen. Epikur im 4. Jahrhundert sah Glück als Abwesenheit von Schmerz und als das Erleben von Lust an. Eine tugendhafte Lebensweise führte für die bekannten griechischen Philosophen Sokrates, Aristoteles und Platon zum Glück.[89]

Können sich schon bekannte Persönlichkeiten nicht einigen, wenn es um den Glücksbegriff geht, ist das in den verschiedenen Disziplinen noch stärker ausgeprägt. Schließlich handelt es sich in der Medizin beim Glück um das Streben der Menschen nach Glückshormonen. Psychologen beschreiben Glück als eine Empfindung, die mit absoluter Harmonie einhergeht. Interessant ist ebenfalls die Definition der Sprachwissenschaft, da im 12. Jahrhundert das Wort „Glück“ in Gebrauch ist, früher jedoch in der Form als „Gelucke“. Womit „gelingen“ gemeint ist. Womit wir wieder zurück bei der Definition sind, dass Glück mit Gelingen gleichzusetzen ist.[90] Diese ganz unterschiedlichen Definitionen und Begrifflichkeiten zeigen, wie lange die Menschen bereits versuchen, Glück zu definieren oder zu verstehen.

Glück bestimmt alle Lebensbereiche. Es kann sich um ein kleines Gefühl im Privatleben genau wie um die große Erfüllung im Berufsleben handeln. Ein glückliches Leben wird als positives Leben empfunden, so dass es nicht weiter verwundert, dass die Menschen Glück anstreben. Trotz wissenschaftlicher Ansätze und Versuche von Definitionen ist es tatsächlich sehr schwer, Glück zu erklären.

---

89 Sax, M. (2020): Glück. URL: https://www.planet-wissen.de/gesellschaft/psychologie/glueck/index.html [Stand: 20-12-2021]
90 eurapon online apotheke (2017): Was ist Glück? URL: https://www.eurapon.de/blog/was-ist-glueck/ [Stand: 18-12-2021]

Eine wahre Artenvielfalt – Glück ist vielschichtig!

In der bereits erwähnten Glücksforschung wird in verschiedene Arten von Glück unterschieden, um den Begriff trotz unterschiedlicher Definition genauer einzugrenzen. Die Rede ist vom Zufallsglück sowie vom Lebensglück. Beide Arten sollen genauer vorgestellt werden, um die Abgrenzung zu erleichtern:[91]

Das Zufallsglück

Es handelt sich hier um Zufälle, um Faktoren, die wir nicht weiter beeinflussen können. Das Zufallsglück können wir nicht garantieren, wir können es nicht anstreben, und planen können wir es auch nicht. Ein Lottogewinn, eine Verkettung glücklicher Umstände, das Glück, zum perfekten Zeitpunkt am richtigen Ort zu sein und dadurch positive Ergebnisse für das Leben zu erzielen – all das ist das Zufallsglück. Fördern können wir diese Form von Glück durch eine offene Grundhaltung sowie durch gewisse Risiken, die gelegentlich eingegangen werden.

Das Lebensglück

Mit Zufall hat das Lebensglück nichts mehr zu tun. Vielmehr geht es hier um ein Gefühl von Glück, von Zufriedenheit oder um ein Gefühl des Wohlbefindens, welches auf einer subjektiven Ebene stattfindet. Lebensglück setzt sich aus kurzfristigen Glücksmomenten genau wie aus einem langfristigen Gefühl des Wohlbefindens und der Zufriedenheit zusammen. Neben kurzfristigen Glücksmomenten wie den schönen Sommertag, den Urlaub oder das Essen mit Freunden gibt es Glücksfaktoren, die langfristig auf das Lebensglück einwirken. Wenn die Finanzen und die Arbeit stimmen, sowie die persönliche Freiheit gegeben ist, sind schon wichtige Glücksfaktoren erreicht. Die Arbeit nimmt somit einen großen Raum im Leben ein, so dass eine erfüllende,

---

91 Ganz, R. (2022): Was ist Glück? Es gibt zwei Arten – kennst du sie? URL: https://www.emotion.de/de/persoenlichkeit/was-ist-glueck-6127 [05-04-2022]

motivierende Arbeit, in der es Erfolgsmomente gibt, bereits stark zum Lebensglück beiträgt.

Mit einem Blick auf die unterschiedlichen Glücksarten fällt auf, dass es inhaltliche genau wie zeitliche Unterschiede beim Empfinden gibt. In diesem Zusammenhang betrachten wir genauer die Einstufung von **Veronika Huta** und **Kurt Bayertz** nach dem Wohlfühlglück und dem Werteglück:[92]

Wohlfühlglück

Genuss wird beim Wohlfühlglück gesucht, schmerzhafte Momente werden vermieden, um so viele positive Emotionen wie nur möglich zu erleben. Von wohltuenden Massagen bis hin zu Urlauben, Momenten mit Freunden oder Besuchen in Konzerten oder in einem Freizeitpark gibt es in der heutigen Gesellschaft viele Arten, um das Wohlfühlglück zu erreichen. Das Verhältnis von positiven zu negativen Erlebnissen sowie die **gesamte Lebenszufriedenheit** spielen mit in das Wohlfühlglück hinein. Dein Wohlfühlglück hängt damit von der **gesamten Lebenszufriedenheit** genau wie von Deiner **Wahrnehmung der verschiedenen Momente** ab.

Einen ähnlichen Ansatz wählten **Ed Diener und Tobias Esch,** die Glück mit **subjektivem Wohlbefinden** umschreiben. Einerseits verorten sie kognitiv eine hohe Lebenszufriedenheit, die Du subjektiv empfindest, wenn Du bei einem Soll-Ist-Abgleich Deiner erwünschten und realen Lebenssituation ein für Dich positives Ergebnis ermittelst. Andererseits spielen affektiv sowohl positive als auch negative Emotionen eine Rolle. Vor allem das Meistern großer Problemstellungen macht nämlich aus zunächst negativen Emotionen ausgesprochen positive![93]

---

92 Huta, V. (2015): An overview of hedonic and eudaimonic well-being concepts. In: Reinecke, L.; Oliver, M. B. (Hrsg.), Handbook of media use and well-being. New York: Routledge
Bayertz, K. (2010): Eine Wissenschaft vom Glück – Erster Teil: Was ist Glück? In: Zeitschrift für Philosophische Forschung 64 (3), S. 410-429
93 Diener, E. (1984): Subjective well-being. In: Psychological Bulletin, Vol. 95 (3), S. 542-575
Esch, T. (2012): Die Neurobiologie des Glücks – Wie die Positive Psychologie die Medizin verändert.

Werteglück

Die eigenen Stärken einsetzen, Werte leben und Dein Potential ausleben, das ist das Werteglück. Von der ehrenamtlichen Arbeit bis hin zur Arbeit, weil Du diese einfach liebst, gibt es hier viele Möglichkeiten. Führst Du Tätigkeiten um ihrer selbst willen aus und nicht aufgrund von einer Bezahlung oder einfach, weil Du musst? Dann erlebst Du langfristig das Werteglück und führst ein erfülltes Leben, welches durch sinnfreie Tätigkeiten nicht möglich ist.

Vielleicht fragst Du Dich nun an der Stelle, welches Glück wichtiger als das andere ist. Philosophisch betrachtet rückt folgende Frage in den Mittelpunkt: Ist ein Leben voller positiver Emotionen mehr von Glück geprägt, als ein sinnerfülltes Leben, bei dem wir für uns wichtige Ziele realisieren? Oder ist das Gegenteil der Fall? Die Antwort ist, beides ist gleichermaßen wichtig. Wohlfühlglück und Werteglück gehören zusammen wie Yin und Yang. Das eine kann ohne das andere nicht existieren. Es erfordert eine **gesunde Balance zwischen dem Wohlfühl- und dem Werteglück.** Lebst Du Dein Leben in Saus und Braus und bescherst Dir einen konstanten Strom an angenehmen Momenten, kann das nach einiger Zeit zu einer Gefühlstaubheit fühlen, welche sich in einer inneren Leere und Orientierungslosigkeit bemerkbar macht. Ein rein werteorientiertes Leben, kann dauerhaft viel Verzicht und Anstrengung bedeuten und nach einer gewissen Zeit stark an den inneren Ressourcen zehren.

Übung: Deine persönliche Wohlfühl- und Werteglückbalance

Nun da Du weißt, dass zum Glück eine ausgeglichene Balance von Wohlfühl- und Werteglück, lohnt es sich mal kurz darüber zu reflektieren, wie es bei Dir mit Deinem ganz persönlichen Verhältnis bestellt ist. Folgende Fragestellungen kannst Du hierfür nutzen:

Stuttgart: Thieme

- Was macht für Dich **Wohlfühlglück** aus? Fertige gerne eine Liste mit Aktivitäten/Tätigkeiten an, die Du bereits tust oder die Du in Zukunft gerne wieder tun würdest.
- Was zahlt aktuell auf Dein Wohlfühlglück ein?
- Was bedeutet für Dich in Verbindung mit Deinen **Werten** zu sein? Erstell auch hier gerne eine Liste zum Werteglück, was bereits in Deinem Leben präsent ist oder Du gerne im Leben hättest, was dazu beitragen würde.
- Was zahlt aktuell auf Dein Werteglück ein?

Vergleiche nun mal beide Glücksarten im Hinblick auf ihre Unterschiede:
- Was ist auffällig? Wie gestaltet sich aktuell die Relation von Wohlfühl- zu Werteglück bei Dir?
- Was würdest Du gerne mehr in Dein Leben integrieren – Wohlfühl- oder Werteglück? Was könntest Du tun, um mehr davon zu erleben? Nimm Dir auch gerne die zuvor bereits angelegte Liste zur Hilfe, mit den Dingen, die Du aktuell noch nicht im Leben integriert hast. Vielleicht findest Du dort schon direkt praktische Impulse.

Frage Dich abschließend, welche eine kleine Sache, die Du direkt umsetzen kannst, für mehr Balance sorgen würde? Unternimm gerne den ersten Schritt.

Nach einigen Ansätzen der Definition von Glück und Wohlfinden entwickelte Martin **Seligman,** auf den die Positive Psychologie in der heutigen Form zurückgeführt wird, das **PERMA-Modell,** bei dem es um eine **Theorie des Wohlbefindens** geht. Einzelne Bestandteile des Wohlbefindens werden wie folgt im PERMA-Modell dargestellt:[94]

94 Seligman, M. E. P. (2012): Wie Menschen aufblühen – Die Positive Psychologie des gelingenden Lebens. München: Kösel-Verlag
Seligman, M. E. P. (2018): PERMA and the building blocks of well-being. In: The Journal of Positive Psychology, Vol. 13 (4), S. 1-3

P – Positive Emotions wie Lebenszufriedenheit und angenehmes Leben
E – Engagement als FLOW
R – Positive Relationships, also die Beziehungen und Verbindungen zu anderen Menschen sowie eine grundsätzlich freundliche Haltung anderen gegenüber
M – Meaning: Bedeutung und Sinn des Lebens
A – Accomplishment, Erfolg und Erreichen der gesteckten Ziele als temporäre Form des erfolgreichen Lebens

Das Wohlbefinden setzt sich somit aus verschiedenen Komponenten zusammen, die unterschiedliche Bereiche betreffen. Das PERMA-Modell gilt als wichtige Grundlage für die psychische als auch die physische Gesundheit sowie für Zufriedenheit mit dem Leben, dem Beruf und für die mentale Gesundheit.[95] Entscheidend sind dabei alle Bereiche, so dass nicht ein Begriff oder ein Aspekt als wichtiger im Vergleich zum Rest anzusehen ist. Das PERMA-Modell zeigt eine Art Wegweiser im Leben, bei dem **alle Buchstaben als gleich wichtig anzusehen** sind. Das beinhaltet, dass sich für jeden Menschen Glück ein wenig anders anfühlt, selbst wenn das Grundgefühl das gleiche ist. Das Ziel, Wohlbefinden im eigenen Leben zu erreichen, lässt sich durch PERMA erreichen, wenn Du Dich an alle Bestandteile des Modells hältst.[96]

P – Positive Emotions wie Lebenszufriedenheit und angenehmes Leben

Konzentrierst Du Dich auf die positiven Aspekte Deines Lebens, wirst Du glücklicher – das klingt einfach, doch für ein solches Glücksempfinden musst Du aktiv werden. Aber keine Angst, das ist alles machbar. Im Prinzip geht es um **Achtsamkeit und Wertschätzung,** aber eben auch darum, selbst für die schönen, **kleinen Dinge im Leben** dankbar zu sein. Hier kannst

95 Madeson, M. (2017): Seligman's PERMA+ Model explained – A Theory of Wellbeing. URL: https://positivepsychology.com/perma-model/ [Stand: 04-05-2022]
96 Rassek, A. (2022): PERMA-Modell – So gelangen Sie zu einem erfüllteren Leben. URL: https://karrierebibel.de/perma-modell/ [Stand: 20-05-2022]

Du Dankbarkeitsübungen einsetzen, die Dich dabei unterstützen, Dir das Positive in Deinem Leben bewusst zu machen. Doch es geht eben auch um Zuversicht und Hoffnung – und dazu brauchst Du positives Denken, das Negatives nicht ausblendet oder schönredet, sondern Dir Deine Handlungsoptionen klarmacht und Dich mit einer Portion Optimismus ausstattet.[97]

E – Engagement als FLOW

Engagement wirkt gleich in 2 Richtungen: Es ist einerseits Triebfeder, etwas zu tun, andererseits aber auch ein Resultat von Glück. Wenn Du mit etwas befasst bist, was Du wirklich magst, wirst Du Dich automatisch intensiver reinhängen – ohne zu bemerken, wie die Zeit vergeht. Du befindest Dich in einem Flow und bist am Ende stolz auf das Ergebnis und das Erreichte. Sicher hast Du diesen Flow schon erlebt, er lässt sich aber nicht einfach so abrufen, sondern stellt sich ein, wenn Du weder über- noch unterfordert bist und eins mit dem Tun wirst. Dann denkst Du nicht über irgendeine Bedeutung des Glücks nach, **Du empfindest es einfach.** Ob Dir dies im Beruf widerfährt, im Privaten, beim Sport, beim Hobby oder beim Hören eines bestimmten Musiktitels, beim Tanzen oder konzentriertem Arbeiten – dieses Gefühl wird Dich beflügeln, da Du Deine eigenen Stärken einsetzt.[98]

R – Positive Relationships, also die Beziehungen und Verbindungen zu anderen Menschen sowie eine grundsätzlich freundliche Haltung anderen gegenüber

Soziale Interaktionen sind für den Menschen **unabdingbar.** Bei der Gestaltung von positiven Beziehungen nehmen andere Menschen zwangsläufig eine übergeordnete Rolle in unserem Leben ein. Die Art und Weise wie wir diese Beziehungen führen, bestimmt dabei maßgeblich unser Glück. Dieses Glücksgefühl stellt sich jedoch nicht nur in der Partnerschaft oder eigenen Familie ein, schon das Wissen, dass Du Dich im Ernstfall auf Freunde

---

97 a. a. O.

98 a. a. O.
Csíkszentmihályi, M. (2008): Das Flow-Erlebnis – Jenseits von Angst und Langeweile - im Tun aufgehen. 10. Aufl., Stuttgart: Klett-Cotta

oder Kollegen verlassen kannst, die dann für Dich da sind, macht Dich zufriedener und ausgeglichener. Hier geht es um **Geben und Nehmen** – und da kann es durchaus auch zu Missverhältnissen kommen, die Dich viel Kraft kosten. Ein konsequenter Realitätscheck hilft weiter: Wer raubt Dir unter dem Strich Energie? Tun Dir Menschen nicht gut, weil sie Dich herunterziehen – und das nicht nur an einem schlechten Tag, hilft nur eins: Du solltest den Kontakt beschränken oder vermeiden, wenn möglich! Es mag zunächst hart klingen, doch kannst Du auf Personen verzichten, die Dich belasten. Im Gegenzug geht es darum, wer Dich unterstützt hat. Und natürlich die Frage, ob Du selbst diesen Personen unterstützend zur Seite gestanden hast. Du musst die Beziehung nicht mit großen Geschenken pflegen: Eine kleine Frage nach dem Befinden, gemeinsam verbrachte Zeit, der aufmerksam bereitgestellte Kaffee – auch Kleinigkeiten können unter dem Strich Großes bewirken.[99]

M – Meaning: Bedeutung und Sinn des Lebens

Bedeutung oder besser noch Sinn – so lässt sich das M in PERMA am besten übersetzen. Ist Dir etwas von Bedeutung, dann kannst Du Deine Wünsche und Sehnsüchte, aber vor allem Deine Werte darin entdecken. Was ist denn für Dich von **Bedeutung?** Und wie gut kannst Du dies einbringen? Siehst Du einen **höheren Sinn** in Deinem Tun? Kommst Du auf dieser Sinnsuche in Deinem Beruf, dass er Dir **Spaß** macht, dass für andere Menschen nützlich ist und Du Dein Schaffen überzeugt vertreten kannst, dann wirst Du Deine Arbeit als von Bedeutung empfinden. In diesem Fall ist Deine Motivation intrinsischer Natur und Du erlebst Sinnhaftigkeit. Andernfalls kann es Dich durchaus frustrieren, wenn Du zum gegenteiligen Ergebnis kommst. Doch Du solltest Dich nicht abhalten lassen, in dieser Erkenntnis einen Auslöser für künftige Veränderungen zu sehen.[100]

99 a. a. O.
100 a. a. O.

A – Accomplishment, Erfolg und Erreichen der gesteckten Ziele als temporäre Form des erfolgreichen Lebens
Ein wesentliches Element des PERMA-Modells ist die **Zielsetzung und natürlich der Erfolg beim Erreichen,** der dem Selbstvertrauen eine wichtige Rückmeldung gibt: Das hast Du bereits geschafft – und auch das nächste Ziel, das Du Dir steckst, wirst Du erreichen! Allerdings ist es unerlässlich, dass Du Dir konkrete, aber vor allem realistische Ziele setzt und diese bei Bedarf auch immer wieder überprüfst. Es bringt Dir nichts, Dich in haltlose Fantasien zu ergehen: Im Alter von 30 Jahren erfolgreich als Unternehmer sein, einen Privatjet und/oder eine Villa zu besitzen – was ist davon tatsächlich umzusetzen? Sinnvoller ist es, die **großen, langfristigen Ziele auf mehrere kleine herunterzubrechen**. So verlierst Du auf Deinem Weg nicht die Motivation. Zunächst frage Dich aber: Welche Mühen bist Du bereit, auf Dich zu nehmen, um das Ziel zu erreichen? Worauf wirst Du für das Ziel verzichten – und wie lange? Was ist Dir das Erreichen des Ziels wirklich wert.[101] Zur Unterstützung empfiehlt sich die **WOOP-Methode,** die Du gleich noch näher kennenlernen wirst..

Neueste Forschungen von **Donaldson und Kollegen** haben **4 weitere Elemente identifiziert,** die zum persönlichen **Wohlbefinden** beitragen:[102]

1. **Psychische Gesundheit:** ein gesunder, funktionsfähiger Körper, der Vitalität ausstrahlt

2. **Einstellung (Mindset):** eine wachstumsorientierte Denkweise, die auf Potentialen aufbaut und diese entwickelt, um Herausforderungen zu meistern und nicht auskömmliche Ergebnisse mit einer zukunftsorientierten optimistischen Haltung begegnet

---

101 a. a. O.
102 Donaldson, S. I.; Heshmati, S.; Lee, J. Y.; Donaldson, S. I. (2021): Examining building blocks of well-being beyond PERMA and self-report bias. In: The Journal of Positive Psychology, Vol. 16 (6), S. 811-818

3. **Gegebenheiten der Umwelt:** objektiv identifizierbare Umwelteinflüsse wie z. B. geographisch Bedingungen (Luftfeuchtigkeit, Temperatur etc.) und auch subjektiv wahrnehmbare Faktoren wie z. B. das Gefühl der Geborgenheit/Verbundenheit oder auch der Sicherheit

4. **Finanzielle Sicherheit:** finanzielle Rahmenbedingungen im Hinblick auf die zeitliche Dimension der Stabilität als auch der Kontrollierbarkeit der Finanzen. Einfach ausgedrückt, geht es darum, wie sicher wir uns finanziell fühlen und wie stabil und kontrollierbar sich unsere finanzielle Situation (zum Negativen) verändern kann.

Diese **Fragen** helfen Dir bei der Reflektion der 4 zusätzlichen Aspekte:

1. **Psychische Gesundheit:** Wie geht es Dir gesundheitlich? Wie lebendig fühlst Du Dich?

2. **Einstellung (Mindset):** Inwieweit hast Du eine in die Zukunft gerichtete positive Einstellungen, welche Dich stetig wachsen lässt – auch wenn Du mit Problemen konfrontiert wirst?

3. **Gegebenheiten der Umwelt:** Welche Gefühl kommt bei Dir hoch, wenn Du an Dein Umfeld denkst? Überwiegen Gefühle der Geborgenheit/Verbundenheit und Sicherheit?

4. **Finanzielle Sicherheit:** Wie ordnest Du Deine aktuelle finanzielle Situation ein? Bist Du zufrieden mit ihr oder braucht es noch einen weiteren finanziellen Spielraum?

Übung: WOOP-Methode – Mit Hindernissen ans Ziel

Das Stecken geeigneter Ziele ist Voraussetzung dafür, sich das Potential der Positiven Psychologie zu eröffnen – und hier kommt die WOOP-Methode ins Spiel: Mit ihrer Hilfe kannst Du Wünsche nicht nur erkennen, sondern auch erfüllen: Deine positiven Gedanken geben Deinem Handeln eine Richtung, so dass Du in Dir selbst liegende Hindernisse besser überwindest. Gleichzeitig fällt Dir die Prioritätensetzung leichter, Du erkennst, was Du wirklich willst und welche Ziele Du verfolgst. Und Du kannst leichter loslassen, wenn Du erkennst, dass die zwischen Dir und Deinem Wunsch stehenden Hindernisse tatsächlich zu groß sind. Damit ist die WOOP-Methode sowohl für Menschen in schwierigen Situationen geeignet als auch für Personen, die ihr Wohlbefinden weiter steigern wollen. Und: WOOP ist wissenschaftlich fundiert, kann schnell gelernt werden und auf verschiedene Wünsche angewendet werden.[103]

Vor Dir liegen 4 Schritte, nämlich **Wish - Outcome - Obstacle - Plan,** für die Du 5 ungestörte Minuten brauchst – ohne Telefon, Laptop oder andere Störungen. Am besten versetzt Du Dich in eine entspannte, ruhige Stimmung:[104]

Schritt 1: Identifiziere einen Wunsch!

Denk zunächst darüber nach, welches Anliegen oder welcher Wunsch Dir aktuell am wichtigsten ist. Dein Ziel darf herausfordernd, sollte aber auch realistisch zu erfüllen sein. Schreib diesen Wunsch auf einen Zettel, wenn Dir das hilft. Notwendig ist dies nicht, Du kannst auch alle Schritte im Gedanken absolvieren.

---

103 Schmid, D. (2021): WOOP-Methode – Wie Sie in 4 Schritten jedes Ziel erreichen, Impulse Medien GmbH. URL: https://www.impulse.de/management/selbstmanagement-erfolg/woop/7302190.html [Stand: 01-12-2021]
104 a. a. O.

Schritt 2: Was wäre, wenn Du Dein Ziel erreichst?

Nun stellst Du Dir vor, was das Allerbeste wäre, wenn Du Dir diesen Wunsch erfüllt hättest und wie Du Dich in dieser Situation fühlen würdest. Halte das bestmögliche Ergebnis Deiner Imagination schriftlich oder gedanklich fest, um Dir dann vor Deinem inneren Auge auszumalen, wie schön dann Dein Leben wäre.

Schritt 3: Welches innere Hindernis steht Deinem Wunsch entgegen?

Bedenke nun, was Dich von der Erfüllung Deines Wunsches abhalten könnte, also welches innere Hindernis das relevanteste ist.

Suche die Hindernisse immer in Dir selbst, diese kannst Du nämlich auch überwinden. Bei allen anderen Hindernissen, die also außerhalb Deiner Person zu verorten sind, ist dies in der Regel sehr viel schwerer. Rufe Dir dieses innere Hindernis plastisch und lebhaft ausgemalt vor Augen oder notiere es.

Schritt 4: Erstelle einen Wenn-Dann-Plan!

Die logische Frage lautet also: Was kannst Du nun tun, um das identifizierte Hindernis erfolgreich zu bewältigen?

Benenne einen Gedanken oder eine Handlung zur Überwindung des Hindernisses – und zwar nach dem Schema: Wenn x (x = das Hindernis) auftaucht, dann werde ich dem mit y (y = Dein Gedanke oder Deine Handlung zur Überwindung) begegnen. Ob Du diesen Plan notierst, bleibt Dir vorbehalten.

Der Erfolg der WOOP-Methode hängt maßgeblich davon ab, dass Du die Schritte in der richtigen Reihenfolge angehst. Als Übung kannst Du das Procedere mit unterschiedlichen Wünschen durchspielen, wie zum Beispiel Deine Fitness zu verbessern, dringende Arbeiten nicht mehr aufzuschieben oder heikle Gespräche konsequent anzugehen. Sinnvoll ist es, eine tägliche Routine im Alltag zu etablieren.

Der World Happiness Index: Glück ist messbar!

Tatsächlich wird trotz der schwierigen Definitionen versucht, Glück zu messen. Jährlich wird der World Happiness Index in mehr als 150 Ländern erhoben, um nach festgelegten **Merkmalen** die **Lebenszufriedenheit** zu bewerten:[105]

- die Lebenserwartung
- das Bruttoinlandsprodukt
- die sozialen Netzwerke
- Vertrauen in die Umgebung
- Gesundheit

Interessant sind in diesem Zusammenhang die Ergebnisse des Reports, da **vor allem die skandinavischen Länder auf den ersten 10 Plätzen** des Berichts zu finden sind. 2022 ist Finnland erneut zum glücklichsten Land der Welt erklärt worden – und das bereits zum 5. Mal in Folge! Das Jahr 2022 markierte das 10. Jubiläum des World Happiness Reports.[106]

Allgemein lassen sich **4 Säulen des Glücks** des beständigen Top-Rankings der nordischen Staaten ausmachen:[107]

- das gegenseitig entgegengebrachte **Vertrauen und die Verbundenheit**
- das **hohe Maß an Selbstbestimmung,** seine Entscheidungen im Leben frei treffen zu können – ohne großen Druck, politisch-wirtschaftlicher Natur

---

105 Helliwell, J.; Layard, R.; Sachs, J. (2017): World Happiness Report 2017. New York: Sustainable Development Solutions Network
Sachs, J. D.; Layard, R.; Helliwell, J. (2018): World Happiness Report 2018. New York: Sustainable Development Solutions Network

106 Helliwell, J.; Layard, R.; Sachs, J.; De Neve, J. E.; Aknin, L. B.; Wang, S. (2022): World Happiness Report 2022. New York: Sustainable Development Solutions Network

107 Helliwell, J.; Layard, R.; Sachs, J.; De Neve, J. E. (2020): World Happiness Report 2020. New York: Sustainable Development Solutions Network

- **funktionale Sozialleistungen** vom Staat (beispielsweise Unterstützung der Arbeitslosen, aber auch regulative Maßnahmen des Marktgeschehens)
- gut operierende **demokratische und institutionelle Maßnahmen**

Deutschland konnte im Jahr 2021 seine Platzierung um 10 Plätze gegenüber dem Vorjahr von Rang 17 auf Rang 7 verbessern.[108] In 2022 konnte Deutschland seinen Platz in den Top 10 nicht behaupten und rutschte auf den 14. Rang ab.[109]

Glück ist ein komplexes Konstrukt

Glück ist also eine **komplexe Angelegenheit** – und wird empirisch als interdisziplinäre Fachrichtung erforscht. Eindeutige Definitionen gibt es in der Wissenschaft zwar nicht, aber einige Ansätze, um das Glück und vor allem die Faktoren im privaten und beruflichen Leben zu identifizieren. Fakt ist, dass das **Werteglück** in den Fokus der Wissenschaft rückt, kann es sich doch vor allem **im Arbeitsleben zum Vorteil aller Beteiligten** entfalten, wenn Du zum Beispiel Deinem Arbeitgeber vertraust und Dich mit dem Unternehmen identifizierst, Sinn und Bedeutung Deiner Arbeit empfindest und Deine persönliche Weiterentwicklung gefördert wird. Unternehmen sind gut beraten, sich mit den Ergebnissen der Glücksforschung auseinanderzusetzen, um sich optimal im Wettbewerb um die knappen Fachkräfte positionieren zu können: Die **Arbeitgeberattraktivität,** die sich zum Beispiel an der Unternehmenskultur oder der Führungsqualität festmacht, beeinflusst die Entscheidung nämlich zunehmend. Umso wichtiger ist es, dass Du Dir nicht nur Deiner Stärken bewusstwirst, sondern auch Deiner Wünsche, Ziele und Ansprüche.

---

108 Helliwell, J.; Layard, R.; Sachs, J.; De Neve, J. E. (2021): World Happiness Report 2021. New York: Sustainable Development Solutions Network

109 Helliwell, J.; Layard, R.; Sachs, J.; De Neve, J. E.; Aknin, L. B.; Wang, S. (2022): World Happiness Report 2022. New York: Sustainable Development Solutions Network

5. ERFOLGREICH IM BERUF SO KLAPPT ES!

Erfolg im Beruf hängt oftmals von vielen Faktoren ab. Diese sind uns teilweise bewusst und vielfach auch unbewusst. In diesem Kapitel schauen wir uns die verschiedenen Facetten näher an, so dass wir sie in unser Bewusstsein holen und aktiv daran arbeiten können. Beim Erfolg im Job ist nicht zwangsläufig jener der erfolgreichste, der die beste Arbeit und damit die besten Arbeitsergebnisse bringt, sondern vielmehr jener, der den Erfolg auch als diesen verzeichnen kann und sich auch von Rückschlägen nicht vom Weg abbringen lässt. Um Deinen persönlichen Erfolgsweg zu bestreiten, beleuchten wir in diesem Kapitel diverse Fragestellungen. Es wird u. a. darum gehen, welche Art von Zielen uns anspornt, was für eine persönliche Einstellung uns langfristig über uns selbst hinauswachsen lässt und wie wir diese kultivieren können, wie wir sinnvolle Arbeit verrichten können, aber auch was uns ein Altenheim über unsere eigene Schaffenskraft lehrt. Die Antworten auf all diese Fragen sind so individuell verschieden wie unsere Persönlichkeiten und bestimmen letztlich unseren Erfolg im Beruf. Lass Dich überraschen, welche Gedanken, Ideen und Impulse Dir während des Lesens und bei den praktischen Übungen begegnen.

5.1 DAS ZIEL BESTIMMT DEN WEG

Vielleicht kennst Du die folgende Situation: Schon seit längerer Zeit fühlst Du Dich mit Deinem Job nicht mehr wohl. Du ärgerst Dich über den Chef, über Kollegen und Kunden. Konflikte im betrieblichen Umfeld nehmen zu. Du fühlst Dich nicht gefordert oder an einzelnen Stellen auch besonders in zeitlicher Hinsicht überfordert. Der erste Impuls ist unter diesen Umständen das Bestreben, diesen Arbeitsplatz hinter sich zu lassen.

Mit anderen Worten: Du möchtest weg. Weg von diesem Umfeld, weg von diesem Chef und weg von dieser Tätigkeit. Du schaust Dich schon seit einigen Wochen nach Stellenangeboten um. Die eine oder andere Bewerbung hast Du auch schon auf den Weg gebracht. Jetzt wirst Du zu einem Vorstellungsgespräch eingeladen. Das läuft gut. Aber dennoch wirst Du das Gefühl nicht los, dass etwas fehlt. Die rechte Begeisterung für die neue Tätigkeit will sich bei Dir nicht einstellen. Du könntest diese neue Stelle antreten. Dennoch zögerst Du jetzt. Du stellst Dir im Inneren die Frage, ob Du nur wegwillst oder ob Du zu dieser neuen Tätigkeit hinmöchtest.

Mit diesen Gedanken bist Du nicht allein. Viele Menschen empfinden so oder ähnlich.

Du hast es hier mit einem klassischen Spannungsverhältnis in der Motivationspsychologie zu tun. **Es macht einen erheblichen Unterschied für unser Wohlbefinden und Glücksgefühl, ob wir etwas vermeiden wollen oder tatsächlich aktiv begeistert hin zu einem Ziel streben.** In diesem Kapitel beleuchten wir das Thema etwas genauer.

Der Antrieb im Leben: Extrinsisch oder intrinsisch motiviert werden

Menschen werden unterschiedlich motiviert. Sie können durch Faktoren angetrieben werden, die von außen kommen. Sie werden auch als extrinsisch bezeichnet. Dabei kann es sich einerseits um als unangenehm empfundene Aspekte handeln, die wir möglichst vermeiden wollen. In dem obigen Beispiel fühlen wir uns schlecht, weil der Chef uns mobbt und die Kollegin versucht, uns unsere Position im Unternehmen streitig zu machen. Die damit verbundenen unangenehmen Gefühle möchten wir vermeiden und deshalb die Umstände hinter uns lassen. Es gibt auch extrinsischen Faktoren, die wir als positiv empfinden. Beispielsweise kann uns die Aussicht auf ein höheres Gehalt oder mit einer neuen Position verbundene Boni von außen positiv motivieren. Nicht selten verinnerlichen Menschen auch die Ziele anderer Personen oder Organisationen, sie machen diese dann zu ihren eigenen. Dennoch entspringen die Ursprünge dieser Ziele in diesem Zusammenhang extrinsischen Quellen.

Auf der anderen Seite existieren intrinsische Motivationsquellen. Sie kommen von innen aus dem Menschen heraus. Jemand bewältigt eine bestimmte Aufgabe oder Herausforderung um ihrer selbst willen, weil er die Überwindung von bestimmten Hürden als spannend empfindet. Menschen machen etwas oder unterlassen etwas, wobei die Entscheidung ihrem inneren Selbstverständnis entspringt. Im Vergleich mit der extrinsischen Motivationslage fühlen sich Menschen in der Balance mit inneren Faktoren häufig sehr ausgeglichen und empfinden die erledigten Aufgaben als besonders befriedigend.

In unserem Beispiel mit dem geplanten Jobwechsel deutet die latente Unzufriedenheit und Unsicherheit mit Blick auf das neue Jobangebot darauf hin, dass gerade keine klare intrinsische Motivationslage gegeben ist. Mit anderen Worten vollziehst Du mit diesem Hintergrund einen Wechsel Deiner Tätigkeit, ist die Quelle Deines Handelns eher eine Vermeidungsstrategie aufgrund äußerer Faktoren als eine innere Entscheidung, die ganz im Einklang mit Deinen Wünschen und Vorstellungen steht. Deshalb fehlt Dir die echte Begeisterung für die neue Stelle.

Lässt sich daraus ableiten, dass eine intrinsische Motivation immer besser ist als eine extrinsische?

Was sagt die Motivationspsychologie zu intrinsischen und extrinsischen Zielen?

Es gibt eine ganze Reihe von unterschiedlichen Ansätzen, die sich mit den Quellen der Motivation beschäftigen. Viele Psychologen, Wissenschaftler und Führungsexperten beschäftigen sich mit diesen Fragen. Daraus sind verschiedene Modelle entstanden, die das Phänomen Motivation beleuchten sollen.

Unter anderem hat der US-amerikanische Psychologe Abraham Maslow die sogenannte Bedürfnishierarchie entwickelt. Er bildet sein Modell in einer Bedürfnispyramide ab. Der Psychologe versucht damit, inhaltlich zu erklären, wie Motivation bei Menschen entsteht und wie sie sich auswirkt. Auf den Punkt gebracht ist seiner Meinung nach das menschliche Handeln in der abgestuften Erfüllung bestimmter Bedürfnisse zu erklären.[110]

Andere Autoren und Wissenschaftler setzen etwa für die Motivation daran an, dass im Sinne einer allgemeinen Leistungmotivation Menschen dazu neigten, bestimmte als essentiell empfundene Aufgaben auch zu einem Ende zu bringen.

So bewertet unter anderem der US-amerikanische Sozialpsychologe und Verhaltensforscher David Clarence McClelland den Anreiz für Motivation. Dabei geht McClelland auch schon auf den Konflikt ein, der durch das

110 King, P. W. (2009): Climbing Maslow's Pyramid – Choosing Your Own Path Through Life, S. 3 ff. Leicester: Troubador Publishing

Spannungsverhältnis zwischen dem Annäherungswunsch und dem Vermeidungsbestreben entstehen kann.[111]

Dagegen hat der US-amerikanische Psychologe Robert A. Emmons sich dem Thema anders genähert. Er hat unter anderem untersucht, wie sich die positive Zielsetzung bei Menschen im Sinne eines „Hin-zu" auf die Lebenszufriedenheit und die Lebenserfolge auswirkt. Innere Wertgebungen wie Dankbarkeit, Wertschätzung und positive Zielsetzungen im Sinne intrinsischer Faktoren sind seiner Auffassung nach entscheidend für mehr Glück und Zufriedenheit vor allem auch im beruflichen Umfeld.[112]

Emmons Erkenntnisse und Annahmen, die er auch in weiteren Veröffentlichungen vertieft hat,[113] stehen in Verbindung mit der Flow-Theorie von Mihály Csíkszentmihályi. Dieser ungarische Psychologe, der unter anderem Professor an der University of Chicago war, gilt als „Glücksforscher". Er hat festgestellt, dass Glück im Sinne einer allgemeinen Lebenszufriedenheit und Freude am eigenen Tun aus inneren Konzepten und dem Einklang zwischen dem Inneren und dem äußeren Tun entstehen.[114]

Wenn es um ein Glücksgefühl, Zufriedenheit und Freude insbesondere auch an der beruflichen Tätigkeit geht, kommt man nach den Erkenntnissen der modernen Psychologie nicht an der Wirksamkeit von intrinsischen Faktoren vorbei. Was bedeutet das in der Lebenspraxis und in einer Situation, in der wie oben geschildert ein Spannungsverhältnis zwischen etwa einer Vermeidungsstrategie und einer inneren Wechselbereitschaft besteht? Vor allem stellt sich doch die Frage, wie man die originären inneren Ziele findet oder neu bestimmt. Bevor man sich dieser Frage zuwenden kann, muss vorab geklärt werden, welche Wirkung belastende extrinsische Faktoren auf die intrinsische Motivation haben können.

---

111 McClelland, D. C. (1988): Human Motivation, S. 10 ff. Cambridge: Cambridge University Press

112 Emmons, R. A.; McCullough, M. E. (Hrsg.) (2004): The Psychology of Gratitude, S. 3 ff. New York: Oxford University Press

113 Emmons, R. A. (2003): Personal goals, life meaning, and virtue - Wellsprings of a positive life. In: Keyes, C. L. M. & Haidt, J. (Hrsg.), Flourishing – Positive psychology and the life well-lived, Washington DC: American Psychological Association, S. 105-128

114 Csíkszentmihályi, M. (2017): Flow – Das Geheimnis des Glücks. Stuttgart: Klett-Cotta
siehe Kapitel 5.7: mehr zum Thema Flow

Warum extrinsische Faktoren die intrinsische Motivation zerstören können

Problematisch gerade im beruflichen Umfeld ist eine Wirkung, die ein Übermaß äußerer Faktoren auf die innere Beteiligung haben können. Wenn beispielsweise an einem Arbeitsplatz extrinsische Faktoren im Verhältnis zu inneren Faktoren ein Übergewicht erhalten, kann das die innere Beteiligung des einzelnen zerstören. Dieser Effekt wird vornehmlich auch in der Lernpsychologie zum Thema Motivation beschrieben.[115]

Deshalb ist es auch so schädlich, bei einem eigenen Bestreben nach intrinsisch motiviertem und flow-gesteigerten Handeln in einer massiv extrinsisch geformten Umgebung zu verharren.

Bleiben wir bei unserem Beispiel vom Anfang. Die negativen extrinsischen Aspekte wie Mobbingverhalten, Unkollegialität und überhöhte Arbeitsanforderungen unterminieren die eigene Zufriedenheit mit der Tätigkeit und in einem nächsten Schritt sogar das Lebensglück. Deshalb entsteht das Vermeidungsverhalten, das als Ziel am Ende nur noch eine Möglichkeit sieht: Weg von dieser Situation. Der innere Anteil an der Arbeit ist dann auf ein Minimum abgesunken. Schwierig für die Veränderung an dieser Stelle ist für Dich dann aber die Frage, wie Du wieder eine innere Beteiligung mit Blick auf neue Ziele im Sinne einer Annäherung (einem Hin-zu) entwickeln kannst.

115 Deci, E. L.; Ryan, R. M. (1993): Die Selbstbestimmungstheorie der Motivation und ihre Bedeutung für die Pädagogik, S. 226. In: Zeitschrift für Pädagogik, Vol. 39 (2), S. 223-238

Mit dem inneren Streben in Balance – (neue) Ziele definieren

Wenn Du wie oben geschildert eine für Dich unangenehme Arbeitsumgebung verlassen möchtest, treibt Dich verständlicherweise zunächst das Ziel der Vermeidung besonders an. Dauerhaft wird sich allerdings dieser äußere Faktor nicht in Einklang mit Deinen inneren Werten, Wünschen und Deiner Lebenszufriedenheit bringen. Du hast das in dem oben genannten Beispiel bereits selbst erkannt. Die Begeisterung für das neue Jobangebot will sich nicht einstellen. Hintergrund ist, dass Du Dir zu diesem Zeitpunkt gar nicht klar darüber bist, auf welche neuen Ziele Du Dich hinbewegen möchtest.

Wie kannst Du in einer solchen oder ähnlichen Situation neue positive Ziele definieren, die intrinsisch motiviert sind?

Mit Techniken wie beispielsweise Brainstorming oder anderen Methoden der Ideenfindung kannst Du zum Beispiel entspannt und zunächst einmal wertungsfrei mögliche Ziele für Dich definieren.

Für das Beispiel des erstrebten Jobwechsels schreibst Du insbesondere folgende Stichworte auf:

- Ich möchte (wieder) mehr mit Menschen arbeiten.
- Mein Interessengebiet XYZ soll in meiner neuen Tätigkeit einen großen Raum einnehmen.
- Ich möchte in der neuen Tätigkeit meine Führungsqualitäten einbringen können.
- Ich will in diesem neuen Job die Fähigkeit X oder die Fähigkeit Z weiterentwickeln können.
- Ich möchte ganz konkret in den Bereich XYZ.
- Schon lange habe ich davon geträumt, in einem Verlag zu arbeiten.
- Mich treibt schon seit Jahren der Gedanke um, mich im Bereich XYZ mit der Tätigkeit X selbstständig zu machen.

- Immer schon wollte ich meine Leidenschaft für Hunde zu meinem Beruf machen, ich möchte jetzt als Verhaltenscoach für schwierige Vierbeiner arbeiten.

Einige dieser Stichworte stellen eine Kombination aus extrinsischen und intrinsischen Motiven dar. Bei allen aber überwiegt, dass Du in Dich hineinhörst und feststellst, worum es Dir bei einer neuen Tätigkeit tatsächlich geht. Wenn Du aufmerksam bist, erkennst Du jetzt genau, dass typische andere Aspekte einer neuen Stelle da nicht auftauchen. Du sagst unter anderem nicht:

- Ich möchte in der neuen Position ein Jahresgehalt von 150.000 EUR bekommen.
- Ich will eine Tätigkeit finden, die ich mit dem Fahrrad erreichen kann.
- Ich strebe an, dass ich in meiner neuen Tätigkeit viel von zu Hause arbeiten kann.

Auch diese Aspekte könnten für Deine Motivation eine Rolle spielen. Wenn Du allerdings darangehst, intrinsische Faktoren für eine neue Zielsetzung in Balance mit Deiner inneren Gefühlswelt herzustellen, sind diese äußeren Faktoren zunächst einmal zweitrangig.

Bei der Stichwortsuche kann es für Dich nicht bleiben. Du beginnst jetzt **Prioritäten** zu **entwickeln. Welcher dieser intrinsischen Aspekte ist hier am wichtigsten? Wo legst Du den Schwerpunkt?** Bringe also die Möglichkeiten in eine Reihenfolge und ergänze sie möglicherweise auch mit einzelnen äußeren Faktoren, die zu Deiner Zufriedenheit beitragen.

Vielleicht denkst du an dieser Stelle, bei der Suche nach einer neuen Tätigkeit bin ich nicht bei „Wünsch Dir was“. Wenn es aber um innere Ziele geht, geht es um Deine Wünsche, Vorstellungen, Träume und Ideen. Du musst an dieser Stelle selbstbewusst genug sein, zu diesen Vorstellungen zu stehen. Sie entwickeln sich aus Deiner Persönlichkeit heraus, sind völlig individuell und unabhängig von allgemeinen Fragen des Arbeitsmarktes sowie der Meinung von Menschen aus Deinem Umfeld. Manche Deiner Ideen in einem ersten Durchgang werden sich nur durch zusätzliche Kenntnisse und Fähigkeiten realisieren lassen. Dennoch solltest Du sie nicht sofort beiseiteschieben. Hier kann auch ein innerer Antrieb dafür entstehen, sich diese Fähigkeiten in der Folge in kürzerer Zeit anzueignen und die eigenen Träume von einer ganz bestimmten Tätigkeit umzusetzen.

Wenn Du in diesen Prozess der Ideenfindung eintrittst, stellst Du schnell fest, dass Du Dich sofort von Vermeidungsstrategie und dem Gedanken „Weg-von" entfernst. Du beginnst eine **Reise auf dem Weg zum „Hin-zu". Vielleicht** wirst Du unter diesen Gesichtspunkten sogar die Entscheidung treffen, **zunächst die jetzige Stelle zu behalten.** Du nutzt die Zeit, um unter anderem die Basis für eine Wunschtätigkeit und die Erfüllung eines beruflichen Traums zu legen. Sofort wird hier die aktuelle Situation als weniger belastend erscheinen und Du gewinnst neue innere Kraft, um Dich tatsächlich auf Deine inneren Ziele zuzubewegen.
Eventuell kann es dann auch vorkommen, dass Du gar nicht mehr die Stelle wechseln möchtest, da Du Deine aktuelle Tätigkeit auf Deine Bedürfnisse angepasst hast. Im späteren Verlauf gehen wir noch auf das Job Crafting ein, mit dem dies aktiv vorangetrieben werden kann.[116]

Das führt **kurzfristig** zu **mehr Zufriedenheit.** Ein paradoxes Ergebnis, weil sich an den äußeren Umständen zunächst nichts geändert hat. Häufig geraten wir aber gerade durch den inneren Konflikt bei einer Diskrepanz zwischen intrinsischen und extrinsischen Werten in Auseinandersetzungen mit unserer Umwelt. Es kann also sein, dass sich manche Konflikte in Deiner jetzigen beruflichen Tätigkeit abmildern, weil Du **innerlich auf dem Weg zu einem neuen Ziel** bist. Das kann Dir sehr schnell Geduld, Gelassenheit und Lebensfreude zurückgeben.

---

116 Mehr Infos in Kapitel 6 zum Job Crafting

Vielleicht findest Du relativ kurzfristig – weil Du jetzt weißt, wo Du hinwillst – ein Jobangebot, das in weiten Teilen oder genau Deinen inneren Vorstellungen entspricht. Diese Tätigkeit wirst Du mit Freude antreten, weil Du Dich motiviert und mit Dir selbst im Einklang hin zu diesem Ziel bewegst. Nehmen wir uns ausreichend Zeit für die Entwicklung der Annäherungsziele. Viele von uns haben über die Zeit verlernt, auf die innere Stimme zu hören, und wissen nicht mehr, was einen Flow eigentlich ausmacht und wie sich das anfühlt. Gebe Dich der Erfahrung hin, wie gut Du Dich fühlst, wenn Du völlig in einer Tätigkeit oder in einem Buch aufgehst. Möglicherweise machst Du diese Erfahrungen eher außerhalb Deiner beruflichen Tätigkeit, beispielsweise wenn Du ein Essen kochst. Man konzentriert sich dann nur auf das Kochen und später auf das Essen. **Für die Entwicklung neuer Annäherungsziele ist es deshalb wichtig, im gesamten Leben der Achtsamkeit mehr Platz einzuräumen. Achtsamkeit und Flow sind eng miteinander verbunden.** Widme Dich einer Tätigkeit. Jetzt. Ganz. Viel Unzufriedenheit und auch Konfliktsituationen entstehen dadurch, dass wir gerade am Arbeitsplatz dazu neigen, unter Druck unterschiedlichste Tätigkeiten gleichzeitig erledigen zu wollen. Eine solche Vorgehensweise führt nicht zur Entwicklung einer inneren Zufriedenheit und auch nicht zu einem Flow. Die Konzentration sinkt und Deine mögliche restliche intrinsische Motivation wird endgültig zerstört.

Echte Zufriedenheit entsteht nur aus innerer Motivation heraus

Auch wenn äußere Belohnungsfaktoren wie mehr Gehalt, ein Bonus und andere Gratifikationen Dich für eine gewisse Zeit sehr zufriedenstellen können, kann sich selbst in einem solchen positiv geprägten beruflichen Umfeld innere Leere entwickeln. Extrinsische Faktoren können nie intrinsische ersetzen. Das gilt umso mehr, wenn es sich bei den äußeren Faktoren um Aspekte handelt, die Du als negativ empfindest. Einen Ausweg findest Du aus einer frustrierenden Situation im Beruf nur, wenn Du mittelfristig wieder in den Einklang mit inneren Werten, Wünschen und Träumen kommst. Dann entwickeln sich der innere Antrieb und die tägliche Freude am Tun fast wieder von selbst. Selbst belastende Faktoren wie einen launischen Chef wirst Du in einer allgemein intrinsisch geprägten Motivationslage nicht als übermäßig negativ empfinden. Nur wenn die negativen externen Faktoren immer mehr werden und ein Übermaß annehmen, droht Deiner inneren Motivation Gefahr. Es ist deshalb sehr ratsam, die innere Motivation immer im Auge zu behalten. So kannst Du bei entsprechenden Entwicklungen an einem Arbeitsplatz innerlich dem Verlust der intrinsischen Motivation entgegenwirken. Du schützt Dich in gewisser Weise dadurch auch vor einem inneren Ausbrennen, das Dich gesundheitlich sehr beeinträchtigen kann. Schon deshalb ist die Beschäftigung mit Annäherungszielen und intrinsische Motivation auch aktive Gesundheitsvorsorge.

5.2 SO NUTZT DU DEIN MINDSET FÜR DAUERHAFTEN ERFOLG IM BERUF UND IM LEBEN

Kennst Du das auch? Manche Menschen entwickeln sich sowohl im Leben an sich als auch im Berufsalltag stetig weiter. Andere bleiben demgegenüber in der persönlichen und beruflichen Entwicklung ab einem bestimmten Zeitpunkt stehen. Warum dies genauso passiert, stellt eine schwierige Fragestellung dar und bietet Potential für vielschichtige Überlegungen und Antworten. Ein wesentlicher Aspekt ist diesbezüglich das eigene Mindset, das sich als Selbstbild definieren lässt. Denn Erfolg beginnt bereits in Deinem Kopf und Du hast es auf Basis Deines Mindsets selbst in der Hand, ob Du Dich weiterentwickelst und erfolgreich durch das Leben schreitest.

Was ist für Deine beruflich-fachliche Entwicklung wirklich wichtig?

Bereits seit mehreren Jahrzehnten beschäftigt sich vor allem die US-amerikanische Stanford-Professorin und Psychologin Carol Dweck mit dieser

Thematik. Im Rahmen ihrer ausgiebigen Forschung hat sie dabei herausgefunden, dass es vom jeweiligen Selbstbild eines Menschen entscheidend abhängt, ob eine kontinuierliche persönliche respektive beruflich-fachliche Entwicklung stattfindet. Das bedeutet dann gleichzeitig: Das bloße Vorhandensein von Talenten reicht nicht, um erfolgreich zu werden.

Entscheidende Voraussetzung für den Erfolg: Aufgeben gilt nicht

Stattdessen ist es eben das eigene Selbstbild, das jeden einzelnen Menschen prägt und als Triebfeder für persönlichen bzw. beruflichen Erfolg fungiert. So bestimmt es laut ihren Forschungsergebnissen explizit darüber, wie mit Niederlagen umgegangen wird. Wer sieht eine Niederlage sowohl im privaten als auch im beruflichen Kontext als Chance an, um dazuzulernen? Und wer lässt sich durch eine Niederlage sofort entmutigen und gibt Pläne, Vorhaben und Ziele auf? Genau das sind die entscheidenden Fragen.

Carol Dweck findet hierauf eine klare Antwort: Wer sich durch eine Niederlage oder andere negative Einflussfaktoren schnell entmutigen lässt und aufgibt, wird es im Leben und im Beruf sehr schwer haben, sich stetig weiterzuentwickeln und erfolgreich zu agieren.[117]

Diese Fragen musst Du für Dich persönlich beantworten

Um sich dieser Thematik zu nähern und die Basis für den eigenen Erfolg zu legen, musst Du erst einmal genau verstehen bzw. definieren, was Erfolg eigentlich tatsächlich ausmacht und was genau unter einem Mindset zu verstehen ist.

Wie definiert sich Erfolg?

Im Allgemeinen wird Erfolg meistens mit finanziellem und beruflichem Erfolg gleichgesetzt. Das wirkt sich dahingehend aus, dass sich viele Menschen

---

117 Mangels, J. A.; Butterfield, B.; Lamb, J.; Good, C.; Dweck, C. S. (2006): Why do beliefs about intelligence influence learning success? A social cognitive neuroscience model. In: A Social Cognitive and Affective Neuroscience, Vol. 1 (2), S. 75-86

grundsätzlich über Statussymbole, wie beispielsweise Immobilien, teure Autos, Luxusuhren oder exquisite Kleidung definieren. Laut Dweck und anderen Vertretern der Positiven Psychologie, wie beispielsweise Abraham Maslow, Martin Seligman, Christopher Peterson und die deutsche Professorin Michaela Brohm-Badry, ist Erfolg eng verknüpft mit der subjektiven Betrachtungsweise, der eigenen Persönlichkeit und der positiven Energie durch eine starke Motivation, wobei sich der Erfolg in erster Linie durch das Erreichen eines persönlichen Ziels definiert.

Die jeweiligen Ziele kannst Du dabei in **2 unterschiedliche Kategorien** zusammenfassen: die **materiellen bzw. monetären Ziele sowie die immateriellen, also emotional geprägten Ziele.** Dabei musst Du Dir klarmachen, dass das Funktionieren Deines persönlichen Wachstums auch davon abhängt, wie Du persönlich Erfolg definierst und welchen individuellen Bewertungsmaßstab Du anlegst. Um Dein Mindset daher optimal auszunutzen, ist es an Dir selbst, die folgende Frage für Dich persönlich zu beantworten: **Was genau ist Erfolg für Dich?**

Wie lässt sich Mindset genau definieren?

Der englische Begriff Mindset umfasst ein breites Spektrum an Bedeutungen. Grundsätzlich lassen sich folgende Eigenschaften und Einstellungen auf den Begriff Mindset projizieren:

- Deine grundsätzliche Einstellung
- Deine Denkweise
- Deine Haltung
- Deine Orientierung
- Deine Gesinnung
- Deine persönliche Lebensphilosophie
- Deine Mentalität
- Deine persönliche Weltanschauung

Dein Denken, Handeln und Fühlen hängen dabei wechselseitig zusammen und sind immer auch stark geprägt von den Erfahrungen, die Du machst bzw. gemacht hast. Das betrifft sowohl die positiven als auch die negativen Erfahrungen. Denn je nachdem, wie die Erfahrungen in einem Bereich ausfallen, kann sich auch Dein Selbstbildnis ändern. Nach schlechten Erfahrungen verlierst Du vielleicht den Mut und traust Dir bestimmte Dinge nicht zu.

Im anderen Fall bestärken und ermutigen Dich positive Erfahrungen dazu, Deinen Weg bis zur Zielerreichung weiterzugehen. Die jeweiligen Erfahrungen prägen jeden Menschen und sind Auslöser für Deine persönliche Einschätzung von Gegebenheiten, Situationen und Dir selbst.[118] Der Fokus liegt dabei vor allem auf der Frage: Wie gehst Du mit privaten und beruflichen Niederlagen um?

Carol Dweck identifiziert 2 unterschiedliche Formen von Mindset

In ihrer Eigenschaft als Motivationspsychologin forscht Carol Dweck bereits seit langem dazu, wie unterschiedlich die Menschen auf Niederlagen reagieren und mit diesen umgehen. Ihre Forschungen und Studien zielen zu einem großen Teil darauf ab, was genau manche Menschen dazu veranlasst und motiviert, unbeeindruckt von negativen Erfahrungen immer wieder die Herausforderung zu suchen, während andere Menschen teilweise schon nach der ersten Niederlage aufgeben.

Ihrer Theorie zufolge gibt es **2 Formen von Mindset.** Zum einen handelt es sich hierbei um das **Growth Mindset** (wachstumsorientiertes, dynamisches Mindset) und zum anderen um das so bezeichnete **Fixed Mindset** (starres und unflexibles Mindset).

---

118 Dweck, C. S.; Leggett, E. L. (1988): A social-cognitive approach to motivation and personality. In: Psychological Review, Vol. 95 (2), S. 256-273

Wie kannst Du Dein persönliches Mindset bestimmen?

Dwecks Studien zu Mindsets zeigen dabei auf, dass Menschen, deren Intelligenz schon im Kindesalter gelobt wurde, dazu neigen, ein starres Mindset (Fixed Mindset) zu entwickeln. Anders verhält sich das bei den Menschen, die als Kinder und Heranwachsende für ihre Anstrengungen und Bemühungen gelobt worden sind. Diese tendierten im Leben eher dazu, ein dynamisches Mindset zu entwickeln. Du kannst im Rahmen einer ehrlichen Selbstreflexion herausfinden, welches Mindset Deine Denkweise und Deine Handlungen stärker beeinflussen.

In diesem Fall dominiert bei Dir ein **Fixed Mindset:**

- Wenn Du Herausforderungen vermeidest, da Du Dich vor möglichen Niederlagen fürchtest.
- Wenn Du mit den erlittenen Rückschlägen und Niederlagen nicht umgehen kannst.
- Wenn Du versuchst, Niederlagen zu verheimlichen.
- Wenn sich bei Dir innerlich negative Glaubenssätze häufig wiederholen (Beispiel: „Das kann ich nicht.“, „Diese Fähigkeit besitze ich nicht.“).
- Wenn Du davon selbst überzeugt bist, dass Du lediglich auf einem einzigen Gebiet begabt bist (Beispiel: Du siehst Dich als Mathegenie oder Sprachgenie, weist ansonsten aber keinerlei Fähigkeiten auf.).

In diesem Fall dominiert bei Dir ein **Growth Mindset:**

- Wenn Du neugierig darauf bist, neue Fähigkeiten zu erlernen und sich neues Wissen anzueignen (wissbegierig).

- Wenn Du offen für neue Erfahrungen bist.
- Wenn Du empfänglich für Dir bisher unbekannte Wege des Lernens bist.
- Wenn Dich Herausforderungen reizen und Du sie annimmst.
- Wenn Du Fehler und Niederlagen nicht als persönliches Scheitern bewertest, sondern als Chance begreifst, etwas daraus zu lernen und es beim nächsten Mal besser zu machen.
- Wenn Dir wirklich klar ist, dass viele Anstrengungen und Mühen nötig sind, um beruflich oder auch im Leben an sich etwas zu erreichen.
- Wenn Du Dir Deiner Schwächen bewusst bist und aktiv daran arbeitest, diese zu eliminieren bzw. zu verbessern.

Growth Mindset oder Fixed Mindset: Welche Denkweise überwiegt bei Dir?

Um die richtigen Maßnahmen zu ergreifen, musst Du immer erst einmal herauszufinden, welche Denkweise bei Dir überwiegt. Carol Dweck hat diesbezüglich im Rahmen ihrer Untersuchungen und wissenschaftlichen Ausarbeitungen einen einfachen Test entwickelt. Sie stellt in diesem Test verschiedene Aussagen zur Auswahl, bei denen Du die auf Dich zutreffendste Aussage auswählen musst. Im Folgenden findest Du 4 Aussagen, die thematisch Inhalt des Testverfahrens sind. Entscheide für Dich persönlich, welche Aussage auf Dich bzw. auf Dein Selbstverständnis zutrifft:

1. Aussage: Meine Intelligenz zählt zu meinen elementaren Eigenschaften, die ich nicht oder kaum verändern kann.

2. Aussage: Neue Dinge kann ich zwar lernen, aber dadurch kann ich trotzdem nicht wirklich meine Intelligenz positiv verändern.

3. Aussage: Ganz gleich, wie intelligent ich letztendlich bin, es gibt Möglichkeiten, dass ich tatsächlich noch ein bisschen intelligenter werde.

4. Aussage: Wie intelligent ein Mensch ist, kann sich wesentlich verändern.

An diesen Aussagen werden gleichzeitig auch die Unterschiede zwischen Growth und Fixed Mindset deutlich. Die ersten beiden Aussagen zeugen von einer starren und unflexiblen Denkweise und zählen daher eindeutig zur Kategorie Fixed Mindset. Die dritte und vierte Aussage lassen dagegen mehr Möglichkeiten offen und setzen auf Weiterentwicklung und Wachstum. Dies ist typisch für ein Growth Mindset.

Du musst Dich dabei jedoch nicht auf den Begriff Intelligenz fokussieren. Du kannst diesen Begriff an den entsprechenden Stellen auch durch Eigenschaften, wie zum Beispiel Sportlichkeit, Geschäftssinn oder künstlerische Begabung, ersetzen. Das betont Carol Dweck in vielen ihrer Bücher und Schriften ausdrücklich. Interessant in diesem Zusammenhang ist auch der Veränderungsprozess, den die Psychologin nach eigener Aussage selbst durchlaufen musste.

So habe sie selbst eine lange Zeit ein typisches Fixed Mindset besessen, bevor sie es schaffte, ein Growth Mindset zu entwickeln. Das dominiere jetzt zwar ihre Denkweise und ihr Verhalten, aber in bestimmten Situationen melde sich hin und wieder immer noch das Fixed Mindset.[119]

Was Du auf jeden Fall dabei berücksichtigen solltest

Veränderungen von einem Fixed Mindset zu einem Growth Mindset sind jederzeit möglich, aber Du solltest gerade den Begriff Growth Mindset nicht

119 Dweck, C. S. (2017): From needs to goals and representations – Foundations for a unified theory of motivation, personality, and development. In: Psychological Review, Vol. 124 (6), S. 689-719

falsch interpretieren. Denn ein solches Mindset bedeutet nicht, dass Du zu einem Genie oder einem allwissenden Gelehrten wirst. Es ist grundsätzlich nicht möglich, zu prognostizieren, was in dem jeweiligen Menschen für ein diesbezügliches Potential steckt. Fakt ist aber auch, dass Du mit der entsprechenden Leidenschaft und Motivation, dem nötigen Engagement, viel Training und harter Arbeit im Grunde genommen alles erreichen kannst. Alleine dieses Wissen sollte laut Dweck und vielen anderen Psychologen schon reichen, um die nötige Hingabe zu erzeugen, persönlich zu wachsen und beruflich vorwärtszukommen.[120]

Ein dynamisches Mindset erhöht die Chance auf beruflichen Erfolg

Wenn Du eine erfolgreiche berufliche Karriere hinlegen möchtest, benötigst Du ein dynamisches Selbstbild. In diesem Fall sind sich Forscher und Wissenschaftler im Bereich der Positiven Psychologie einig. Als Ausgangspunkt einer erfolgreichen Karriere solltest Du dabei zuallererst immer die eigenen Ziele definieren und genau abzustecken. Zudem musst Du den Willen zum Erfolg aufweisen und auch leben.

Hinzu kommt die Denkweise, sich nicht von Misserfolgen und Rückschlägen beirren bzw. verunsichern zu lassen, sondern konstruktiv mit Fehlern, Fehleinschätzungen und Niederlagen umzugehen. Dir sollte aber dennoch klar sein, dass Erfolg nicht in diesem Maße vorprogrammierbar ist. Gerade bei der Vielzahl von einzelnen Schritten oder auch Etappenzielen wirst Du immer mal wieder von Rückschlägen und Niederlagen heimgesucht.

---

120 Dweck, C. S. (2012): Mindset – How You Can Fulfill Your Potential, S. 111-113. London: Robinson Publishing

Growth Mindset: Entscheidende Komponenten sind Dein Wille und Deine Motivation

Hier kommt es auf Dein Mindset an. Du musst akzeptieren, dass Rückschläge und Fehler unwiderruflich zum beruflichen Alltag gehören. Dieses Denken bzw. dieses Verständnis hilft Dir dabei, Niederlagen auch innerlich zu bewältigen, ohne dass Deine Motivation und Dein Wille dauerhaft beeinträchtigt werden. Es kommt letztendlich also immer darauf an, dass Du über ein Mindset verfügst, dass es Dir erlaubt, die richtigen Erfahrungen aus Niederlagen zu ziehen und wie Du persönlich mit Rückschlägen umgehst. Genau dafür benötigst Du ein Growth Mindset.

Auch Dein Mut stellt einen wesentlichen Faktor für Deinen beruflichen Erfolg dar

Wachstum und Dynamik im Rahmen Deines Mindsets erfordern aber auch immer die Eigenschaft und den Willen, mutig zu sein. Denn das ist eine wesentliche Voraussetzung, um erfolgreich im Beruf bestehen zu können und die Karriereleiter Schritt für Schritt zu erklimmen. Mut heißt in diesem Fall, dass Du Dich nicht vor Herausforderungen verstecken darfst.

Du musst also den Mut aufbringen, die jeweilige berufliche Herausforderung anzunehmen. Auch dann, wenn es wirklich nicht leichtfällt. Personen mit einem Growth Mindset erfüllen in der Regel diese Voraussetzung, da sie keine Furcht vor dem persönlichen Scheitern haben. Mache Dir in diesem Zusammenhang stets klar, dass eine Niederlage im Job nicht als abwertendes Urteil über Dich als Person zu verstehen ist.[121]

Betrachte jede Herausforderung und auch jede Niederlage als Voraussetzung dafür, etwas zu lernen und sich weiterzuentwickeln. Mit einer solchen

---

121 Morehead, J. (2012): Stanfords University's Carol Dweck on the Growth Mindset and Education. URL: https://onedublin.org/2012/06/19/stanford-universitys-carol-dweck-on-the-growth-mindset-and-education/ [Stand: 10-01-2022]

mentalen Haltung ist in der Tat ein kontinuierliches Wachstum und damit auch nachhaltiger Erfolg im Beruf möglich.

Du kannst an Deinem Mindset arbeiten und es verändern

Du kannst das eigene Mindset ändern, um im Beruf an immer wieder neuen Herausforderungen zu wachsen und erfolgreich zu agieren. Dies klappt allerdings nicht von heute auf morgen. Vielmehr musst Du diese Art von Veränderung als Prozess verstehen. Die folgenden Handlungsempfehlungen und praktischen Tipps schaffen dabei eine sehr gute Ausgangsbasis, um das eigene Mindset zu ändern.

Die eigenen Wesenszüge können natürlich durchaus dazu beitragen, dass Du zum Beispiel extrem sensibel auf Rückschläge und Niederlagen reagierst und sich Dein Mindset in gewissen Zügen dann auch entsprechend entwickelt. Verschiedene Studien und Forschungsergebnisse von Carol Dweck belegen hier aber klar, dass sich das eigene Mindset mittels Interaktionen ändern und entwickeln lässt. Zudem verringert eine positive Grundhaltung oftmals den Druck und kann sich förderlich auf die eigene Gesundheit auswirken.

Mindset verändern – So startest Du den Veränderungsprozess

1. Sei offen für Herausforderungen und neue Wege

Nimm Herausforderungen im Job an und lerne, mit beruflichen bzw. persönlichen Niederlagen umzugehen. Mach Dir klar, dass Rückschläge, Niederlagen und Fehler, die Du machst, zum Leben einfach dazu gehören. Genau diese Einstellung wird in dem Sprichwort „Es ist noch kein Meister vom Himmel gefallen“ ausgedrückt.

Das heißt: Möchtest Du etwas erreichen, musst Du dafür auch etwas tun und aktiv werden. Dazu zählt die grundsätzliche Bereitschaft, Neues zu erleben und zu lernen. Außerdem solltest Du bereit sein, neue Wege zu suchen, zu identifizieren und auch zu beschreiten. Funktioniert ein Weg bzw. eine

Vorgehensweise dabei nicht so, wie erwartet oder erhofft, gib nicht auf, sondern probiere einen anderen Weg aus.

2. Lerne, geduldig zu bleiben

Viele haben den Hang, zu schnell zu viel zu wollen. Sie erzeugen Eigendruck. Folgen dann aufgrund überhasteter Vorgehensweisen Niederlagen bzw. Rückschläge, sinken Stimmung und Motivation. Hinzu kommt, dass sich dann der Gedanke bei Dir festsetzt, dass Du es so oder so nicht schaffst oder dass Dir die entsprechenden Fähigkeiten schlichtweg fehlen. Diesen Gedanken solltest Du einen klaren Riegel vorschieben. Gehe es lieber mit Geduld an: Noch kannst Du eine bestimmte Herausforderung im Job nicht meistern, aber das muss nicht auf Dauer so bleiben. Du hast jederzeit die Möglichkeit, aktiv daran zu arbeiten, die Aufgabe beim nächsten Mal meistern zu können. Wenn Du Dich nicht aufgibst und stattdessen selbst motivierst und anfeuerst, schaffst Du die Voraussetzung dafür, die Aufgabe zu bewältigen und somit auch persönlich zu wachsen. Das funktioniert aber nur, wenn Du die richtige Einstellung aufweist und zudem eine Aura der Selbstliebe schaffst.

3. Stelle Dich offensiv und aktiv den jeweiligen Herausforderungen

Wem ist das noch nicht passiert? Dein Chef teilt Dir eine Aufgabe oder ein Aufgabengebiet zu, welches Dir thematisch nicht fundiert vertraut ist. Dadurch erscheint Dir die Aufgabe von vorneherein als schwierig und manchmal sogar als nicht erfüllbar. Versuche dennoch, die Aufgabe voll motiviert anzugehen. Unabhängig davon, wie mühevoll das ist, trainierst Du auf diese Weise Deine Fähigkeiten und erweiterst zudem Dein Wissen und Deine Expertise.

4. Bleibe immer realistisch

Ein gutes oder sehr gutes Arbeitsergebnis lässt sich nicht nach Belieben noch einmal toppen. Daher solltest Du nicht den Fehler machen, perfektionistische Ansprüche zu entwickeln. Das ist wie ein Fass ohne Boden. Denn es gibt im Grunde genommen immer etwas zu verbessern.

Das heißt: Du wirst Dich selbst nie mit Deinen Arbeitsergebnissen zufriedengeben. Auf Dauer kann dies zu einer maßlosen Enttäuschung ausarten. Du stellst dann Deine Fähigkeiten und Kenntnisse infrage, was Dich letztendlich in die Abwärtsspirale führt. Orientiere Dich hier lieber an der von Vilfredo Pareto entwickelten Pareto-Methode. Diese befasst sich mit der Beziehung zwischen dem finalen Ergebnis und dem dafür erforderlichen Aufwand. Die Methode bzw. das Prinzip besagt, dass rund 80 Prozent eines Effekts (Arbeitsergebnisse) über etwa 20 Prozent der Ursachen (Aufwand) erreicht werden.

5. Akzeptiere Rückschläge und Niederlagen

Wie bereits zuvor erwähnt, sind Niederlagen feste Bestandteile des Lebens. Daher ergibt es gar keinen Sinn, bei Niederlagen direkt aufzugeben und an den eigenen Fähigkeiten zu zweifeln.

Sieh es lieber auf diese Weise: Mit einer anderen Methode, zu einem anderen Zeitpunkt und mit Anregungen von erfahrenen Kollegen hätte die Aufgabe bewältigt werden können. Du hast also nicht persönlich versagt, sondern eventuell lediglich den falschen Ansatz gewählt. Aus dieser Perspektive betrachtet, hast Du die jeweilige berufliche Herausforderung also fast geschafft. Das ist genau die Motivation, die Dich antreibt, es beim nächsten Mal besser zu machen.

6. Feier Deine Erfolge

Jeder noch so kleine Erfolg ist ein erreichtes Etappenziel Deiner beruflichen Karriere und bringt Dich Schritt für Schritt weiter voran. Daher solltest Du Deine Erfolge immer feiern. Dadurch zollst Du Dir Anerkennung, was sich nachhaltig positiv auf Dein Selbstbildnis auswirkt.

Wie setzt Du die Änderung Deines Mindsets in der Praxis um?

Es gibt verschiedene Möglichkeiten, wie Du Dein Mindset nachhaltig ändern kannst. Im Folgenden findest Du relevante **Praxistipps,** die sich innerhalb der jeweiligen Veränderungsprozesse als echte Booster bewährt haben:

1. **Nutze die Autosuggestion, um negative Glaubenssätze und äußere Einflüsse in Form von Zuschreibungen aus Deinem Denken zu verbannen**
   Mithilfe von autosuggestivem Training kannst Du negative Wörter und Begrifflichkeiten gezielt ausklammern und diese durch positive Formulierungen ersetzen. So wird aus dem negativ formulierten Satz „Das schaffe ich niemals" die Formulierungen „Ich will mich steigern" oder „Ich möchte mich verbessern". Aus den letzteren beiden Sätzen lässt sich eine große Zuversicht ableiten, während die erste Formulierung demotivierend wirkt und die eigenen Fähigkeiten als viel zu gering darstellt.

2. **Übung macht den Meister**
   Das gilt auch in diesem Fall. Lass Dich nicht von schlechten Erfahrungen und negativer Kritik entmutigen. Das sollte Dir mit einem Growth Mindset auch gar nicht erst passieren. Trotzdem kann sich ein Unsicherheitsgefühl breitmachen. Steht zum Beispiel eine wichtige Verkaufspräsentation an, solltest Du Deinen Vortrag schon vorher Freunden vortragen. Auch das Üben vor dem Spiegel bewirkt bisweilen wahre Wunder. Dadurch gewinnst Du an Sicherheit, da Dein Growth Mindset dieses Üben gedanklich positiv verarbeitet.

3. **Lass Dich von Persönlichkeiten und Vorbildern inspirieren**
   Gibt es eine lebende oder auch bereits verstorbene Person, deren Leistung Du bewunderst. Dann schau doch einmal in die jeweilige

Biografie. Das bringt Dir gleich 2 Vorteile. Zum einen kannst Du Dein Mindset weiter ausbauen, indem Du Dir neues Wissen aneignest und gegebenenfalls Verbindungen zu Deiner aktuellen Ist-Situation ziehst. Du inspirierst also gleichzeitig Dich selbst und Dein Mindset. Zum anderen kannst Du herausfinden, was genau diese Person so erfolgreich gemacht hat und welche Entscheidungen dazu führten. Außerdem wird Dir noch einmal eindrucksvoll aufgezeigt, dass auch später erfolgreiche Persönlichkeiten auf dem Weg dahin viele Nackenschläge und Niederlagen einstecken mussten.

Erfolgreich im Beruf – das ist jetzt Deine dringlichste Aufgabe

Neben den Ausführungen und der Mindset-Theorie von Carol Dweck verdeutlichen auch diese praxisorientierten Handlungsempfehlungen noch einmal, dass ein dynamisches und wachstumsorientiertes Mindset die Basis darstellt, um im Beruf sowie auch im Leben an sich erfolgreich durchzustarten. Ein Fixed Mindset bremst oder verhindert demgegenüber Deine Entwicklung und Dein berufliches Vorwärtskommen. Deine Aufgabe ist es, Dein Mindset entsprechend zu verändern.

5.3 WARUM SINN UND UNSINN DICHT BEIEINANDERLIEGEN: SO GIBST DU JEDER ARBEIT EINEN ECHTEN SINN

Warum, wofür und wozu arbeitest Du eigentlich? Klar, Du musst Deinen Lebensunterhalt bestreiten oder oftmals auch eine ganze Familie ernähren. Auf den Punkt gebracht: Du benötigst das Geld. Das machen alleine schon die vielen Sachzwänge im Leben, wie beispielsweise Mieten, Versicherungen und Steuern, erforderlich. Man könnte meinen, je höher das Einkommen und die finanzielle Sicherheit sind, umso glücklicher bist Du auch.

Das stimmt aber so in dieser Form nicht. Vielmehr bewegst Du Dich auf der Jagd nach Geld und anderen materiellen Werten oftmals ein Leben lang in einem Hamsterrad und schleppst Dich von Wochenende zu Wochenende. Während die einen bei der gleichen Tätigkeit sinnvolle Erfahrungen erleben, mühen sich andere tagtäglich durch die Woche. Nicht umsonst suchen daher die meisten Menschen nicht nur nach dem Sinn im Leben, sondern auch nach dem Sinn in ihrer Arbeit.

Persönliches Wachstum, Selbstverwirklichung, Individualität, Zugehörigkeit oder Persönlichkeitsentwicklung – diese Begriffe spielen allesamt entscheidende Rollen, wenn es darum geht, Sinn und Werte auch im Beruf auszuleben. Hilfestellung bei der Sinnfindung und Wertedefinition leisten Dir dabei die **Sinntheorie** des österreichischen Neurologen und Psychiaters **Viktor Frankl** sowie das **Wertemodell nach Shalom H. Schwartz.**

Das Fundament der Sinntheorie nach Frankl

Auf diesen **Säulen** basiert die **Sinntheorie nach Frankl:**

I. Die Freiheit des Willens

Das sinntheoretische Konzept von Viktor Frankl beruht auf der grundsätzlichen Annahme, dass jeder Mensch über einen freien Willen verfügt. Diese Aussage musst Du allerdings differenziert betrachten. Denn natürlich ist ein Mensch niemals frei von den jeweils situativ bestehenden Gegebenheiten und Bedingungen, die sein Leben stark mitbestimmen. Trotzdem aber ist er frei in seinen persönlichen Entscheidungen, Interpretationen und Vorgehensweisen. So hast Du die Freiheit, im Rahmen der von Dir nicht beeinflussbaren Gegebenheiten immer wieder neu zu entscheiden, welche Sicht- und Handlungsweise angebracht ist. Diese Freiheit bedingt gleichzeitig aber auch, dass jeder Mensch Verantwortung für sein Leben und dessen Gestaltung trägt.

Übereinstimmungen mit zeitgenössischen Philosophen

Viele zeitgenössische Philosophen vertreten eine ähnliche Vorstellung über die Freiheit des Willens. So bestimmt beispielsweise Susan Wolf in „Freedom within Reason“ die Freiheit des Willens dadurch, ob die jeweilige Person Fähigkeiten aufweist, ihr Handeln am Guten und Wahren auszurichten. Laut ihrer Definition strebt der wirklich freie Mensch das rational und moralisch Gebotene aus den richtigen Motiven an. Für den deutschen Philosophen und Professor Michael Plauen ist die Freiheit des Willens vor allem gleichbedeutend mit Selbstbestimmung.[122]

Demnach sind willensfreie Handlungen in erster Linie dadurch gekennzeichnet, dass sich der Mensch stets abhängig von seinen charakterlichen Merkmalen, seinen Überzeugungen und Eigenschaften für oder gegen eine bestimmte Handlung entscheidet. Das deckt sich mit Frankls Sichtweise des individuellen Sinns im Kontext mit der Freiheit des Willens.[123]

2. Der Wille zum Sinn

Jeder Mensch hat gemäß der Sinntheorie von Frankl das Bedürfnis, für sich persönlich den Sinn des Lebens zu finden. Das ist für Frankl die primäre Motivationskraft des Menschen. Dort, wo der Mensch Sinnvolles bewirken kann, zeigt sich seine Motivation am deutlichsten. Das heißt dann aber auch, dass ein Mensch nur dann wirklich glücklich ist, wenn er einen Sinn in seiner Tätigkeit und seinen Handlungen verwirklicht. Gerade im Arbeits- bzw. Berufsleben ist der Wille zum Sinn eminent wichtig.

Kommt dieser Wille zum Sinn nämlich nicht genügend zur Geltung, frustriert dies auf Dauer das eigene Sinnbedürfnis. In der Praxis entstehen durch das nicht befriedigte Sinnbedürfnis oftmals bedrückende Gefühle der Sinn- und Orientierungslosigkeit.[124] Äußern kann sich dies in Form von Verzweiflung,

---

122 Wolf, S. (1994): Freedom within Reason. Oxford: Oxford University Press

123 Reitinger, C. (2017): Zur Anthropologie von Logotherapie und Existenzanalyse – Viktor Frankl und Alfried Längle im philosophischen Vergleich, S. 100. Wiesbaden: Springer Fachmedien

124 Frankl, V. E. (2009): Ärztliche Seelsorge – Grundlagen der Logotherapie und Existenzanalyse, S. 90 f. München: Deutscher Taschenbuch Verlag

Depressionen, Suchtverhalten, Aggressionen oder sogar Lebensmüdigkeit. Das macht die Bedeutung des Willens zum Sinn und die damit einhergehende Befriedigung des Sinnbedürfnisses deutlich.

3. Der Sinn des Lebens

Wenn Du verschiedene Personen nach dem Sinn des Lebens fragst, erhältst Du in der Regel unterschiedliche Antworten, bisweilen auch nur ein Achselzucken. In der Tat lässt sich der Sinn des Lebens nicht ergründen. Sinn kann aber auch nicht einfach nur verordnet werden, sondern lediglich von jedem Menschen gefunden werden.

Frankls Grundüberzeugung zu diesem Thema hat sich gerade in der Logotherapie etabliert und bewährt. Demnach besitzt jedes Menschenleben einen grundsätzlichen und nicht an Bedingungen geknüpften Wert, der zu keiner Zeit und unter keinen Umständen verloren gehen darf. Dies kann jede Person gewährleisten, wenn jeder die zur Lebens- oder Arbeitssituation passenden Sinnmöglichkeiten in sich entdeckt und tatsächlich auch verwirklicht. Frankl fokussiert sich hier auf **3 Wege zur Sinnerfüllung:**

- Das **schöpferische Gestalten und Handeln** mit dem Ziel, die schöpferischen Werte zu verwirklichen.

- Das **gezielte Erleben von Situationen im Leben und von der Schönheit der Natur** sowie Kunst in Kombination mit der Hingabe an die eigenen Ideen, besondere Anforderungen, eine Aufgabe oder auch andere Menschen (Liebeserfahrungen etc.), mit dem Ziel, Erlebniswerte zu verwirklichen.

- Die **würdevolle Haltung und Einstellung** gegenüber zum Beispiel Schicksalsschlägen, Verlusten und unabänderlichem Leid, mit dem Ziel, die eigenen Einstellungswerte zu verwirklichen.

3 Hauptstraßen zum Sinn und damit zum persönlichen Glück

Laut Frankl gibt es insgesamt **3 Hauptstraßen zum Sinn.** Diese 3 Hauptstraßen skizziert er im Rahmen von **unterschiedlichen Wertkategorien.** Die jeweilige Situation und die entsprechenden Vorkommnisse im Leben stellen die entscheidenden Faktoren dar, welche Wertkategorien aktiviert und verwirklicht werden können. Es existiert dabei kein festes Schema bezüglich der Vorgehensweise. Vielmehr kann es sich stündlich oder teilweise sogar minütlich aufgrund der jeweiligen Situation ändern, welche Wertegruppe gefragt ist.

Zwischen diesen **3 Wertegruppen** musst Du unterscheiden:

1. Schöpferische Werte

Werte dieser Art lassen sich verwirklichen, indem Du an berufliche Aufgabenstellungen aktiv herangehst und etwas gestaltest und schaffst. Deine Aktivität steht dabei im Fokus. Es ist dabei nicht entscheidend, was getan wird, sondern wie Du die Sache angehst. Frankl findet in seinem Buch „Ärztliche Seelsorge - Grundlagen der Logotherapie und Existenzanalyse" hierfür einen passenden Vergleich:
Demnach kann ein einfacher, aber in einem hohen Maß engagierter Mensch im Endeffekt viel „größer" sein als ein weltweit angesehener Staatsmann. Das passiert laut Viktor Frankl immer dann, wenn beispielsweise ein Industriearbeiter seine Aufgaben vollkommen erfüllt; und das völlig unabhängig davon, ob es sich um simple oder bedeutende Aufgaben handelt. Erledigt ein international renommierter Staatsmann seine Aufgaben demgegenüber ohne die erforderliche Gewissenhaftigkeit und Achtsamkeit, wird er niemals die „Größe" des Industriearbeiters erreichen.

Schöpferische Werte haben also nur bedingt etwas mit dem Stellenwert einer Tätigkeit zu tun, sondern vor allem mit dem Umstand, wie Du etwas tust.[125]

2. Erlebniswerte

Schöpferische Werte setzen grundsätzlich ein aktives Handeln voraus. Im Gegensatz dazu werden die Erlebniswerte als zweite Hauptstraße zum Sinn ausschließlich durch das bewusste Erleben und Aufnehmen von Situationen und Handlungen verwirklicht.

Ein typisches Beispiel hierfür stellt die Liebe und Zuneigung zu einer anderen Person dar. Aber auch die Schönheit in jeglicher Form, wie zum Beispiel die Kunst oder die Natur in ihrer ganzen Vielfältigkeit, und Ereignisse bei der Arbeit sind Gegenstand der Erlebniswerte.

Diesen Erlebniswerten kommt in Frankls Sinntheorie eine sehr große Bedeutung zu. Auch in diesem Fall verdeutlicht er die den Erlebniswerten zugrunde liegenden Gedanken durch ein Beispiel. Frankl beschreibt diesbezüglich, wie ein Mensch mit einer großen Leidenschaft für die Musik in einem Konzertsaal sitzt und den schönsten Klängen seiner Lieblingssinfonie ergriffen lauscht. Dieses Bild im Kopf stellt Frankl die Frage, ob das Leben des Musik-Liebhabers sinnvoll ist. Für Frankl gibt es darauf nur eine Antwort: Nur um diesen einen Augenblick in dem Konzertsaal zu erleben, hätte es sich gelohnt, zu leben.[126]

Welche Sinnmöglichkeiten ergeben sich für Dich im Rahmen der Erlebniswerte?

Diese zweite Hauptstraße führt grundsätzlich zum sozialen Erleben und zur Sinnfindung durch ein soziales Miteinander. Dies kannst Du als den Ausdruck Deiner Persönlichkeit in Kombination mit einem sozialen Für- und Miteinander und sozialgebundenen Erlebniswerten an sich interpretieren.

---

125 Frankl, V. E. (2009): Ärztliche Seelsorge – Grundlagen der Logotherapie und Existenzanalyse, S. 91. München: Deutscher Taschenbuch Verlag
126 a. a. O., S. 92

Um die entsprechenden Sinnmöglichkeiten zu nutzen, solltest Du Deine Handlungen auf bestimmte Aktivitäten und Vorgehensweisen ausrichten. Helmut Graf hat diese in Bezug auf das Verhalten im Arbeitsleben transparent:[127]

- Aktives Ausleben der Sozialkompetenz sowie der Kollegialität (zum Wohle anderer Menschen wirken)
- Begegnungen forcieren und soziale Kontakte pflegen
- Offene Kommunikation mit dem sozialen Umfeld
- Mehrwertige und befriedigende Interaktion mit Kollegen und Vorgesetzten
- Einflussnahme auf die psychosoziale Gestaltung des Arbeitsumfelds
- Mitbestimmung bei der sozialen Arbeitsplatzgestaltung, Projektgestaltung und Teamgestaltung
- Hinterfragen von bestimmten Verhaltensweisen seitens der Vorgesetzten und Kollegen
- Gezieltes Erleben von Solidarität, Geduld, Ruhe, Gelassenheit, Zuneigung, aktivem Zuhören, Mitempfinden und Hilfsbereitschaft
- Ausleben von authentischen Rollenbildern und Rollenerwartungen
- Ausschließlich adäquate und vor allem lebbare Verantwortung übernehmen

127 Graf, H. (2007): Die kollektiven Neurosen im Management: Viktor E. Frankl – Wege aus der Sinnkrise in der Chefetage, S. 93. Wien: Linde Verlage

Erlebniswerte stehen für Freude und Dankbarkeit

Im Grunde genommen sind es die Erlebniswerte, durch die ein Mensch erst richtig spürt, wie lohnenswert das Leben ist. Dabei haben Erlebniswerte auch mitunter eine Genuss-Komponente. Du folgst quasi der Freude, wobei es vor allem darum geht, anderen eine Freude zu machen. Denn genau darauf basiert Frankls Theorie zur Sinnfindung. Hauptsache ist, dass Dich die jeweilige Aktivität auch wirklich mit Freude sowie Dankbarkeit erfüllt. In einem authentischen Leben haben Erlebniswerte immer einen festen Platz. Daher solltest Du Dein Leben schöpferisch in der Form umgestalten, dass Du möglichst zahlreiche und vielfältige Erlebniswerte darin unterbringst.

3. Einstellungswerte

Die dritte Wertekategorie kommt insbesondere dann zum Tragen, wenn Du durch besondere Erlebnisse und schöpferische Tätigkeiten den Sinn im Leben nicht erlangst bzw. findest. In diesem Fall werden dann die Einstellungswerte verwirklicht. Das bedeutet laut Viktor Frankl, dass Du Dich Deinen Defiziten, Schicksalsschlägen und sonstigen Einschränkungen offen gegenüberstellst und in Deinen Leiden und Deinen Misserfolgen neue Tapferkeit findest und Deine Würde trotz Deines Scheiterns behältst. Als Quintessenz daraus lässt sich ableiten, dass das Leben offensichtlich in jeder Situation Sinnmöglichkeiten bieten kann.[128] Mit anderen Worten formuliert bedeutet das: Durch eine Veränderung Deiner Einstellung kann Dir die Sinnfindung gelingen.

Mache Dir Gedanken zum Sinn und zur Sinnfindung

Wenn Du bei Deinem Schaffen **im Beruf Sinn finden** möchtest, kannst Du die **3 Wertekategorien mit gezielter Selbst-Transzendenz verknüpfen.** Letztere lässt sich genau durch den Umstand definieren, dass jeder Mensch erst dann wirklich zu einem Menschen wird, sobald er

128 Frankl, V. E. (2009): Ärztliche Seelsorge – Grundlagen der Logotherapie und Existenzanalyse, S. 93. München: Deutscher Taschenbuch Verlag

sich einem anderen Menschen oder einer Sache hingibt und aus sich heraustritt. Es geht also um das Wirken an etwas Wichtigem, bestenfalls etwas Einzigartigem, was nicht für Dich selbst ist.

Beispiele für die Verbindung der Wertekategorien und Selbst-Transzendenz

Jeder einzelnen Wertekategorie nach Viktor Frankl können spezifische Ereignisse bzw. Handlungsweisen zugeordnet werden. Um die Selbst-Transzendenz zu vollziehen, ist als innere Voraussetzung eine klare Selbstdistanzierung erforderlich. Gleichzeitig benötigst Du als äußeren Referenzpunkt bestimmte Werte und Reize, um einen Orientierung gebenden Sinn-Zusammenhang herzustellen. Eine solche intentionale Veranlagung forciert Dein Vermögen zur Begegnung und zum Dialog.

So schaffst Du **kategoriespezifische Verbindungen:**

1. Verknüpfung mit den schöpferischen Werten

- erfolgreich umgesetzte bzw. abgeschlossene Projekte und Produkt-Verkäufe (den ewigen Kreislauf der Konzepterstellung mit ständigen Abbrüchen und Restarts durchbrechen)
- einen entscheidenden Beitrag zum großen Ganzen leisten (kleine, zusammenhanglose Tätigkeiten als Gegenpart)
- eigene Ideen umsetzen und nicht lediglich Vorgaben von Vorgesetzten ausführen

2. Verknüpfung mit den Erlebniswerten

- real spüren, in einem wirklichen Team eingebunden zu sein

- erleben, im Beruf auch als Individuum mit Bedürfnissen wahrgenommen und entsprechend behandelt zu werden

- spontan Erfolge mit dem Team gemeinsam feiern und erleben (anstelle von künstlich aufgeblasenen Events in Form von Teambuilding-Maßnahmen)

- spüren, dass Vertrauen in Dich und in Deine Fähigkeiten gesetzt wird (wichtig ist dabei, dass Du gleichzeitig gefordert wirst)

- erleben, dass Dir andere Personen mehr zutrauen als Du Dir selbst

3. Verknüpfung mit den Einstellungswerten

- ehrlich und transparent vermittelt bekommen, warum etwas unabänderlich ist oder welche Folgen eine Entscheidung für das Unternehmen bzw. die Organisation hat (kein Vorschieben von Ausreden)

- Entscheidungen in der Form erläutert bekommen, dass der Sinn der jeweiligen Entscheidung deutlich wird

- individuelle Erläuterungen auch bei schlechten Nachrichten erhalten (zum Beispiel die eigene Kündigung)

Sinn finden in der Arbeit – so funktioniert es

Aufbauend auf der Sinntheorie von Frankl haben sich im Laufe der Zeit Vorgehensweisen herauskristallisiert, anhand derer Du den Wert und Sinn Deiner beruflichen Tätigkeit erkennen kannst. Besonders relevant sind dabei die folgenden 6 Verhaltensweisen:

1. Deine Arbeit mit den eigenen Idealen verbinden

Versuche im Sinne von Frankls Sinntheorie Deine berufliche Tätigkeit als einen persönlichen Beitrag im Rahmen eines übergeordneten, größeren Zwecks zu betrachten. Welchen Einfluss hat Deine Arbeit, möglicherweise auch außerhalb Deines Arbeitgebers? Mache Dir klar, wie wertvoll Deine Tätigkeit und die damit verbundenen Handlungen sind.

2. Bedeutsame Momente erkennen und bewusst erleben

Identifiziere genau die Bereiche und Zeitpunkte Deiner Arbeit, die Dir persönlich etwas bedeuten und die Dich sowohl erfüllen als auch ausfüllen. Du solltest Dich dabei auf die schönen und bedeutsamen Momente konzentrieren und diese bewusst auskosten. Das stellt einen wesentlichen Schritt in Richtung Sinnfindung dar. Außerdem werden dadurch auch die unangenehmen Tätigkeiten erträglicher.

3. Das „Warum“ in Deine Denkweise integrieren

Selbstreflexion ist ganz wichtig im Hinblick auf die Sinnfindung. Hinterfrage das „Warum“ Deiner beruflichen Tätigkeit und Karriere. Finde heraus, was Dich tatsächlich motiviert. Wenn Du verstehst, was Dich antreibt, fällt es Dir weitaus leichter, Deine Tätigkeit als sinnvoll zu betrachten und auch persönlich zu empfinden.

4. Rücke Dein eigenes „Ich“ nicht in den Fokus

Natürlich ist es wichtig, wie Du Dich persönlich fühlst. Die Sinnfindung funktioniert aber besser, wenn Du das Gefühl heraufbeschwörst, mit Deinem Engagement gute Arbeit zu leisten und Deinen Kollegen und auch anderen Mitmenschen hilfreich zur Seite zu stehen. Die entsprechende Hingabe gibt Deinen Aufgaben und Deinen Handlungen den erforderlichen Sinn.

5. Unterschiedliche Abschnitte in Deinem Leben verstehen und akzeptieren

Jeder Berufsweg ist anders getaktet. Passe Dich der jeweiligen Geschwindigkeit an. Setzt Du Dir unrealistische Ziele oder willst Du zu schnell zu viel erreichen, ist der Frust groß, wenn es nicht wie gewünscht klappt. Dadurch werden der Sinn Deiner Tätigkeit und Deiner Handlungen infrage gestellt. Nutze die Zeit lieber, um Erfahrungen zu sammeln. Daraus resultiert eine berufliche Weiterentwicklung, die wiederum bei der Sinnfindung eine positive Rolle einnimmt.

6. Nicht alleine auf Deine Arbeit fokussieren

Selbst wenn Du den Sinn in Deiner Arbeit für Dich persönlich schon gefunden hast, solltest Du Deine berufliche Tätigkeit nicht zum alleinigen Mittelpunkt Deines Daseins machen. Auf Dauer sorgt das für Unzufriedenheit, was dann schnell wieder in der Frage nach dem Sinn endet. Neben der Arbeit gibt es noch viele weitere Lebensbereiche, die Dein Engagement benötigen. Du solltest Dir diesbezüglich immer vor Augen halten: Es existiert kein Einkommensniveau, bei dem der Mensch nicht zwingend Sinn benötigt.

Diese Fragen solltest Du für Dich persönlich beantworten

Im Rahmen der Sinnfindung bei der Arbeit bzw. im Beruf rücken vor allem **3 Faktoren** in den Fokus: **Zugehörigkeit, Bedeutung sowie Verwirklichung.** Ob als Berufseinsteiger oder erfahren im Arbeitsleben – aus diesen Faktoren kannst Du die für das Thema Sinn relevantesten Fragen ableiten.

- Was benötigst Du, damit Du Dich (zu einer Gemeinschaft, einem Team oder auch einem Projekt) zugehörig fühlst?

- Was benötigst Du, damit Deine berufliche Tätigkeit für Dich persönlich eine hohe Bedeutung hat?

- Was benötigst Du, damit Du Dich selbst verwirklichen kannst?

Die Beantwortung dieser Fragen können sehr individuell ausfallen. Es kommt immer auch auf den jeweiligen Charakter an. Einige Menschen brauchen jeden Tag bei der Arbeit Kontakt zu anderen Mitarbeitern, um sich überhaupt zugehörig zu fühlen. Andere kommen hervorragend damit klar, 4 Tage im Homeoffice zu arbeiten und lediglich einmal in der Arbeitswoche die Kollegen zu sehen.

Die Selbstverwirklichung solltest Du als Kür begreifen

Ebenso wie die Frage nach der Zugehörigkeit entsteht auch die Bedeutung für jeden Menschen durch andere Faktoren. Das Einkommen bleibt dabei stets außen vor. Darum geht es nicht. Denn ein hohes Einkommen ist nicht gleichbedeutend mit einem wirklichen Sinn Deiner Tätigkeit. Ein hohes Einkommen übertüncht lediglich kurzfristig die Sinnfrage. Denn mangelt es im Job an Werten, führt dies unweigerlich wieder zu der Frage nach dem Sinn Deiner Tätigkeit. Ob Du Produkte entwickelst, Umsatzentscheidungen triffst, Büroräume reinigst oder mit Deiner Arbeit die Welt ein kleines Stück verbesserst – geht es um die Sinnfindung, stehen die beruflichen Tätigkeiten allesamt auf einer Stufe.

Das Thema Selbstverwirklichung gilt im Allgemeinen als die Königsdisziplin bei der Sinnfrage. Entscheidend sind hierbei in erster Linie Deine eigenen Bedürfnisse und Vorlieben. Einigen Menschen ist beispielsweise eine kreative Arbeit wichtig, für andere Beschäftigte besitzt die Autonomie einen sehr hohen Stellenwert. Wie auch Frankl in seinen Büchern und Schriften immer wieder betont, liegt hier die Verantwortung bei Dir, Deine Bedürfnisse und damit die Sinnfindung zu verwirklichen.

Auch die Werte von Schwartz bringen Dir Vorteile im Leben und im Job

Neben der Sinnfindung als Mittelpunkt menschlichen Handels spielen auch Werte eine entscheidende Rolle zur Weiterentwicklung und Selbstverwirklichung. Besonders interessant sind diesbezüglich das vom Psychologen Shalom Schwartz aufgestellte Wertemodell. Dieses beschreibt, was für den jeweiligen Menschen grundlegend bedeutend ist. Dabei bilden die einzelnen Werte im Verbund einen **wesentlichen Teil der eigenen Identität** ab.

Anfangs bestand das Wertemodell von Schwartz aus insgesamt 10 Wertetypen, die sich auf 2 Hauptdimensionen verteilten. Nach einer Überarbeitung des Wertesystems Anfang der 1990er Jahre besteht das Werte-Schema aus **19 Werten** mit entsprechenden Ober- und Unterkategorien. Auf Basis dieses Wertemodells helfen Dir explizit zusammengestellte Fragebogen, Deine eigenen Werte und Wertvorstellungen zu identifizieren. Hierzu musst Du zum Beispiel anhand der Beschreibung einer Person festlegen, wie ähnlich Du der beschriebenen Person bist. Wie groß die jeweilige Ähnlichkeit ist, wird dabei im Rahmen einer sechsstufigen Schätzskala angegeben. Die Liste ergibt am Ende einen **Kreis,** bei dem der Wert Nummer 19 an den Wert Nummer 1 anschließt.[129]

---

129 Schwartz et al. (2012): Refining the theory of basic individual values, S. 687. In: Journal of Personality and Social Psychology, Vol. 103 (4), S. 663-688

Abbildung 2: Wertemodell nach Schwartz[130]

130 Eigene Darstellung in Anlehnung an Schwartz et al. (2012): Refining the theory of basic individual values, S. 687. In: Journal of Personality and Social Psychology, Vol. 103 (4), S. 663-688

Auf diese Weise machst Du Deine Werte und Wertvorstellungen transparent

Das Wertemodell von Schwartz stellt damit eine sehr gute Lösung dar, um Dich selbst besser kennenzulernen und Dein eigenes Wertesystem offenzulegen. Sofern Du die richtigen Fragen stellst und beantwortest, ist dies ein wesentlicher Schritt in Richtung Sinnfindung und persönliche Weiterentwicklung im Job sowie im Leben an sich. Nach folgendem Schema kannst Du dabei vorgehen:[131]

1. Wert: Selbstbestimmtes Denken (self-direction – thought)

Hier steht die Förderung der eigenen Gedanken und Fähigkeiten im Vordergrund. Gerade beruflich funktioniert dieser Wert als Booster.
Die passende Fragestellung: Wie wichtig sind für Dich eine eigene Meinung und ungewöhnliche Ideen?

2. Wert: Selbstbestimmtes Handeln (self-direction – action)

Im Job kommt es auf Handlungs- und Reaktionsschnelligkeit sowie autarke Entscheidungen an. Viele wünschen sich dabei ein selbstbestimmtes Handeln.
Die hierzu passende Frage: Wie wichtig ist es für Dich, das eigene Handeln unabhängig von anderen zu bestimmen? Dies gibt Aufschluss über Deine Team- und Führungsfähigkeit oder auch über Deine Karriereambitionen.

3. Wert: Anregung (stimulation)

Möchtest Du bei Deiner Tätigkeit über den Tellerrand hinausgucken, um neue Dinge zu entdecken, zusätzliche Erfahrungen zu sammeln und neue Herausforderungen anzugehen? Dafür benötigst Du Eigenmotivation, die anregend wirkt.

---

131 a. a. O.

Mögliche Fragestellung: Wie wichtig ist es für Dich, möglichst viele neue Erfahrungen zu sammeln und die eigene Expertise zu vergrößern?

4. Wert: Hedonismus (hedonism)

Bist Du auf Vergnügen, Sinnesfreuden und die Sonnenseite des Lebens aus? Dann passt der Wert Genussstreben zu Dir.
Frage: Wie wichtig ist es Dir, die schönen Seiten des Lebens zu genießen?

5. Wert: Leistung (achievement)

Du möchtest Dich aus der Masse abheben und eine steile Karriere hinlegen? Dafür musst Du vom Charakter her erfolgsstrebend sein.
Explizite Fragestellung: Wie wichtig ist es für Dich, sehr erfolgreich zu sein?

6. Wert: Dominanz (power – dominance)

Strebst Du beruflich und im Leben nach Macht, um andere Menschen damit gezielt zu steuern? Dominanz und Autorität werden durch den Wert Vormachtstellung skizziert.
Fragestellung: Wie wichtig ist es für Dich, dass Du der Einzige bist, der anderen vorschreibt, was sie zu tun haben?

7. Wert: Ressourcenkontrolle (power – resources)

Dieser Wert steht für das Machtstreben, immer mehr Finanz- und Sachmittel anzuhäufen. Daher die Fragestellung: Wie wichtig ist Dir das Gefühl von Macht durch Geld bzw. Reichtum?

8. Wert: Ansehen (face)

Wie weit gehst Du, um es zu verhindern, dass Du bloßgestellt wirst? Wie bedeutend ist für Dich ein gutes Image? Deine Identität in Bezug auf Dein Image und Ansehen beschreibt diesbezüglich der achte Wert.
Mögliche Frage: Ist es Dir wichtig, Dein Image zu pflegen und zu schützen?

9. Wert: Persönliche Sicherheit (security – personal)

Besteht in Deiner unmittelbaren Umgebung und auch an Deinem Arbeitsplatz ein erhöhtes Sicherheitsverlangen? Im Grunde genommen sagt dieser Wert etwas darüber aus, wie ängstlich Du bist.
Frage: Wie wichtig ist für Dich ein sicheres Umfeld?

10. Wert: Gesellschaftliche Sicherheit (security – societal)

Achtest Du nur auf Dich und Dein direktes Umfeld? Oder bist Du auch innerhalb der gesamten Gesellschaft auf Sicherheit und Beständigkeit aus?
Fragestellung: Würdest Du Dein Land vor allen Bedrohungen schützen?

11. Tradition (tradition)

Welche Sitten und Gebräuche hast Du von Deinen Eltern, den Erziehern und dem Umfeld, in dem Du aufgewachsen bist, übernommen? Wieweit ist Dein Alltagsleben bestimmt von Deinen Wurzeln, der Religion und Kultur, denen Du angehörst? In welchem Maße Du die Traditionen Deiner kulturellen und religiösen Ursprünge bzw. Deiner Herkunftsfamilie weiterführst, definiert der 11. Wert „Tradition".
Mögliche Frage: Ist es Dir wichtig, überlieferte Gebräuche und Glaubensüberzeugungen, die Du in der Kindheit kennengelernt und praktiziert hast, zu übernehmen und zu pflegen?

12. Angepasstheit in Hinblick auf die Einhaltung von Regeln (conformity – rules)

Ist Dir das Beachten von Vorschriften prinzipiell wichtig? In welchem Umfang lebst Du regelkonform? Ob Du herrschende Vorschriften und Regeln grundsätzlich beachtest oder Dich nur unter bestimmten Umständen anpasst, darüber gibt der 12. Wert „Angepasstheit in Hinblick auf die Einhaltung von Regeln" Aufschluss.

Mögliche Frage: Welchen Wert legst Du darauf, Anordnungen und Regeln immer zu beachten, um an die herrschenden Normen angepasst zu erscheinen?

13. Angepasstheit gegenüber anderen (conformity – interpersonal)

Welchen Wert legst Du darauf, bei niemandem anzuecken? Wieweit wärst Du bereit, mit Deinen eigenen Bedürfnissen und Überzeugungen zurückzustecken, um andere Menschen nicht zu verstimmen? Der 13. Wert „Angepasstheit gegenüber anderen" gibt Dir Aufschluss, wo Du Dich auf der Skala zwischen angepasstem „Opportunist" und notorischem „Querkopf" wiederfindest.
Mögliche Frage: Ist es Dir vorrangig wichtig, in Harmonie mit anderen zu sein und nicht zum Stein des Anstoßes für einen Menschen oder eine Gruppe zu werden?

14. Bescheidenheit/Demut (humility)

Wie sehr bist Du bereit, auch einmal zurückzutreten, damit andere ihr Licht leuchten lassen können? Vertrittst Du die Überzeugung, dass Deine Leistungen und Erfolge erst möglich werden durch die Unterstützung Deiner Mitmenschen, und das erfüllt Dich mit Demut und Dankbarkeit? Ob Du jemand bist, der auch dann tiefe Zufriedenheit spürt, wenn er sich zurücknimmt und sich in Genügsamkeit übt, offenbart Dir der 14. Wert „Bescheidenheit".
Mögliche Frage: Wie tief bist Du von dem Bewusstsein durchdrungen, dass Du selbst dann keine Einbuße erleidest, wenn Du auf Anerkennung verzichtest und Dich nicht in den Vordergrund drängst?

15. Fürsorge/Hingabe (benevolence – caring)

Wie verantwortlich fühlst Du Dich für das Wohlbefinden Dir nahestehender Menschen? Welchen Stellenwert nimmt das Umhegen anderer in Deinem Leben ein? Dein Selbstverständnis hinsichtlich Deiner

Zuständigkeit für das Wohlbehagen Deiner Lieben und anderer Leute in Deiner Umgebung beschreibt der 15. Wert „Fürsorge".
Mögliche Frage: Ist es Dir ein großes Anliegen, Dich um die Menschen in Deinem Umfeld zu kümmern und sie zu umsorgen?

16. Zuverlässigkeit/Verlässlichkeit (benevolence – dependability)

Welches Gewicht legst Du darauf, dass Dir nahestehende Menschen, Dein Team oder Deine Clique jederzeit auf Dich bauen können? Wie viel Anstrengung nimmst Du auf Dich, um absolut vertrauenswürdig und zuverlässig zu agieren? Dein Verständnis von Verlässlichkeit erläutert der 16. Wert.
Mögliche Frage: Inwieweit ist es für Dich eine Ehrensache, stets hundertprozentige Verlässlichkeit und Vertrauenswürdigkeit zu beweisen?

17. Gesellschaftliche Belange (universalism – concern)

Welchen Raum nimmt das Gefühl in Deiner Seele ein, kein volles Anrecht auf den Genuss eines glücklichen Lebens zu haben, solange vielen Menschen oder Gruppierungen die Möglichkeit dazu verwehrt bleibt? Wie essentiell ist es für Dich, daraufhin zu wirken, dass mehr Gerechtigkeit und Chancengleichheit unter den Menschen einkehren? Dein Verantwortungsbewusstsein hinsichtlich der Gesamtgesellschaft, in der Du lebst, bestimmt der 17. Wert „Gesellschaftliche Belange".
Mögliche Frage: Ist es Dir wichtig, auf eine Gesellschaft hinzuarbeiten, in der jeder Bürger die ihm nötige Hilfe erhalten kann, und wo nicht nur theoretisch, sondern in der Praxis gleiches Recht für alle herrscht?

18. Naturschutz (universalism – nature)

Welchen Einsatz bist Du bereit zu leisten, um die biologische Vielfalt von Tieren und Pflanzen, die Natur und das Klima auf unserem Planeten zu schützen? Wie besorgt bist Du wegen der zunehmenden Zerstörung der Natur? Der 18. Wert „Naturschutz" belegt den Grad Deiner Verbundenheit mit der Natur und Deine Bereitschaft, Dich dafür zu engagieren.

Mögliche Frage: Ist es für Dich selbstverständlich, einen Beitrag zum Erhalt unserer natürlichen Lebensgrundlagen zu leisten?

19. Toleranz/Andersartigkeit anerkennen (universalism – tolerance)

Wie gehst Du mit Menschen um, mit denen Du Dich nicht identifizieren kannst? Kannst Du auch Menschen respektieren, deren Verhalten Du nicht verstehst und die grundverschieden von Dir sind? Deinen Spielraum, von Deinen Vorstellungen abweichende Lebenshaltungen anderer Menschen zu akzeptieren, beschreibt der 19. Wert „Toleranz". Mögliche Frage: Ist es Dir wichtig, über den eigenen Tellerrand zu schauen und andersartigen Menschen und Lebensweisen Achtung entgegenzubringen?

Frankl und Schwartz – 2 entscheidende Begleiter auf dem Weg zur Sinnfindung

Eingeteilt sind die einzelnen Werte je nach thematischem Inhalt in die Wertedimensionen Wachstum, Gemeinschaft bzw. Gemeinschaftsbezug, Selbstbezug und Veränderung. Anhand der über das Wertemodell von Schwartz ermittelten Wertvorstellungen definierst Du auf diese Weise Deine eigene Identität bzw. Persönlichkeit. Bei der Sinnfindung kannst Du dadurch viel strukturierter vorgehen.

Dies gilt sowohl für das Leben an sich als auch für das Arbeitsleben und Deine berufliche Karriere. Da Du dank des Wertemodells von Schwartz Deine persönlichen Vorlieben und Deine wirkliche Intention bewusst erkennst, kannst Du Dich bei der Suche nach dem Sinn genau auf die für Deine Selbstverwirklichung und für eine sinnvolle bzw. sinnergebende Arbeit entscheidenden Punkte fokussieren. Denn so agierst Du genau in der Form, wie Du es wirklich möchtest und wie Du tatsächlich glücklich wirst.

5.4 NICHTS GESCHIEHT OHNE GRUND – WEINERS ATTRIBUTIONSTHEORIE VON ERFOLG UND MISSERFOLG IM BERUF CLEVER NUTZEN

„Dass Sie den Geschäftsabschluss unter Dach und Fach gebracht haben, war nichts als Zufall."

„Kein Wunder, dass ich das nicht hinbekommen habe – die Aufgabe war viel zu schwierig."

„Ich bin richtig stolz auf mich – dank meiner Überstunden im Home-Office habe ich das Projekt doch noch fertigbekommen und dabei habe ich sogar noch die Erwartungen des Kunden übertroffen."

Das alles sind typische Beispiele dafür, welchen Ursachen Menschen ihre Erfolge und Fehlschläge im Berufsleben zuschreiben. Wir Menschen wissen einfach: **Nichts geschieht ohne Grund.**

Genau diesen Grundsatz kannst auch Du Dir im Berufsleben zunutze machen, um Deine Ziele zu erreichen, nicht an Misserfolgen zu zerbrechen, aber auch bei Erfolgen nicht die Bodenhaftung zu verlieren. Erfahre, wie es funktioniert und wie Du das Prinzip in der Praxis sowohl in der Rolle des Mitarbeiters als auch der Führungskraft bzw. des Selbstständigen umsetzt.

Spurensuche im Spiel von Erfolg und Misserfolg

„Mal gewinnt man, mal verliert man." Erfolg und Misserfolg sind unsere stetigen Begleiter, denn auch wenn es uns vielerorts suggeriert wird, gibt es niemanden, der ewig nur auf der Gewinnerstraße unterwegs ist. Aber auch der Mythos vom ewigen Verlierer ist nichts weiter als ein Mythos. Das gilt im privaten Kontext ebenso wie im Berufsleben.

Der Umgang mit Erfolgen und Misserfolgen ist dabei eine höchst emotionale Angelegenheit. Der ständige Vergleichsdruck, der im Digitalzeitalter verstärkt durch das Internet und insbesondere durch die sozialen Medien erzeugt wird, macht die Gemengelage für Dich nicht unbedingt einfacher. **Für uns Menschen ist es natürlich, nach Zusammenhängen zwischen Handeln und Erfolg zu suchen.**

Im Berufsleben ist diese Eigenschaft einerseits belastend, andererseits jedoch enorm förderlich. Immerhin kannst Du nur dann aus einem Misserfolg lernen und ihn in einen Erfolg ummünzen, wenn Du die Ursache-Wirkungszusammenhänge kennst. In der Psychologie spricht man auch von der sogenannten Attribution. Etliche Wissenschaftler haben dazu in der Vergangenheit bereits Theorien (Attributionstheorien) aufgestellt.

Diese versuchen sich in der Erklärung, wie Menschen als Individuen Informationen nutzen, um Zusammenhänge zu erklären und dementsprechend zu handeln. Was das mit Dir zu tun hat?
Ganz einfach: Wenn Du das Prinzip dahinter verstehst, kannst Du es zu Deinem persönlichen Vorteil nutzen. Um etwa Misserfolge im Berufsleben gezielt zu analysieren und rational zu verarbeiten. Auf der anderen Seite kannst Du die **Wahrscheinlichkeit für das Eintreten beruflicher Erfolge steigern** oder Kollegen und Mitarbeitern dabei helfen, selbst Erfolge wahrzunehmen.

Dass beides nicht nur förderlich für den persönlichen Berufserfolg und die eigene Zufriedenheit ist, sondern auch übergeordneten Zielen wie dem Betriebserfolg und dem Arbeitsklima nützt, liegt auf der Hand. Ein im privaten wie beruflichen Kontext in Bezug auf die Leistungsmotivation besonders nützlicher geistiger Werkzeugkasten ist die **Attributionstheorie nach Weiner.**

Was ist eine Attribution und wer ist überhaupt dieser Weiner?

Zugegebenermaßen handelt es sich bei Attributionstheorien um vergleichsweise schwere Kost, die erst einmal alltagstauglich verdaut werden muss. Nur mit diesem Verständnis kannst Du die Theorie auch in der Praxis umsetzen.

Beginnen wir beim Begriff der Attribution. Dieser stammt aus dem Lateinischen und bedeutet so viel wie „zuweisen“ bzw. „Zuweisung“. Bei der Attribution handelt es sich um eine Begrifflichkeit, die bereits im Jahr 1958 von dem aus Österreich stammenden Psychologen Fritz Heider in seinem Werk „The psychology of interpersonal relations“ definiert wurde.[132]

Vereinfacht gesagt handelt es sich dabei um subjektive Annahmen, die Du darüber anstellst, warum ein bestimmtes Ereignis eingetreten ist oder warum eine andere Person auf eine bestimmte Weise gehandelt hat. Die darauf aufbauenden Attributionstheorien befassen sich daher mit dem natürlichen Wunsch des Menschen, jedem wahrgenommenen Ereignis eine rationale Ursache zuzuschreiben.

Welches Feld wäre hier spannender als **Leistungsmotivation im Kontext von Erfolgen und Misserfolgen im Beruf?** Das dachte sich der US-amerikanische Psychologe Bernard Weiner und baute u. a. auf die Forschungsergebnisse von Heider auf. So stellte er im Jahr 1972 das als „Weiners Attributionstheorie“ bekannte Konzept vor, das er später nochmals erweiterte.[133]

---

132 Heider, F. (2013): The Psychology of Interpersonal Relations. New York: Psychology Press
133 Weiner, B. (1972): Theories of Motivation – From Mechanism to Cognition. Chicago: Markham
Weiner, B. (1986): An Attributional Theory of Motivation and Emotion. New York: Springer

Weiners Attributionstheorie verstehen – Die Basics

Grundlegend beschäftigt sich die Attributionstheorie von Weiner mit der Leistungsattribution. Sie zeigt, nach welchen Prinzipien sich Leistungsergebnisse nach einem mehrdimensionalen Muster analysieren und erklären lassen.

Weiner war zu Lebzeiten davon überzeugt, dass die Attributionsprozesse bei uns Menschen **nicht immer bewusst stattfinden.** Sie finden vor allem dann statt, **wenn ein eingetretenes Ergebnis entweder stark negativ ist oder völlig unerwartet eintritt.** Dass er recht hat, kannst Du einmal selbst an Dir überprüfen. Dazu einige Beispiele:

Beispiel 1: Die Zwischenprüfung (I)

Während Deiner Ausbildung bist Du einer der fleißigen Azubis. Du hast nie große Mühe mit dem Lernen, der Stoff ist Dir ohne sonderlichen Aufwand präsent. So gehst Du auch völlig entspannt in Deine Zwischenprüfung. Das Ergebnis fällt äußerst erfolgreich aus – Du bist Klassenbester und wenig verwundert darüber.

Frage: Hättest Du hier nach den Ursachen für Deinen Erfolg gesucht? Wohl eher nicht.

Beispiel 2: Die Zwischenprüfung (II)

Deine beste Freundin ist im selben Ausbildungsjahrgang und hat die gleiche Zwischenprüfung geschrieben wie Du. Auch ihr fällt der Stoff leicht. Sie hat in der Regel keine Probleme und gehört ebenso wie Du zu den Klassenbesten. Sie geht ebenfalls völlig locker in die Prüfung. Doch am Rückgabetag bekommt sie für ihre Leistung lediglich die Note „befriedigend“.

Das ist freilich keine schlechte Note. In der Gewohnheit immer Top-Zensuren zu erhalten, tritt für sie jedoch völlig unerwartet ein als stark negativ wahrgenommenes Ergebnis ein. Versetze Dich in die Lage Deiner Freundin.

Würdest Du Dich auf die Suche nach der Ursache für Deinen Misserfolg machen, um daraus für die Zukunft zu lernen? Aber sicher würdest Du das! Sonst würdest Du Dich nicht mit dem Umgang mit Erfolgen und Misserfolgen im Beruf auseinandersetzen.

Die beschriebenen Beispiele lassen sich ohne Weiteres auf den Berufsalltag übertragen. An genau dieser Stelle unterscheiden sich beruflich erfolgreiche Menschen von weniger erfolgreichen Menschen. Wer etwa auch bei einem negativen Outcome nur mit den Schultern zuckt oder sich bei der Zuweisung falscher Attributionen in bequemen Ausreden übt, wird nicht vorankommen.
Eine solche bequeme und im Hinblick auf die Erklärung eines Prüfungsmisserfolgs wohl eher **falsche Attribution** wäre: **„Der Ausbilder mag mich nicht".** Um dem **wahren Ursache-Wirkungszusammenhang** auf die Spur zu kommen und daraus praxisrelevant richtige Schlüsse zu ziehen, hat Weiner ein dreidimensionales Klassifikationssystem entwickelt.

Weiners Modell einfach verstehen

Um die Ursachen für Erfolg und Misserfolg genauer einordnen zu können, ist ein Modell hilfreich. Dazu unterscheidet Weiner in seinem finalen Modell zur Attributionstheorie zwischen den **3 Dimensionen Lokalität, Stabilität und Kontrollierbarkeit.** Jede dieser Dimensionen umfasst einen eigenen Aspekt und ist wiederum in mehrere Ausprägungen unterteilt.

1. Dimension – Lokalität

Grundsätzlich beschreibt die Dimension der Lokalität die Verortung einer Ursache für Erfolg oder Misserfolg im Alltag. Hier unterscheidet Weiner zwischen der „internalen" Zuordnung und der „externalen" Zuordnung.

Nehmen wir einmal an, Du führst das Misslingen bei der Montage einer Dacheindeckung aus Naturschiefer darauf zurück, dass Du Dich zu wenig mit der Thematik beschäftigt hast. Dann handelt es sich um eine klassische „internale" Zuschreibung.

Immerhin machst Du innere Umstände (also Dich) für das Misslingen verantwortlich. Anders sieht es bei einer „externalen" Attribution der gleichen Situation aus.

Hier würdest Du einen äußeren Umstand für das Misslingen der Dacheindeckung verantwortlich machen. Hier würdest Du nicht sagen, dass Deine Fähigkeiten unzureichend sind, sondern dass die Aufgabe einfach zu schwierig war.

2. Dimension – Kontrollierbarkeit

Die zweite Dimension in Weiners Klassifikationsschema befasst verfeinert die Einteilung der inneren und äußeren Umstände weiter. Weiner unterscheidet zwischen kontrollierbaren und unkontrollierbaren Faktoren.

Um bei unserem Beispiel zu bleiben, würde die mangelnde Beschäftigung mit der Technik der Dacheindeckung mit Naturschiefer auf eine „internale-kontrollierbare" Ursache zurückgehen.

Du hast es schließlich selbst unter Kontrolle, ob Du Dich näher mit dem Erlernen dieser Handwerkstechnik beschäftigst oder nicht. Die Schwierigkeit der Aufgabe dagegen fällt für Dich in den Bereich der „externalen-unkontrollierbaren" Ursachen für den Misserfolg.

Deiner Ansicht nach liegt die Ursache schließlich nicht an Deinem Können, sondern an der Schwierigkeit der Aufgabe, die Du selbst nicht kontrollieren kannst.

3. Dimension – Stabilität

Komplettiert wird das Attributions-Schema nach Weiner durch die Dimension der Stabilität. Diese unterteilt sich in „stabile“ und „instabile“ Ursachen für einen Erfolg oder einen Misserfolg.

Ein typischer instabiler Faktor wäre Dein Konzentrationsvermögen, das sich aus Deiner Tagesform am Arbeitsplatz ergibt. Du hast es nicht in der Hand, ob Du Kopfschmerzen hast, oder ob Dich die Erkrankung eines Angehörigen geistig ablenkt.

Machst Du etwa Dein mangelndes Konzentrationsvermögen an einem Arbeitstag für das suboptimale Ergebnis verantwortlich, handelt es sich nach Weiner um eine „internale, unkontrollierbare und instabile“ Ursache. Die Aufgabenschwierigkeit dagegen ist eine „externale, unkontrollierbare und stabile“ Ursache.

		LOKALITÄT			
		external		internal	
KONTROLLIERBARKEIT		kontrollierbar	unkontrollierbar	kontrollierbar	unkontrollierbar
STABILITÄT	stabil	soziale Kontakte (Freunde)	Aufgabenschwierigkeit	Wissen	Begabung
	instabil	Rat, Unterstützung (von Fremden)	Glück oder Zufall	Anstrengung	Stimmung, Energie

Abbildung 3: Weiners Attributionstheorie mit den Dimensionen Lokalität, Kontrollierbarkeit und Stabilität[134]

134 Eigene Darstellung in Anlehnung an Weiner, B. (1986): An Attributional Theory of Motivation and Emotion. New York: Springer

Welche Konsequenzen ergeben sich aus der Einordnung?

Das Erleben von Erfolgen, vor allem aber von Misserfolgen, ist höchst subjektiv. Meist basiert die Ursachensuche nur auf einem Gefühl. Das ist jedoch hinderlich, wenn Du etwas aus einer Situation bzw. dem resultierenden Ergebnis lernen möchtest.

Eine Einteilung, wie sie Weiner mit seinem Attributionsmodell liefert, ermöglicht Dir die schonungslose **Analyse der Ursache-Wirkungs-Beziehung.** Auf diesem Weg stocherst Du nicht mehr im Trüben, wenn Du etwas verbessern möchtest, sondern kannst gezielt Maßnahmen ergreifen. Durch die ergriffenen Maßnahmen wiederum, erzielst Du in Zukunft in der gleichen Situation bessere Ergebnisse.

Aber auch auf der psychischen Ebene ist die Einordnung von Erfolgen und Misserfolgen in einem solchen Schema wertvoll. Es hilft Dir dabei, zu verstehen, warum Du in einer speziellen Weise emotional auf ein bestimmtes Erfolgs- oder Misserfolgserlebnis reagiert hast.

Ursachen bestimmen Emotionen und zukünftiges Handeln

Die Ursachendimensionen aus Weiners Attributionstheorie sind emotional aufgeladen. Sie beeinflussen sogar Dein Handeln bzw. das Handeln anderer Personen in der Zukunft. Erfolgs- oder Misserfolgsursachen, die als „stabil" klassifiziert werden, wie z. B. Deine persönliche Begabung oder die Schwierigkeit einer Aufgabe, wecken eine Erwartungshaltung.

Eine Erwartungshaltung, dass bei sonst gleichbleibenden Umständen auch in Zukunft vergleichbare Ergebnisse erzielt werden. Bei instabilen Ursachen dagegen lautet die Schlussfolgerung, dass sich das Outcome sowohl im Positiven als auch im Negativen unterscheiden kann. Ergänzt wird dieser Umstand durch die Dimension der Kontrollierbarkeit.

Fällt eine Ursache etwa in die Kategorie „internal, stabil und kontrollierbar", ist die Motivation, am kontrollierbaren Einflussfaktor zu arbeiten, groß. Ist die Ursache dagegen „external, instabil und für Dich unkontrollierbar" ist das Gegenteil der Fall. Ein klassisches Beispiel wäre hier der erfolgsentscheidende Einfluss des Zufalls, etwa durch einen sich zufällig ergebenden Geschäftsabschluss infolge einer zufälligen Unterredung.

Im letzteren Fall sollte es Dich nicht enttäuschen, wenn der Erfolg nicht reproduzierbar ist. Durch die Ursachenanalyse nach dem Weiner-Schema weißt Du schließlich, dass Dein Einfluss auf den Erfolg zu vernachlässigen war. Im Gegenzug kannst Du auf diesem Weg auch lernen, Misserfolge emotional leichter zu verarbeiten. Das gilt vor allem für solche, auf die Du geringen Einfluss hast.

Es fällt Dir auf diese Weise leichter, Entscheidungen zu akzeptieren, die nicht in Deiner Hand lagen und zweitens an den Punkten zu arbeiten, die zu diesen Entscheidungen Dritter geführt haben. Die Analyse bietet Dir nämlich die Möglichkeit, die Punkte zu benennen, die in Deiner Hand liegen. In diesem Wissen sind vorgeschobene Ausreden keine bequeme Entschuldigung mehr für berufliche Misserfolge. Vielmehr kannst Du Dich selbst zum Handeln motivieren.

Darum sollten auch Führungskräfte Weiners Attributionsmodell nutzen

Zäumen wir das Pferd einmal von hinten auf: Nicht nur Arbeitnehmer oder Selbstständige und Freiberufler profitieren im beruflichen Kontext von der Kenntnis um Weiners Attributionstheorie. Gerade Führungskräfte und Vorgesetzte sollten sich in ihrer Rolle als Entscheidungsträger näher damit auseinandersetzen.

Schließlich sind es Führungskräfte, die durch ihre Bewertung häufig darüber entscheiden, ob ein Mitarbeiter einen Erfolg

oder einen Misserfolg erlebt. Das gilt sowohl bei harten und objektiv messbaren Erfolgskriterien als auch bei weichen Erfolgskriterien, die meist nur auf einem subjektiven Empfinden beruhen.

Es bietet sich daher an, Erfolge und Misserfolge anhand des dargestellten Schemas zu untersuchen. Hier sollte ein Katalog von Ursache-Wirkungs-Beziehungen aufgestellt und ausgewertet werden. Am Ende des Prozesses kristallisiert sich heraus, wo der Schuh wirklich drückt. Das wiederum ist der Ansatzpunkt für gezielte Maßnahmen.

Tipp: Du bist keine Führungskraft, hast aber das Gefühl, dass es in Deinem Unternehmen besser laufen könnte? Dann sprich doch mit Deinen Vorgesetzten und schlage Weiners Attributionsmodell als Analysewerkzeug vor.

So kannst Du Weiners Attributionsmodell nutzen

Weiners Attributionstheorie ist für jede Ursache-Wirkungs-Beziehung, an der Menschen beteiligt sind, geeignet. Das macht es sowohl im privaten aber auch im beruflichen Umfeld so wertvoll, wenn Du Dich effektiv weiterentwickeln und nachhaltig Deine Ziele erreichen möchtest. Das funktioniert am besten durch ein schrittweises Vorgehen.

Schritt 1: Aufstellen der Attributions-Matrix

Lege Dir zunächst eine Vorlage der Attributions-Matrix nach Weiner an. Diese kannst Du als Vorlage für die Analyse jedes Erfolges oder Misserfolges verwenden, den Du in letzter Zeit erlebt hast. Ich würde Dir dazu zunächst empfehlen, eine „Master-Vorlage“ digital in der Hinterhand zu haben, die Du bei Bedarf weiter anpassen kannst. Das Attributions-Schema nach Weiner lässt sich etwa wie folgt in seinen **3 Dimensionen mit ihren jeweils 2 Ausprägungen** darstellen:

		LOKALITÄT			
		external		internal	
KONTROLLIERBARKEIT		kontrollierbar	unkontrollierbar	kontrollierbar	unkontrollierbar
STABILITÄT	stabil				
	instabil				

Schritt 2: Passe die Matrix mit Attributen an

Steht einmal das Grundgerüst der Dimensionen und Ausprägungen, musst Du es mit Leben füllen. Überlege für jedes Feld der Attributions-Matrix passende Ursachen für Erfolge und Misserfolge, die Du dort einsetzen kannst. Für das Matrixfeld „internal, instabil und kontrollierbar“ kannst Du neben „Anstrengung“ auch „Motivation“ eintragen.

Für das Matrix-Feldes „external, stabil und unkontrollierbar“ käme neben der „Schwierigkeit der Aufgabe“ auch die „Gesetzgebung“, das „Handeln eines Wettbewerbers“ oder die „zur Verfügung stehende Zeit“. Nimm Dir für diesen Schritt ausreichend Zeit. Häufig hilft es, wenn Du Dir einige Situationen aus Deinem Beruf oder dem Privatleben nimmst und die Matrix vor diesem Hintergrund ausfüllst.

Schritt 3: Lege eine Liste mit Erfolgen und Misserfolgen an

Die fertige Matrix nutzt Du nun, um Deine eigenen Erfolge und Misserfolge genauer unter die Lupe zu nehmen. Gehe dabei systematisch vor und sei vor allem ehrlich zu Dir selbst. Die Matrix soll Dir durch ihre feine Unterscheidung beim Erkennen von 2 Dingen helfen:

1. Wer oder was ist hauptsächlich für das Ergebnis verantwortlich?

2. Habe ich die Ursache bzw. die Ursachen für den Ausgang selbst unter Kontrolle oder nicht?

Wichtig: In den meisten Fällen ist es nicht nur eine Ursache, die für Deinen Erfolg oder Misserfolg verantwortlich ist. Oftmals ist es auch eine Kombination aus Ursachen, die zu einem Misserfolg geführt hat.

Beispiel: Der ambitionierte Programmierer
Gehen wir einmal davon aus, Du bist selbstständiger Programmierer und hast ein gut bezahltes Projekt angenommen. Du hast die Deadline allerdings um 2 Wochen überzogen. Das Resultat ist eine Vertragsstrafe in Höhe von 10 Prozent des Projektwerts.

Nun machst Du Dich auf die Suche nach den Ursachen für den Misserfolg. An Deiner Begabung und Deiner Motivation liegt es nicht. Allerdings war die Aufgabe recht schwierig, vor allem was die angestrebte Projektdeadline angeht.

Die Faktoren „Zeit" und „Aufgabenschwierigkeit" kannst Du für Dich also im Bereich „external, stabil und unkontrollierbar" eintragen. Du bist während der Bearbeitung des Projekts an Deine Grenzen gestoßen, da Du festgestellt hast, dass Du in einigen Programmiertechniken doch nicht so sattelfest bist.

Also kommt als „internale, stabile und kontrollierbare" Ursache der Faktor „Wissen" hinzu. Dieses Problem hast Du aber schon während der Projektlaufzeit erkannt. Um dies zu kompensieren, hast Du um die Hilfe eines befreundeten Kollegen gebeten.

Diese Hilfe wurde auch zugesagt. Allerdings musste Dein Kollege sein Engagement nach einigen Tagen durch eine Erkrankung absagen. Der Wegfall der Hilfe eines Experten fällt damit in den Bereich der „externalen, instabilen und unkontrollierbaren Ursachen".

Schritt 4: Das Analyseergebnis zur Lösungsfindung nutzen
Im vierten und letzten Schritt geht es daran, die identifizierten Ursachen anzugehen und daraus für die Zukunft zu lernen. Anhand der angefertigten Ursachenliste und der Einordnung in die Matrix gewichtest Du die Ursachen für Deinen Erfolg oder Misserfolg nach ihrem Einfluss. Fokussiere Dich zunächst auf die Ursachen, die den größten Anteil am Gelingen oder Nichtgelingen haben. Suche aus dieser Auswahl jene Ursachen heraus, die kontrollierbar sind, um daran zu arbeiten. Schauen wir uns dazu **3 Beispiele** an:

1. Wissensdefizit (internal, stabil, kontrollierbar)
Du hast herausgefunden, dass eine der Hauptursachen für Dein Scheitern mangelndes Fachwissen war. Die Lösung liegt auf der Hand: Eigne Dir für die Zukunft eben dieses Fachwissen an, um Aufgaben mit Erfolg auszuführen.
Die Alternative: Übernimm keine Aufgaben mehr, für die Dein Fachwissen aktuell nicht ausreicht und kommuniziere dies auch offen. Ehrlichkeit ist hier besser als ein Leistungsversprechen, das Du nicht wirklich einhalten kannst.

2. Anstrengungsdefizit (internal, instabil, kontrollierbar)
Du hast Dich einfach nicht genug angestrengt, um Deine Aufgabe in der angemessenen Qualität zu erledigen. Hinterfrage in einem solchen Fall immer Deine Motivation und überlege, wie Du Deine eigene Motivation steigern kannst. Lobe etwa für Dich persönlich eine kleine Belohnung aus.

3. Hilfedefizit (external, stabil, kontrollierbar)
Du hast Deine Aufgabe gut erfüllt. Einer der Gründe war die Hilfe eines guten Kollegen, der Dich während des gesamten Prozesses unterstützt hat. Daraus kannst Du gleich mehrere Schlüsse ziehen. Erstens: Danke Deinem Kollegen dafür mit einer kleinen Aufmerksamkeit.

Zweitens: Versuche, Dich für das nächste Projekt ein wenig unabhängiger von diesem Faktor zu machen, indem Du Dir z. B. entsprechendes Fachwissen aneignest. Das bedeutet nicht, dass Du beim nächsten Mal keine Hilfe mehr in Anspruch nehmen darfst. **Vielmehr schaffst Du so eine Redundanzebene,** falls die Hilfe (wie im Fall des Programmierbeispiels) doch einmal kurzfristig ausfällt.

Dieses Beispiel zeigt, wie Du mit jeder Ursache verfahren kannst. Und das völlig unabhängig davon, in welchem Feld der Matrix sie verortet ist. Wichtig ist, dass Du für jede Ursache mögliche Strategien entwickelst. Einerseits Strategien, um die Gemengelage so zu verändern, dass in der Zukunft ein positiver Outcome zu erwarten ist. Andererseits, um auch die Ursachen für Erfolge zu analysieren und die Erfolgsfaktoren beizubehalten. Das gilt auch für Führungskräfte, die ihre Erkenntnisse teilen und so ein ganzes Team besser machen können.

Beruflicher Erfolg und emotionale Gelassenheit dank Weiner

Zwischen Ursachen und Handlungen besteht immer eine kausale Beziehung wie zwischen Ergebnissen und Handlungen. Weiners Attributionstheorie zeigt diese Zusammenhänge klar auf. Damit sorgt sie dafür, dass wir **zu den wahren Ursachen für unsere Erfolge und unser Scheitern vordringen,** statt uns in Ausflüchten zu üben.

Aber auch durch die Analyse von Erfolgen verlieren wir nicht die Bodenhaftung, indem wir sie etwa nur unserem Talent zuschreiben, dabei aber gleichzeitig die Mithilfe anderer Menschen vergessen. Gerade in einer immer dynamischer werdenden Arbeitswelt ist ein klarer Blick auf die **Wahrheit hinter der Wirklichkeit** wichtiger denn je. Das gilt zumindest für all jene, die langfristig erfolgreich sein möchten.

5.5 DIE WIRKUNG, DIE DEN UNTERSCHIED MACHT: WAS EINE ALTENHEIMSTUDIE MIT DEINEM BERUFLICHEN ERFOLG ZU TUN HAT

Unsere Leistungsbereitschaft wird enorm gestärkt, wenn wir unsere eigenen Fähigkeiten positiv einschätzen. Je vielversprechender wir unsere eigene Effizienz beurteilen, desto motivierter und erfolgreicher sind wir. Wir strengen uns mehr an, setzen uns höhere Ziele, zeigen mehr Ausdauer und erreichen bessere Leistungen.

Unsere Motivation hängt also zu einem großen Teil von unserer Kompetenzüberzeugung ab. Dennoch steht unser Handeln auch im Zusammenhang mit unseren tatsächlichen Fähigkeiten, mit den Anreizen, die von der Situation ausgehen und mit noch anderen Einflussfaktoren. Wer jedoch in neuen Situationen auf positive Kompetenzerfahrungen zurückgreifen kann, empfindet dadurch eine weit höhere Erwartung seiner eigenen Selbstwirksamkeit als ein Mensch, dem diese Kompetenzerfahrungen fehlen.

Es gibt 2 Sorten von Menschen: Die einen plagen sich scheinbar durchs Leben, hadern mit ihrem Schicksal und kommen anscheinend weder privat noch im Berufsleben nachhaltig auf einen grünen Zweig. Die anderen sind geborene Optimisten.

Sie gehen das Leben mit Energie an, gestalten, üben Einfluss aus und übernehmen Verantwortung. Das Ergebnis ist ein völlig anderes: mehr Zufriedenheit, Ausgeglichenheit und beruflicher wie privater Erfolg. Dahinter verbirgt sich keine angeborene Fähigkeit, die ein Teil aller Menschen hat, während der andere Teil in die Röhre blickt. Ursächlich für diesen massiven Unterschied ist das psychologische **Prinzip der Selbstwirksamkeit.**

Wie essentiell dieser Faktor für den beruflichen Erfolg ist, wie Du es selbst erlernen und in der Praxis umsetzen kannst, wollen wir Dir in unserem Ratgeber näherbringen. Und ja, auch Du kannst das Prinzip der Selbstwirksamkeit erlernen. Erfahre, wie Du es im Beruf, im Privaten und in Deiner Freizeit ganz einfach anwenden kannst.

Was ist Selbstwirksamkeit?

Der Spruch **„Jeder ist seines Glückes Schmied"** ist gefühlt so alt wie die Menschheit. Auch wenn dieses Prinzip in den vergangenen Jahrzehnten vor allem hierzulande ein wenig in Vergessenheit geraten ist, hat sich am hohen Wahrheitsgehalt der Redensart nichts geändert. Diese Redensart ist vielmehr die zusammengedampfte Definition des Prinzips der Selbstwirksamkeit.

Hinter der Selbstwirksamkeit steht ein psychologisches Prinzip, das von den Psychologen Albert Bandura und Julian Rotter schon vor über 40 Jahren entwickelt bzw. weiterentwickelt wurde. Das Prinzip befasst sich mit der **inneren Überzeugung, herausfordernde Situationen aus eigener Kraft erfolgreich zu meistern.** Den Begriff Selbstwirksamkeit – „self-efficacy" – hat der kanadisch-amerikanische Psychologe Albert Bandura Ende der 1970er Jahre geprägt.[135] Selbstwirksamkeit ist der unerschütterliche Glaube an die eigenen Ideen, Ziele und Fähigkeiten, die

135 Bandura, A. (1977): Self-efficacy – Toward a Unifying Theory of Behavioral Change. In: Psychological Review, Vol. 84 (2), S. 191-215

Überzeugung, dass wir unsere Aufgaben zur Zielerreichung effektiv erfüllen können. Dieses Gefühl der Selbstwirksamkeit wirkt sich in vielerlei Hinsicht auf unser berufliches und privates Leben aus.
Je mehr ein Mensch von seiner Selbstwirksamkeit überzeugt ist, umso stärker wird er trotz mancher Herausforderungen und Hindernisse seine Bemühungen beibehalten. Diese subjektive Gewissheit, neue oder schwierige Anforderungen bewältigen zu können, gründet sich auf bisherige Erfahrungen. Jede erfolgreich gemeisterte Aufgabe verstärkt diese Gewissheit erneut.

Anders formuliert könnte man auch sagen, dass Selbstwirksamkeit das Vertrauen beschreibt, eine bestimmte Handlung erfolgreich ausführen zu können. Charakteristisch für die Selbstwirksamkeit ist die enge Verknüpfung mit dem Selbstbewusstsein und die Autonomie eines Menschen. Denn ohne, dass ein Individuum an seine Kompetenzen glaubt und diese am eigenen Leib erlebt, ist keine hohe Selbstwirksamkeit möglich.

In diesem Fall entsteht das Gefühl, die Zügel nicht selbst in der Hand zu haben, von anderen Menschen kontrolliert zu werden und dem Schicksal ausgeliefert zu sein. Häufig neigen Menschen in dieser Situation dazu, sowohl ihre Erfolge als auch ihre Misserfolge immer mit Glück, Pech, Zufall oder „höheren Mächten“ zu erklären.

MERKE: Wir können ein einfaches Fazit ziehen: Die Autonomie ist ein essentielles Grundbedürfnis des Menschen. Ein Grundbedürfnis, das ihm die Kraft und Möglichkeit gibt, sich selbst zu entfalten, leistungsfähig zu sein, seine Ziele zu erfüllen und emotionale Zufriedenheit zu erlangen.

Beispiel: Die ungleichen Zwillinge

Jens und Torsten sind Zwillinge und beide Mitte 20. Das war es aber auch schon mit den Gemeinsamkeiten. Schon als Teenager haben sich beide völlig unterschiedlich entwickelt. Torsten war schon immer jemand, der die Ärmel hochgekrempelt und Dinge einfach angepackt hat. Jens dagegen hat in Bezug auf seine Fähigkeiten die gleichen Voraussetzungen wie Torsten.

Allerdings hat Jens immer einen Laissez-faire-Lebensstil geführt und ist immer wieder an Problemen gescheitert. Seine Eltern haben Jens immer wieder unter die Arme gegriffen. Sei es nun finanziell oder durch die Vermittlung eines Ausbildungs- und später eines Arbeitsplatzes in der elterlichen Firma. Während Jens auf der Stelle tritt und immer wieder bei seinen Eltern um Geld bittet, braucht Torsten das alles nicht.

Er ist mittlerweile erfolgreicher Unternehmer, ohne je die Hilfe seiner Eltern in Anspruch genommen zu haben. Jens dagegen fragt immer noch regelmäßig nach immer höheren Summen, ist faktisch pleite und weist eine hohe Unzufriedenheit mit seinem Leben auf. Er kann nicht die notwendige Motivation aufbringen, sich über die äußeren Umstände hinwegzusetzen und eine erfolgreiche Perspektive als absolut machbar zu betrachten.

Allerdings macht er die Umstände, die Politik und ja paradoxerweise seine Eltern dafür verantwortlich. Tatsächlich hat er damit gar nicht so Unrecht, denn die mangelnde Autonomie durch die ständige (aber gutwillige) Unterstützung der Eltern hat einen Teufelskreis in Gang gesetzt. Beispiele wie dieses sind nicht aus der Luft gegriffen und schon gar nicht selten. Vielmehr passieren sie in Deutschland jeden Tag millionenfach.

Situative Selbstwirksamkeit versus allgemeine Selbstwirksamkeit

Du bist der Ansicht, dass die Bedeutung der Selbstwirksamkeit gar nicht so groß sein kann? Die moderne Medizin sieht dies anders. Aktuell geht man davon aus, dass das Verhalten von Menschen immer mit 2 Formen der Erwartung gekoppelt ist. Auf der einen Seite steht die **Ergebniserwartung** nach dem Grundsatz, dass ein bestimmtes Verhalten immer zu einem bestimmten Ergebnis führt.

Auf der anderen Seite steht die **Selbstwirksamkeitserwartung.** Diese beinhaltet die Überzeugung, dass ein Mensch alle Handlungen, Fähigkeiten und Kompetenzen, die zu einem gewünschten Ergebnis führen, auch ausführen kann bzw. innehat. Der kanadische Psychologe Albert Bandura selbst unterteilt die Selbstwirksamkeit in die **allgemeine Selbstwirksamkeit** und die **situative Selbstwirksamkeit.**

Allgemeine Selbstwirksamkeit

Hinter der allgemeinen Selbstwirksamkeit verbirgt sich die allgemeine Überzeugung, die Herausforderungen des Lebens im Grunde bewältigen zu können. Diese allgemeine Selbstwirksamkeit ist die Grundlage, um überhaupt erst eine gute situative Selbstwirksamkeit entwickeln zu können. In der Praxis auch für die spätere Anwendung auf den beruflichen Kontext bedeutet es, dass Du zunächst an dieser Basis arbeiten musst, um das Rüstzeug für die spezifische Anwendung zu bekommen.

Situative Selbstwirksamkeit

Wie in der Didaktik auch geht es bei der Selbstwirksamkeit vom Allgemeinen zum Speziellen. Die situative Selbstwirksamkeit umfasst daher die Überzeugung, eine ganz bestimmte Situation zu meistern. Das kann eine bevorstehende Klausur an der Universität, eine Berufsabschlussprüfung, die Prüfung für den Klasse-C-Führerschein, die Montage eines komplexen Bauteils oder ein Vertragsverhandlungsgespräch sein.

Massive Auswirkungen der Selbstwirksamkeit

Die Begriffe Selbstwirksamkeit, Selbsterwartung und Selbstvertrauen bilden ein enges Geflecht. Personen, die über eine besonders hohe Selbstwirksamkeit verfügen, haben die Überzeugung, für ihr eigenes Fortkommen und ihr Glücksgefühl verantwortlich zu sein. Dementsprechend handeln sie auch in allen Lebensbereichen.

Das Ergebnis ist ein **Kreislauf aus Selbstwirksamkeit, Selbstbestätigung und daraus resultierendem Selbstvertrauen,** das wiederum die Selbstwirksamkeit erhöht. Kurz gesagt: Selbstwirksamkeit beeinflusst, wie Menschen fühlen, handeln und denken. Sie entwickeln mehr Engagement, strengen sich mehr an und setzen sich hochgesteckte Ziele.

Letztere erreichen sie auch in der Regel. Dieser Zusammenhang auf der psychologischen Ebene führt zu einer interessanten Erkenntnis: Menschen mit einer hohen Selbstwirksamkeit und weniger Talent in einer Sache sind meist deutlich erfolgreicher als Menschen mit viel Talent und einer niedrigen Selbstwirksamkeit.

Erstmals umfangreich studientechnisch belegt wurden die massiven Auswirkungen der Selbstwirksamkeit durch die beiden Wissenschaftlerinnen Ellen J. Langer und Judith Rodin im Jahr 1976 im Rahmen der sogenannten „Altenheimstudie".[136]

136 Langer, E.; Rodin, J. (1976): The Effects of Choice and Enhanced Personal Responsibility for the Aged – A Field Experiment in an Institutional Setting. In: Journal of Personality and Social Psychology, Vol. 34 (2), S. 191-198

Hintergrund zur Altenheimstudie – Erlernte Abhängigkeit und Autonomieverlust

Die Sozialpsychologen **Langer und Rodin** haben **im Jahr 1976** eine für die Sozialpsychologie sehr wichtige Studie durchgeführt. Grundlage der Forschung war eine Beobachtung, die mit dem Alterungsprozess einhergeht. Es liegt auf der Hand, dass Menschen bei der Transformation zwischen dem mittleren Erwachsenenalter und dem Seniorenalter bis hin zur Altersgruppe der Höchstbetagten physiologische und **kognitive Fähigkeiten verlieren.**

Damals herrschte noch große Unklarheit, welche Faktoren für die Abnahme der körperlichen und geistigen Fähigkeiten verantwortlich sind. Es galt, herauszufinden, wie hoch der biologische Einfluss und der Einfluss externer Umgebungsfaktoren auf diesen Prozess sind.

Da die beiden Wissenschaftlerinnen vermuteten, dass die **sozialen Umweltfaktoren** einen großen Einfluss haben könnten, konzipierten sie eine umfassende Felduntersuchung. Sie wollten herausfinden, wie sehr die Hilfe durch Pflegepersonal, die Abnahme von Entscheidungen und die Abgaben von Kompetenzen und Autonomie die körperlichen und geistigen Fähigkeiten negativ beeinflussen.

Der Hintergrund ist klar: Immerhin geben Menschen beim Umzug aus den eigenen 4 Wänden in ein Pflegeheim zwangsläufig ein hohes Maß an Autonomie ab und treten in eine gewisse Abhängigkeit ein. Schon die deutsche Psychologin und Gerontologin Margret M. Baltes nahm an, dass ältere Menschen durch die Interaktion mit ihrer Umwelt abhängiges Verhalten erlernen.

Unselbstständigkeit und abnehmende Autonomie wären damit nicht ausschließlich die Folge des biologischen Alterns. Ein großer Einfluss rührt aus dem Erleben der Nichtkontrollierbarkeit des eigenen Lebens her. Man könnte also von einer erlernten Abhängigkeit sprechen.[137]

Genau diese erlernte Abhängigkeit ist es, die eindrucksvoll belegt, wie groß der Einfluss der Selbstwirksamkeit auf das Leben eines Menschen sein kann. Besonders deutlich macht dies die vorliegende Studie, die sogar einen Zusammenhang mit Depressionen, dem Gesundheitszustand und sogar dem Todesrisiko herstellt.

Wo und mit wem wurde die Studie durchgeführt?

Durchgeführt wurde die Studie in einem klassischen Pflegeheim. Um auszuschließen, dass negative Umgebungsfaktoren wie eine schlechte pflegerische oder medizinische Versorgung die Daten verfälschen, wählte man dazu eine Einrichtung, die durch die Behörden des US-Bundesstaats Connecticut zu den besten Einrichtungen des Staates klassifiziert wurde.

Von den insgesamt 4 Stationen der Einrichtung wurden 2 Stationen durch ihre relativ vergleichbare Zusammensetzung für die Untersuchung ausgewählt. Das betrifft sowohl den körperlichen als auch den geistigen Status der Probanden sowie den sozialen Hintergrund. Das Ziel war damit eine möglichst große Vergleichbarkeit, wie in unserem Beispiel mit den ungleichen Zwillingen.

Die Probanden wurden dabei zufällig anhand der Tatsache ausgewählt, dass sie zu dieser Zeit auf der entsprechenden Station lebten. Um eine Verfälschung der Ergebnisse möglichst auszuschließen, wurde für den Zeitraum der Studie festgelegt, die Kommunikation und Interaktion zwischen den Stationen zu verringern.

---

137 Baltes, M. M.; Lang, F. R.; Wilms, H.-U. (1998): Selektive Optimierung mit Kompensation – Erfolgreiches Altern in der Alltagsgestaltung. In: Kruse, A. (Hrsg.), Psychosoziale Gerontologie, Stuttgart: Hogrefe, S. 188-202

In der **Studiengruppe** der einen Station befanden sich insgesamt **47 Personen.** Davon waren 39 Frauen und 8 Männer. Die **Kontrollgruppe** der anderen Station bestand aus 35 Frauen und 9 Männern, also **insgesamt 44 Personen.**

Achtung: Ausschluss aus der Studienstichprobe

Nach der Auswahl der Probandengruppe musste diese aus Gründen der Vergleichbarkeit weiter angepasst werden. Vollständig bettlägerige Bewohnerinnen und Bewohner wurden aus der Studiengruppe herausgelöst. Immerhin spielte hier der Untersuchungsgegenstand der durch Hilfeverhalten abgewöhnten Autonomie objektiverweise keine Rolle.

Dabei handelte es sich um 11 Probanden in der Studiengruppe sowie 9 Patienten in der Kontrollgruppe. Darüber hinaus wurden 2 Frauen aufgrund ihres jungen Alters von nur 40 bzw. 26 Jahren jeweils aus der Kontroll- und Studiengruppe herausgenommen. Der Grund: Altersbedingte degenerative Veränderungen wären hier altersbedingt nicht zu erwarten gewesen.

Ablauf der Studie – Kommunikation ist alles

Zu Beginn der Studie wurde in beiden Studiengruppen durch den Leiter der Anstalt eine Ansprache gehalten. Interessant ist vor allem die an den Tag gelegte Kommunikation mit der Studiengruppe. Hier betonte der Heimleiter mehrfach, dass die Heimbewohnerinnen und Heimbewohner ihre eigenen Entscheidungen treffen, ihren Alltag gestalten und sich bei Unzufriedenheit direkt beim zuständigen Personal melden sollten. Zum besseren Verständnis der Studienergebnisse sind die Kernbotschaften, die gegenüber den Bewohnern getätigt worden sind, zusammengefasst:

- „Ihr habt die Verantwortung und die Möglichkeit, diesen Ort zu eurem Zuhause zu machen und hier glücklich zu werden."
- „Ihr entscheidet selbst, wie ihr eure Zimmer gestalten wollt und, ob euch die Mitarbeiter bei der Umgestaltung helfen sollen."
- „Ihr entscheidet frei darüber, wie ihr eure Zeit verbringen möchtet. Geht eure Freunde auf dieser und auf anderen Stationen besuchen, setzt euch in den Aufenthaltsraum, esst gemeinsam, schaut Fernsehen, schreibt, lest, plant gemeinsame Events. Tut, was immer ihr wollt!"
- „Wenn ihr mit irgendetwas unzufrieden seid: Ihr habt die Möglichkeit, etwas zu ändern. Lasst es uns wissen, was ihr möchtet – ihr seid dafür verantwortlich. Ihr habt diese Entscheidungen getroffen, bevor ihr hierhergekommen seid – daran hat sich nichts geändert."
- „Eine letzte Sache: Wir werden jeden Donnerstag und Freitag einen Filmabend abhalten. Ihr entscheidet, welchem Film ihr zusammen schauen wollt."

Anmerkung: Außerdem erhielten alle Probandinnen und Probanden nach dem Abschluss der Ansprache eine Geschenkbox des Hauses. Darin enthalten waren Deko-Pflanzen für die Zimmer der Bewohnerinnen und Bewohnern. Die Bewohner konnten sich die Geschenkbox frei aussuchen.

Wie Du siehst, war die Ansprache des Verantwortlichen vor der Gruppe sehr drauf ausgerichtet, die Probanden in Richtung „Autonomie" zu primen. Völlig anders dagegen fiel die Ansprache vor der Kontrollgruppe aus:

- „Ich war überrascht, dass viele von euch nichts davon wussten, welche Dinge euch hier möglich sind und die ihr hier tun könnt."

- „Euch ist es erlaubt, andere Bewohnerinnen und Bewohner zu besuchen oder die Lounge zu nutzen."

- „Wir haben versucht, eure Zimmer so schön und wohnlich zu gestalten, wie es nur geht. Wir möchten, dass ihr hier glücklich seid."

- „Wir fühlen, dass es in unserer Verantwortung liegt, diese Einrichtung zu eurem Zuhause zu machen. Und genau das macht uns stolz und glücklich. Wir werden alles tun, um euch zu helfen."

- „Wenn ihr irgendein Problem habt, lasst uns wissen, wie wir euch am besten helfen können. Sprecht einfach jemanden von den Mitarbeitern an."

- „Übrigens werden wir am Donnerstag und Freitag jeweils einen Filmabend veranstalten. Wir lassen euch später wissen, welche Filme wir für euch ausgesucht haben."

Auch die Kontrollgruppe erhielt zum Abschluss der Ansprache die Geschenkbox mit Zimmerpflanzen. Allerdings konnten sich die Probanden die Box nicht aussuchen. Zudem kam der Hinweis, dass sich die Angestellten um die Pflege und das Gießen der Pflanzen kümmern würden.

Wie Dir sicherlich aufgefallen ist, gab es in der Kommunikation mit beiden Gruppen einen erheblichen Unterschied. Während die Studiengruppe massiv auf die **Eigenverantwortung, Autonomie** und die Bedeutung der **eigenen Entscheidungen** hingewiesen wurde, war dies bei der

Kontrollgruppe nicht der Fall. Hier standen Passivität und die Hilfe durch das Personal im Vordergrund. Vom Treffen eigener Entscheidungen war in der Kontrollgruppe nicht wirklich die Rede.

Wichtige Vorbemerkungen zu den Studienergebnissen

Um einen **Vorher-Nachher-Vergleich** zu ermöglichen, fanden sowohl vor dem Beginn als auch während des Studienzeitraums **Befragungen** statt. Hierzu kamen **2 Fragebögen** zur Anwendung. Jeweils einer für die Bewohnerinnen und Bewohner sowie einer für die Belegschaft, die das Verhalten der Bewohnerinnen und Bewohner beurteilen sollten.

Der Fragebogen, den die **Bewohnerinnen und Bewohner** unter der Anleitung einer nicht eingeweihten weiblichen Interviewerin ausfüllen sollten, hatte eine klare Fragestellung: Es ging darum, welches Maß an Kontrolle die Bewohner über ihr Leben fühlen bzw. erleben und wie glücklich und aktiv sie in ihrer aktuellen Situation sind. Bewertet werden sollte dies auf einer **Skala von 0 (gar nicht) bis 8 (vollkommen).**

Befragt wurden die Senioren sowohl vor als auch nach der Studie. Einen ähnlichen Modus verfolgte man auch beim Fragebogen für die **Bediensteten der Einrichtung.** Allerdings sollten die Bediensteten auf einer **Skala von 0 bis 10** einschätzen, wie glücklich, abhängig, sozial integriert und aktiv die Bewohnerinnen und Bewohner der beiden Gruppen waren. Wichtig: Das betreuende Personal wusste nichts vom Studien-Design.

Verblüffende Ergebnisse der „Altenheimstudie“

- Die Studiengruppe, welche die flammende Eingangsrede über die Bedeutung der Autonomie und Eigenverantwortlichkeit erhielt, fühlte sich nach dem Ende der Studie deutlich glücklicher als die Kontrollgruppe. Während sich nur 25 Prozent der Kontrollgruppe bei der zweiten Befragung glücklicher fühlten, waren es in der Studiengruppe ganze 48 Prozent.

- Auch in Sachen Aktivität konnte die „Autonomie"-Gruppe gegenüber der Kontrollgruppe punkten. Allerdings gaben 20 Prozent der Bewohner an, nicht wirklich verstanden zu haben, was Kontrolle in diesem Kontext bedeutete.

- Auch die Pflegekräfte beurteilten die Entwicklung der Probanden innerhalb der Studiengruppe als positiv. Demnach hatten sich 93 Prozent der Bewohner aus der Studiengruppe zum Positiven entwickelt.
  Zum Vergleich: In der Kontrollgruppe zeigten lediglich 21 Prozent der Gruppe eine positive Entwicklung.

- Die Probanden der Studiengruppe besuchten deutlich häufiger andere Bewohner als es die Bewohner der Kontrollgruppe taten. Das gilt auch für die Zunahme an Besuchen von Personen außerhalb der Pflegeeinrichtung.

- Auch in Sachen Kommunikation mit der Belegschaft ergaben sich deutliche Unterschiede: Hier zeigten sich die Probanden der Studiengruppe ebenfalls deutlich kommunikativer. Sie sprachen zudem Wünsche und Probleme öfter an.

- Zudem verbrachten die Bewohner aus der Studiengruppe weniger Zeit damit, die Angestellten nur zu beobachten oder Fernsehen zu schauen.

- Im Gegenzug stieg bei der Studiengruppe die Neigung dazu, mit anderen Personen zu sprechen oder andere aktive Interaktionen zu unternehmen.

- An einem Schätzspiel nahmen immerhin 21 Prozent aller Probanden aus der Studiengruppe teil. Aus der Kontrollgruppe war es lediglich ein Proband.

Fazit zur Studiensituation

Der Vergleich der beiden Studiengruppen ist höchst eindrucksvoll. Schließlich zeigt die Studie, dass sich Individuen mit vergleichbaren Ausgangsvoraussetzungen allein durch die Überzeugung, autonomer zu handeln, tatsächlich anders entwickeln. Nicht minder interessant ist neben dem Blick auf die dreiwöchigen Studienrahmen die **Langzeitperspektive der „Altenheimstudie“.**

Gut **18 Monate nach dem Ende des Studienzeitraums** sahen sich die Forscherinnen die Entwicklung der Untersuchungsgruppen nochmals an. Die Gruppe, die mehr Autonomie in ihrem Alltag ausübte entwickelte einen besseren allgemeinen Gesundheitszustand. Auf der anderen Seite verzeichneten die Beteiligten der Kontrollgruppe, die dwurch das Hilfeangebot passiver lebten, eine deutliche Abnahme der Gesundheit.

Dies gipfelt in einer weitaus beeindruckenderen Zahl: Innerhalb des 18-monatigen Intervalls **starben 30 Prozent der Probanden aus der Vergleichsgruppe.** Bei den Probanden aus der **Studiengruppe** waren es mit 15 Prozent **nur die Hälfte.** Die Konsequenzen der Studie für die Arbeit im pflegerischen Bereich liegen auf der Hand:

- Das Fördern von Autonomie, Entscheidungskraft, Selbstverantwortung und Gestaltungsmöglichkeiten des eigenen Lebens. Auf diesem Weg erlangen die älteren Menschen das Vertrauen zurück, eine Handlung selbst erfolgreich ausführen zu können. Das wiederum stärkt in diesem Kontext die Gesundheit durch mehr Bewegung, schult die Motorik und erhält den Geist in einem fitten Zustand.

- Man könnte die Selbstwirksamkeit also auch als eine Art sich selbst erfüllende Prophezeiung bezeichnen. Was sich eindrucksvoll anhand der vorliegenden „Altenheimstudie“ zeigt, lässt sich zumindest in seinen Mechanismen auch auf die Persönlichkeitsentwicklung und somit auch auf den Erfolg in der Arbeitswelt übertragen.

So wirkt sich mehr Selbstwirksamkeit auf Dich aus

Als Menschen sind wir so gestrickt, dass wir in der Regel nur mit etwas beginnen, wenn wir der Überzeugung sind, es zu schaffen. Der Aufbau der Selbstwirksamkeit ist dabei ein stufenweiser Prozess, der zunächst angestoßen werden und dann verstärkt werden muss. Die positiven Effekte liegen jedenfalls auf der Hand:

- Mehr Selbstwirksamkeit führt zu **mehr Durchhaltevermögen und Ausdauer** bei der Verfolgung von Zielen. Von Rückschlägen und Hürden lässt sich Dein Glaube an Dich und Deine Fähigkeiten so schnell nicht mehr aufhalten.

- Wer der Überzeugung ist, sein Leben und sein Handeln nicht in der Hand zu haben, entwickelt häufig Ängste. Wer dagegen überzeugt ist, etwas zu schaffen und „seines eigenen Glückes Schmied zu sein“, kann seine **Ängste leichter kontrollieren.**

- In letzter Konsequenz führt Selbstwirksamkeit damit auch zu **besseren Ergebnissen und mehr Erfolg.** Wenn wir daran glauben, erfolgreich zu sein, steigen Motivation und Einsatz. Die Gedanken werden klarer, die Ängste schwinden und negative Beeinflussung durch demotivierende Personen nehmen ab. Man könnte also sagen, der Glaube und die daraus wahrgenommene Wirklichkeit versetzen Berge.

Je stärker Menschen sich und ihren Fähigkeiten vertrauen, umso erfolgreicher werden sie durchs Leben gehen – sowohl im beruflichen als auch im privaten Bereich.

Selbstwirksamkeit bedeutet auch, darauf vertrauen zu können, dass sich schwierige Situationen meistern lassen – ein Gegenmittel gegen Ängste. Selbstwirksamkeit bedeutet, die Kraft in sich zu spüren, nicht anderen Menschen oder äußeren Umständen ausgeliefert zu sein.

Die 5 Säulen der Selbstwirksamkeit

Wir kennen 5 Faktoren, die zur Selbstwirksamkeit beitragen:[138]

1. Die eigene Erfahrung, Ziele erreicht zu haben.

2. Die Beobachtung positiver Erfahrungen bei anderen Personen.

3. Die Ermutigung durch andere Personen im Umfeld im Sinne von „Ich weiß, dass du das kannst!"

4. Die positive Interpretation von körperlichen Vorgängen, die emotionale Erregung signalisieren wie etwa Schwitzen oder ein beschleunigter Herzschlag.

5. Die Imagination, die innere Vorstellung positiv bewältigter Herausforderungen.

Manche dieser Faktoren wirken stärker als andere. Wenn wir uns mit ihren Facetten beschäftigen, können wir unsere eigene Motivation und Leistungsbereitschaft noch weiter auf- und ausbauen.

1. Positive Erfahrungen

Erfolgserlebnisse und positive Erfahrungen stärken in uns das Gefühl von Selbstwirksamkeit. Wiederholte Misserfolge dagegen führen zur Schwächung unserer Selbstwirksamkeitserwartung. Durch eine erfolgreiche Bewältigung schwieriger Anforderungen stellt sich die Erfahrung ein, dass die eigenen Anstrengungen die gewünschten Änderungen herbeigeführt

138 Die ersten 4 Säulen gehen zurück auf Bandura. Bandura, A. (1993): Perceived Self-Efficacy in Cognitive Development and Functioning. In: Educational Psychologist, Vol. 28 (2), S. 117–148
Die 5. Säule der Imagination geht zurück auf Maddux. Maddux, J. E. (2009): Self-Efficacy – The Power of Believing You Can. In: Lopez, S. J. & Snyder, C. J. (Hrsg.), Oxford Handbook of Positive Psychology, New York: Oxford University Press, S. 277-287
Gosselin, J. T.; Maddux, J. E. (2003): Self-Efficacy. In: Leary, M. R.; Tangney, J. P. (Hrsg.), Handbook of Self and Identity, New York: The Guilford Press, S. 218-238

haben. Diese durch direkte eigene Erfahrungen erworbene Selbstwirksamkeit ist am stärksten gefestigt.

2. Vorbilder

Durch das einmalige oder wiederholte Beobachten von erfolgreichen Modellpersonen baut sich ebenfalls ein Gefühl der Selbstwirksamkeit auf. Wenn der Erfolg anderer Personen erlebt und wahrgenommen wird, fungiert dieses Erleben des Modells als förderlich für unsere Erwartung der eigenen Leistung. Weiter verstärkt wird dieser Effekt, wenn Modellpersonen wie etwa Sportler öffentlich belohnt und geehrt werden.

Vor allem dann, wenn die beobachteten Vorbilder einem selbst ähnlich oder für einen wichtig sind, stärkt das die Selbstwirksamkeit zusätzlich. So können dabei Alter, Bildung, Berufszweig o. Ä. eine Rolle spielen. Auf der Grundlage solcher Vergleichsprozesse kann der Beobachter zum Schluss gelangen, dass er ähnliche Bewältigungskompetenzen zur Verfügung hat.

3. Ermutigung durch andere

Bestätigung und Rückhalt durch Freunde, Verwandte und das soziale Umfeld spielen eine fundamentale Rolle, wenn es um den Aufbau von Selbstwirksamkeit geht. Ein typisches Beispiel ist es, wenn Eltern ihre Kinder unterstützen mit Aussagen wie „Du kannst das. Du schaffst es schon!“

Damit diese Ermutigung wirkt, sind Vertrauenswürdigkeit, Attraktivität und Fachkompetenz der Ermutigenden wichtig. Menschen, die uns vertrauenswürdig oder nachahmenswert erscheinen oder als Experten in Erscheinung treten, beeinflussen unsere Selbstwirksamkeit eher als Menschen ohne diese Eigenschaften. Ein Chef oder ein Lehrer, den wir respektieren, stärkt unsere eigene Kompetenzerwartung eher als ein Mensch, den wir nicht respektieren oder nicht mögen.

4. Emotionen

Bei unseren Versuchen, schwierige Situationen zu meistern, nehmen wir emotionale Erregung wahr und interpretieren sie. Diese Erregung können wir als Zeichen einer Bedrohung oder als Zeichen einer Herausforderung deuten. Je nachdem, welche Gedanken Erregung und Adrenalinausschüttung bei uns auslösen, kommen entweder Ängste auf, oder wir fühlen uns sehr wach und präsent und auch kampfbereit. Schneller Herzschlag, Schwitzen oder andere physiologische Prozesse könnten mit Angst und Zeichen mangelnder Kompetenz gekoppelt werden. Sie könnten aber sogar als Folge starken Kaffeegenusses interpretiert und damit entdramatisiert werden.

5. Imagination

Imagination ist ein wirkungsvoller Weg, um unser Gefühl der Selbstwirksamkeit zu erhöhen. Wenn wir uns beispielsweise vorstellen, dass wir uns bei einem Vorstellungsgespräch hervorragend präsentieren und eine exzellente Begegnung mit den entscheidenden Personen haben, führt dies zu einem erfolgreicheren Interview. Zahlreiche Studien haben dies erwiesen.

Unsere Vorstellungskraft ist eine Ressource, die wir immer und überall zur Verfügung haben. Positive innere Bilder lösen in uns ähnlich starke Gefühle aus wie positive Erlebnisse. Durch Bilder, die wir in uns entstehen zu lassen, beispielsweise von Siegertreppchen oder Erfolgen, wächst unser inneres Gefühl der Kompetenzerwartung.

Selbstwirksamkeit für beruflichen und privaten Erfolg steigern

Zum Abschluss unseres Ausflugs in die Welt der Selbstwirksamkeit stellt sich die Frage nach der Umsetzbarkeit in der Praxis. Tatsächlich gibt es hier keine Patentlösung, mit der die Transformation von heute auf morgen klappt. Vielmehr handelt es sich um einen Prozess, der sich stetig verstärkt und durch viele kleine Maßnahmen fördern lässt.

Besonders hilfreich ist hier natürlich ein Umfeld, das ähnlich wie der Verantwortliche des Pflegeheims aus den USA die persönliche Autonomie, Eigenverantwortung und Gestaltungsfreiheit fordert. **Eine gute Führungskraft verfügt über solche Eigenschaften.** Aber auch ohne diesen Input kannst Du für Dich im Privaten mit der Umsetzung beginnen. Das funktioniert beispielsweise mit den folgenden **Schritten,** die aufeinander aufbauen:

1. Erfolgserlebnisse planen

Um Dir Erfolgserlebnisse zu verschaffen, gibt es einige wirkungsvolle Maßnahmen. Du kannst achtsam und gleichzeitig strategisch klug mit Dir selbst umgehen. Von vornherein zu ambitionierte Ziele werden nicht erreicht, Rückschläge und Niederlagen entstehen. Wenn Du an dieser Stelle gut mit Dir umgehst, kannst Du sehr überlegte Entscheidungen treffen. Wie groß dürfen Deine Unter-Etappen zum Ziel sein, damit Du Dir Erfolgserlebnisse einhandelst? Sind sie angemessen, wirst Du Erfolg haben und Dich als wirksam erleben. Fang mit Meilensteinen an und teile die Strecke in viele kleine Schritte auf. Je überschaubarer diese Schritte ausfallen, desto mehr positive Erfolgserlebnisse kannst Du für Dich innerhalb kleiner Zeitabschnitte verzeichnen.

Diese **Ziele** dürfen **gerne groß** sein, sollten sich aber immer in einem **realistischen Rahmen** aufhalten. Die Unterteilung in viele kleine Ziele (Nahziele) dient nicht nur als Erfolgskontrolle, sondern bestärkt Dich auch in dem Glauben, das „große Ziel" (Fernziel) zu erreichen.

> **Tipp:** Versuche, alle Deine Ziele nach dem SMART-Prinzip zu formulieren. Das bedeutet, dass jedes Ziel spezifisch, messbar, attraktiv, realistisch und terminiert sein muss.

2. Such Dir Menschen als Vorbilder, die ähnliche Fähigkeiten haben wie Du

Ein wichtiger Faktor für den Aufbau Deines Selbstwirksamkeitsgefühls ist es, gute Vorbilder zu haben. Du musst nicht zwingend selbst diesen Erfolg erlebt haben, auch der Erfolg eines Vorbildes wirkt sich positiv auf Deine Selbstwirksamkeit aus.

Beobachtest Du etwa, wie ein Kollege ein schwieriges Problem löst, das auch Du bewerkstelligen musst. Wenn Du merkst, dass auch Dein Kollege es schafft, wächst gleichzeitig Deine eigene Überzeugung.

Lernen am Modell entfaltet anerkanntermaßen eine gute Wirkung. Die Lerntheorie, die ebenfalls von Bandura entwickelt wurde, zeigt dies mit vielen Beispielen. Wir können an einem „Modell" eingehend studieren, was es unternimmt und wie es seine Probleme löst, um erfolgreich zu sein. Diese Herangehensweisen und Problemlösungen können wir verinnerlichen und wir können ähnlich handeln.

Wichtig dabei ist, dass diese Vorbilder uns in etwa ähnlich sind und dass nicht zu große Unterschiede klaffen, sonst kann es auch zu Erfahrungen des Misserfolgs kommen. Auch hier gilt: Nimm am besten eine Stufe nach der anderen.

3. Ermutigung durch andere erhalten

Auf dem Weg zur gestärkten Selbstwirksamkeit ist Ermutigung äußerst wichtig. Es ist eine gute Idee, sich eine Begleitung oder einen Mentor zu suchen. Diese Beziehung ist am hilfreichsten, je mehr Vertrauen, Anerkennung und Kompetenz im Spiel ist. Eine solche Begleitung kann Dich aufrichten, Dir einen Lernprozess ermöglichen, Kraft spenden und Dir den Rücken stärken. Neben kritischen und reflektierenden Fragen hat Ermutigung hier ihren wichtigen Platz. Auch der Rückhalt und die Bestätigung durch Verwandte, Freunde und andere Menschen aus Deinem Umfeld spielen dabei eine fundamentale Rolle.

Mach Dir dabei auch Deine Stärken und Schwächen bewusst
Das solltest Du auf 2 Wegen tun. Einerseits durch Deine Eigenwahrnehmung, andererseits mithilfe der Fremdwahrnehmung anderer Menschen, denen Du vertraust. Schreibe Dir diese Stärken und Schwächen auf. Gerade die Stärken bieten sich an, um daraus ein Mantra zu entwickeln. Bei den Schwächen wiederum solltest du überlegen, wie Du diese ausbügeln kannst, so dass sie Dich nicht behindern.

4. Emotionen einbeziehen

Beobachte Dich, wie Du in bestimmten Situationen reagierst. Je mehr Du gelernt hast, mit Deinen Emotionen umzugehen, und je mehr Du sie verstehst, desto besser kannst Du mit Gefühlen der Unsicherheit und Angst umgehen, wenn Du vor einer großen Herausforderung stehst.

Es ist möglich, mit angstauslösenden Gedanken umzugehen und den Kreislauf zu unterbrechen, der ins Versagen führt. Je mehr wir uns mit unseren Emotionen auseinandersetzen und sie kennenlernen einschließlich ihrer physiologischen Zusammenhänge, umso mehr gelingt es uns, unsere Gefühle nicht als Hindernis, sondern als Motivation zu sehen.

5. Imagination nützen

Bilder von der effektiven Bewältigung einer schwierigen Situation können wir vorwegnehmen. Wir können uns vorstellen, wie wir es geschafft haben, wie es sich anfühlt, wenn wir das Ziel erreicht haben. Auch Vorstellungen, wie etwa unser Befinden nach einer gut bewältigten Situation, stärken unsere Selbstwirksamkeit.

Stelle Dir das Ziel in den wundervollsten Schattierungen vor. Was fühlst Du, wenn Du Dein Ziel erreicht hast? Wer ist noch anwesend? Was hörst Du? Dein Vorhaben ist ein wichtiger Punkt. Emotionen wie Freude, Stolz und Kraft sind im Spiel. Sie lassen sich durch Imagination schon im Vorfeld nützen, um ein Gefühl der Selbstwirksamkeit entstehen zu lassen.

6. Verlasse regelmäßig Deine Komfortzone

Bringe Dich dazu häufiger aktiv in Situationen, die schwierig und herausfordernd sind. Probiere auch Dinge aus, die Dich viel Überwindung kosten.

Wichtig: Verfahre hier wie mit der Zielsetzung und starte mit kleineren Herausforderungen, um Dich nicht durch unrealistisch schwierige Situationen zu demotivieren. Das würde den positiven Effekt der Selbstwirksamkeit ins Gegenteil umkehren.

Selbstwirksamkeit als Erfolgsfaktor

Das Modell der Selbstwirksamkeit erhellt die Vorgänge, die zu mehr Leistung, Kompetenz, Ausdauer und Erfolg führen. Es beschreibt einen Prozess, bei dem sich positive Erfahrungen zu unserem Vorteil verstärken. Wir können diesen Prozess mit hilfreichen Strategien für uns nützen.

Forschungen und viele alltägliche Beispiele belegen, dass mit einem wachsenden Gefühl der Selbstwirksamkeit die Leistungsfähigkeit, die Ausdauer, die Kompetenz und damit wiederum die Erfolgserlebnisse zunehmen.
Wenn wir uns – auch mithilfe von Vorbildern und Mentoren – auf den Weg machen, unsere Selbstwirksamkeit zu erhöhen, entwickelt sie sich stetig weiter.

5.6 DAS BUFFET IST ERÖFFNET: MENTAL FIT MIT NUR 7 ZUTATEN

Kennst Du das Modell der „Healthy Plate" von Michelle Obama? Die ehemalige First Lady definiert damit die 4 Faktoren Früchte, Gemüse, Getreide und Eiweiß mit jeweils aufgeteilten Segmenten als Hauptbestandteile einer gesunden Ernährung. Kann man einen Teller ähnlich aufteilen, wenn wir über unsere geistige Gesundheit sprechen? Viele Menschen beschäftigen sich intensiv mit Diäten, Ernährungsbestandteilen und Programmen für die körperliche Gesundheit. Unsere mentale Fitness kommt bei diesen Erwägungen häufig zu kurz.

Dabei ist unser mentaler Zustand genauso wichtig für unser Wohlbefinden wie die körperliche Situation. Ein Report der OECD in Zusammenarbeit mit der Europäischen Union aus dem Jahr 2018 schreibt „Eine gute mentale Verfassung gehört zu einem guten und gesunden Leben dazu. Sie bildet die Basis für ein glückliches, vollkommenes und produktives Leben". Die Studie stellte dabei auch fest, dass 2016 fast jeder sechste Europäer mentale Probleme hatte. In absoluten Zahlen handelt es sich um 84 Millionen EU-Bürger:innen. Nach Schätzungen der WHO leiden allein in Deutschland über 4 Millionen Menschen an Depressionen. Die gleiche Anzahl lebt mit einer Angststörung.[139]

An ein echtes und eher entspanntes Fortkommen im Beruf, verbunden mit einem Höchstmaß an persönlichem Wohlbefinden ist mit gravierenden mentalen Belastungen kaum zu denken. Unsere Karriereaussichten können massiv leiden, wenn uns die mentale Stärke fehlt. Deshalb ist es höchste Zeit, sich mit den Zutaten auf dem Lebens-Teller zu beschäftigen, die mentale Gesundheit fördern und mentale Störungen vermeiden helfen.

---

139 OECD and European Union (2018): Health at Glance: Europe 2018 – State of Health in the EU Cycle

Das ist mentale Gesundheit

Die Weltgesundheitsorganisation (WHO) beschreibt psychische Gesundheit als: „[...] ein Zustand des Wohlbefindens, in dem eine Person ihre Fähigkeiten ausschöpfen, die normalen Lebensbelastungen bewältigen, produktiv arbeiten und einen Beitrag zu ihrer Gemeinschaft leisten kann."[140]

Ähnlich wie bei der Zusammenstellung einer gesunden Ernährung sollte es bestimmte Bausteine geben, die die psychische Gesundheit unterstützen. Das dachte sich auch der australische Psychologe Dr. David Rock. Zusammen mit dem Psychiater Daniel J. Siegel entwickelt er das Modell des **Healthy Mind Platter.** Übersetzt heißt das so viel wie der gesunde Teller für die geistige Gesundheit. Rock und Siegel halten **7 Faktoren** auf diesem gedachten Teller für maßgeblich, um die **geistige Gesundheit** und eine optimale Gehirnfunktion zu erhalten.[141]

7 Bausteine machen den Unterschied auf dem Lebens-Teller

Selbstverständlich beschäftigen sich die beiden Wissenschaftler auf dem Lebens-Teller nicht mit Zutaten wie Kohlenhydraten, Fetten und Proteinen. Bei ihnen geht es um Zeiteinheiten. Sie haben sich die Frage gestellt, welche Zeitstücke für die psychische Gesundheit täglich unverzichtbar sind. Man könnte in diesem Zusammenhang auch von **Zeitqualitäten** sprechen.

Rock und Siegel verteilen diese Zeitqualitäten auf dem gedachten Teller:

- **Focus Time** – Flow-Zeit oder Zeit der höchsten Konzentration
- **Playtime** – Spielezeit, Kreativzeit

---

140 WHO (2004): Promoting mental health – Concepts, emerging evidence, practice: Summary report, S. 4

141 Poelmans, S.; Rock, D.; Siegel, D.; Payne, J. (2012): The Healthy Mind Platter. In: Neuroleadership Journal, Vol. 4, S. 1-23

- **Connecting Time** – soziale Zeit, Zeit, um sich mit anderen zu verbinden
- **Physical Time** – Zeit für körperliche Bewegung und Aktivität
- **Time In** – Zeit zum Nachdenken und Reflektieren
- **Down Time** – Zeit der geistigen Entspannung
- **Sleep Time** – Zeit zum Schlafen und für die Erholung

Zeitliche Aufteilung des Lebens-Tellers in Stunden oder Minuten?

Vielleicht erwartest Du in diesem Augenblick, dass die beiden Experten für Neuropsychologie nicht nur die wesentlichen Faktoren für die mentale Balance und Gesundheit bestimmen. Du wartest jetzt auch darauf, dass sie den Lebens-Teller zeitlich detailliert entsprechend aufteilen. Auf eine solche standardisierte Empfehlung haben die beiden allerdings bewusst verzichtet. Sie schreiben dazu sinngemäß in einem englischsprachigen Original zu ihrem Modell, dass sie gerade keine spezifischen Zeiteinheiten für die jeweiligen 7 Faktoren festlegen wollen.

Sie möchten damit die jeweiligen individuellen Eigenheiten jedes Menschen berücksichtigen. Außerdem meinen sie, dass die jeweiligen Bedürfnisse Schwankungen unterliegen. Sie vergleichen die Situation mit der Ernährung. So, wie wir nicht jeden Tag Pizza bis ans Ende unserer Tage essen, verbringen wir unsere Zeit nicht damit, dauerhaft konzentriert zu sein und deshalb weniger zu schlafen. Sie halten es für besonders wichtig, den Tag immer mit den verschiedenen essentiellen mentalen Aktivitäten auszubalancieren.

Zur mentalen Gesundheit gehört es auch, uns genügend Zeit für die Verbindung mit anderen Menschen zu nehmen und der Welt um uns herum genug Aufmerksamkeit zu schenken. Die Verbindungen im Gehirn selbst müssen ebenfalls gefördert werden. Wenn wir die 7 Aspekte in unserem gesamten Spektrum geistiger Aktivitäten ausreichend berücksichtigen, geben wir unserem Gehirn genug Gelegenheit, sich in verschiedene Richtungen zu entwickeln. Es gibt viele Kombinationsmöglichkeiten wie in der gesunden Ernährung. Der durchschnittliche Tag kann auch in geistiger Hinsicht immer wieder mit den essentiellen Zutaten in anderer Weise gestaltet werden. So wie es wichtig ist, gut zu essen, ist es genauso wichtig, dem Gehirn gute geistige Impulse und geistige Nahrung zur Verfügung zu stellen.

Für uns ist hier eine gute Gelegenheit, uns die **7 Faktoren** einmal genauer anzusehen.

Focus Time als Zeit höchster Konzentriertheit

Wir leben in Zeiten, in denen unsere Aufmerksamkeit häufig zerfasert. Wahrscheinlich kennst Du diese Situationen auch aus dem Büro. Während Du telefonierst, liest Du schon die nächste E-Mail und machst Dir Notizen zu den nächsten anstehenden Aufgaben. Richtig konzentriert machen wir wenig. Dieser Vorgang setzt sich im Privatleben fort. Während des Abendessens schauen wir auf das Handy, Tablet oder sehen uns einen Film im Fernsehen an. Viele von uns setzen dieses Verhalten sogar dann fort, wenn sie mit anderen Menschen zusammen sind. Dann sind wir zum Essen verabredet, sitzen mit unserer Begleitung am Tisch und schreiben nebenbei auf WhatsApp. Oft fragen wir uns gar nicht mehr, ob diese Vorgehensweise – häufig ist von Multitasking die Rede – uns guttut und uns glücklich macht.

Mihály Csíkszentmihályi, ein Experte für Glück, hat sich intensiv mit einer besonderen Form der Achtsamkeit und Aufmerksamkeit auseinandergesetzt. Er bezeichnet solche Phasen als Flow. Sie sind besonders geeignet, uns nachhaltige Glücksgefühle zu vermitteln. Wir alle kennen auch das. Es sind Zeiträume, in denen wir ganz in einer Tätigkeit aufgehen. Wenn wir lesen, lesen wir. Wenn wir uns mit einem Menschen unterhalten, sind wir ganz bei ihm und bei dem Gespräch.[142]

142 siehe Kapitel 5.7: mehr zum Thema Flow

Immer mehr Experten bestätigen die Erkenntnisse von Csíkszentmihályi. Sie halten Multitasking für eine Fähigkeit, die unser Gehirn nicht besitzt und die uns unter Stress setzt.[143] Das gilt auch und gerade im Berufsleben. Wenn Rock und Siegel eine Zeit höchster Konzentriertheit für unseren täglichen Lebens-Teller einplanen, meinen sie diese Zeit höchster Achtsamkeit. Multitasking scheidet dabei aus.

Wir alle benötigen am Tag gerade auch während der Arbeit Zeiten, in denen wir höchst konzentriert geistig aktiv sind. In den wir uns mit EINER Aufgabe identifizieren. Phänomene wie Burn-out aber auch das Gegenteil, das Boreout mit dem Leiden an Langeweile, sind häufig Folgen davon, dass wir keine zeitlichen Räume mehr haben, um in den Flow zu kommen. Um uns mindestens einmal am Tag auf eine Sache zu konzentrieren.

Playtime – warum wir jeden Tag etwas Zeit zum Spielen benötigen

Arbeitest Du in einem kreativen Umfeld? Musst Du häufig nach neuen Lösungen für Probleme suchen? Vielleicht ist Dir in diesem Zusammenhang schon einmal aufgefallen, dass Dir die Lösungswege nicht einfallen, wenn Du Dich zu sehr in das Problem verbeißt. Häufig entsteht eine kreative und fantastische neue Idee dann, wenn Du entspannt und spielerisch an eine Aufgabe herangehst.
Es gibt nicht umsonst inzwischen bestimmte Kreativitätsmethoden, die wie Mindmapping oder Design Thinking das spielerische Element in einem Entwicklungsprozess betonen.

Der spielerische Geist bewertet nicht. Er springt von dieser zu jener Idee und lässt die Vernunft zunächst einmal außen vor. Damit kommen auch Möglichkeiten in Betracht, die die Vernunft schon im ersten Schritt aussortieren

---

143 Frobeen, A. (2022): Schluss mit dem Multitasking. URL: https://www.tk.de/techniker/magazin/life-balance/balance-im-job/weniger-stress-ohne-multitasking-2007152?tkcm=aaus [Stand: 04-05-2022]

würde. Auch im Privatleben tut uns das Spiel wohl. Wenn wir uns und andere nicht immer so sehr ernst nehmen, können Konflikte seltener entstehen und lassen sich auch leichter auflösen.

Spielen hat immer etwas mit Humor zu tun. Viele Menschen hören auf, zu spielen, sobald sie sich für erwachsen halten. Dabei ist Kreativität ohne einen spielerischen Faktor nicht vorstellbar. Es kann sich lohnen, spielerische Aspekte ganz gezielt in das tägliche Leben zu integrieren. Deshalb findet sich dieser Faktor auch auf dem Lebens-Teller.

Connecting Time – was uns andere Menschen für unser Leben geben

Es ist schon fast eine Plattitüde, zu sagen, Menschen sind soziale Wesen. Jeder Mensch ist hier etwas unterschiedlich. Bei jedem von uns sind die Aspekte Introversion und Extraversion unterschiedlich stark ausgeprägt. Manch einer von uns kann nicht gut allein sein und auch nicht gut allein arbeiten. Der andere fühlt sich im Homeoffice besonders wohl, weil er dabei gut für sich allein in die Konzentration findet. Der eine benötigt am Tag unbedingt feste Zeiten der sozialen Interaktion etwa in der Kaffeeküche oder beim Mittagessen. Ein anderer möchte sich in der Pause lieber etwas zurückziehen und mit einem forschen Spaziergang draußen seine Batterien auftanken.

Gleich jedoch, wie introvertiert oder extrovertiert Du im Einzelfall bist, ohne andere Menschen kannst Du nicht leben. Das gilt nicht nur für die Teamarbeit im beruflichen Feld. Andere Menschen spiegeln uns, andere widersprechen uns und sorgen auch deshalb dafür, dass wir geistig beweglich bleiben. Es verwundert deshalb nicht, dass eine in diesem Jahr durchgeführte Meta-Analyse aus den Corona-Jahren 2020/2021 deutlich aufzeigt, dass mentale Erkrankungen wie Depressionen sowie Angststörungen während der Pandemie einen Anstieg verzeichneten. Während der Krise stiegen die Werte von um 3,5 % vor der Pandemie auf Werte von knapp 28 % an.

Diese Entwicklung hat sehr viel damit zu tun, dass viele Menschen sich im Lockdown und durch die Reduzierung sozialer Kontakte insgesamt isoliert fühlen. Nicht jeder kommt im beruflichen Umfeld mit einer Pflicht zum Homeoffice gut zurecht. Einsamkeit für einen sehr langen Zeitraum kann unter anderem das Risiko für degenerative Erkrankungen im Gehirn wie Demenz steigern. Unser Gehirn erhält ohne den Kontakt zu anderen Menschen keine ausreichenden Impulse, um neue nervliche Verbindungen aufzubauen. Auch die Zeit für soziale Kontakte ist deshalb ein wichtiger Bestandteil unseres Lebens-Tellers.

Physical Time – unser Körper fordert Bewegung

Fast müsste es heißen „Gesunde Beine – gesunder Geist". Gehirn und Nervensystem profitieren von körperlicher Bewegung. Wie Wissenschaftler herausfanden, kommt dabei den Beinen tatsächlich eine Schlüsselbedeutung zu. In Versuchsanordnungen mit Mäusen konnten sie aufzeigen, dass sich in einem bestimmten Bereich des Gehirns, in dem sich unter anderem neue Gehirnzellen bilden, Veränderungen bei mangelnder Beinbewegung ergeben. Werden die Beine nicht ausreichend bewegt, sterben Stammzellen ab. Es können sich keine neuen Nervenzellen entwickeln.[144] Darüber hinaus konnten Wissenschaftler in einer Studie mit 1,2 Millionen schwedischen Männern einen Zusammenhang von körperlicher Bewegung und einem verbesserten Intelligenzquotienten nachweisen, welcher u. a. auf das gesteigerte Herz- und Lungenvolumen und damit die optimierte Sauerstoffzufuhr im Gehirn zurückzuführen ist.[145]

---

144 Deutsches Ärzteblatt (2016): Wie Laufen das Gedächtnis (von Mäusen) verbessert. URL: https://www.aerzteblatt.de/nachrichten/69282/Wie-Laufen-das-Gedaechtnis-(von-Maeusen)-verbessert [Stand: 15-04-2022]
Deutsche Parkinson Vereinigung e.V. (2021): Blut von Marathon-Mäusen steigert die Gehirnfunktion ihrer Couch-Potato-Genossen. URL: https://dpv-bw.de/blut-von-marathon-maeusen-steigert-die-gehirnfunktion-ihrer-couch-potato-genossen [Stand: 12-04-2022]
145 Shaw, R. (2009): Steigert körperliche Fitness die Intelligenz. URL: https://www.praxis-dr-shaw.de/blog/steigert-korperliche-fitness-die-intelligenz/ [Stand: 06-04-2022]

Du riskierst nicht nur den körperlichen Verfall, wenn Du Dich nicht ausreichend bewegst. Der geistige Verfall folgt zugleich. Viele Wissenschaftler beschäftigen sich mit dem Thema kognitive Fähigkeiten und Bewegung. Die Erforschung der Zusammenhänge zwischen beiden Faktoren ist noch lange nicht abgeschlossen. Fest steht allerdings schon heute: Nicht nur bei Kindern fördert und erhält körperliche Aktivität die geistige Entwicklung. Im Sinne eines ausgeglichenen Lebens-Tellers ist es deshalb sinnvoll, jeden Tag etwas Zeit für körperliche Aktivität zu reservieren.

Time In – die Zeit für das Schneckenhaus

Auch wenn Du Dich als eher extrovertiert einschätzt, benötigst Du Zeit, um Dich in Dich selbst zurückzuziehen. In unserer modernen und hektischen Welt kommt dieser Aspekt bei vielen Menschen zu kurz. In manchen Tagesabläufen existiert dieser Zeitblock überhaupt nicht mehr. Hier sind die introvertierten Menschen häufig im Vorteil. Sie bemerken schnell, dass ihnen zu viel Zeit in der Außenwelt nicht bekommt und nehmen sich mehr Auszeiten für die innere Weltschau.

Dieser Zeitraum ist auch dem gewidmet, was man gemeinhin als Spiritualität bezeichnen kann. Moderne Zeitgenossen können oft mit diesem Begriff nicht mehr viel anfangen. Die Bedeutung von Kontemplation, von Innenschau oder Beschäftigung mit spirituellen/religiösen Themen scheint stark nachgelassen zu haben. Wir leben in einer Zeit äußerer Bewegung und Impulse. Moderne Medien wie Fernsehen, Radio, Handy, Social Media und die ständige Erreichbarkeit lassen uns mehr im Außen leben als im Inneren. Das kann dazu beitragen, dass wir uns auch im Berufsleben stärker gestresst fühlen als notwendig.

Haben wir nämlich auch Zeiten, in denen unser Geist sich einmal in sich selbst zurückziehen darf, dann können wir mit Stressoren von außen besser umgehen. Deshalb profitieren viele Menschen davon, wenn sie eine regelmäßige Meditationspraxis unterhalten. Auch die ungebrochene Begeisterung vieler Menschen für Yoga, Tai-Chi und ähnliche Programme spricht für ein Bedürfnis nach dem Inneren. Auch dafür gilt es regelmäßig und idealerweise jeden Tag, etwas Zeit freizumachen.

Down Time – wenn der Geist sich hängen lassen darf

Auch unser Gehirn möchte – bildlich gesprochen – einmal die Beine baumeln lassen. Virtuell auf einer Bank sitzen, sich von der Sonne bescheinen lassen und nichts tun. Auch dieses Verhalten ist ähnlich wie die Zeit für die Innenschau in unserer Gesellschaft verpönt. Das gilt insbesondere für die Anwesenheit im Büro und auf der Arbeit. Niemand möchte als Faulenzer dastehen, weil er einfach einmal so vor sich hinträumt. Selbst in der freien Zeit gönnen wir uns diese Zeiten des planlosen Denkens kaum. Schließlich sind unsere freien Zeiten oft intensiv durchstrukturiert und mit vielen Aktivitäten verplant. Wer sich regelmäßig diesem Nichtstun hingibt, tut seinem Gehirn etwas Gutes.

Die kurzen Auszeiten für den Geist helfen ihm dabei, sich zu erholen. Das Beste daran ist, dass wir dafür nichts tun müssen. Das Geheimnis der Auszeiten liegt im Nichtstun. Vergleichbar mit dem Multitasking überfordern wir unser Gehirn, wenn wir uns ständig ohne Unterbrechung geistig fokussieren oder uns mit verschiedensten geistigen Tätigkeiten ohne Unterbrechung beschäftigen. Das Nichtstun für den Geist ist mindestens genauso wichtig wie Schlafen und körperliche Bewegung. Auch hierfür müssen wir uns kurze Zeiträume reservieren.

Sleep Time – Schlafen

Neben dem Nichtstun im Wachzustand benötigt das Gehirn den Schlaf als längere Auszeit. Viele von uns nehmen eher an, wir müssen schlafen, um körperliche Erschöpfung zu überwinden. Dabei wird oft verkannt, wie nötig unser Geist den Schlaf hat. Tatsächlich benötigt das Gehirn den Schlaf noch mehr als der Körper. Man könnte sogar sagen, körperliche Müdigkeit wird über das Gehirn gesteuert.

Die ganze Wachzeit über muss das Gehirn Sinneseindrücke verarbeiten und unser Leben steuern. Da bleibt keine Zeit für notwendige Reparaturprozesse im Körper und für die tiefergehende Verarbeitung der Eindrücke beispielsweise im Traum. Wir verschlafen deshalb rund ein Drittel unseres Lebens, weil unser Geist dringend diese längere Erholungspause benötigt. Die Vorgänge, die den Schlaf prägen, spielen sich dabei nicht nur auf der psychischen Ebene ab. Wissenschaftler haben festgestellt, dass während des Schlafes Hirngewebeflüssigkeit ausgetauscht wird. Es findet eine Art Reinigungsprozess im Schlaf statt.

Das bedeutet auch, dass Schlafentzug und Schlafmangel ebenfalls Risikofaktoren für degenerative Erkrankungen des Gehirns wie Alzheimer sowie Demenz sind. Eine wissenschaftliche Studie konnte auch zeigen, dass Schlafentzug sich auf die Ausschüttung bestimmter Botenstoffe im Gehirn wie Serotonin auswirkt.

Lange anhaltender Schlafentzug beispielsweise von bis zu 72 Stunden führt zu Halluzinationen und anderen Veränderungen der kognitiven Wahrnehmung.[146]

Schlaf und kognitive Fähigkeiten gehören zusammen. Deshalb macht auf dem Lebens-Teller die Schlafzeit einen maßgeblichen Anteil aus.

---

146 Gerhard, S. (2021): Das passiert, wenn du nicht mehr schläfst. URL: https://www.quarks.de/gesundheit/schlafentzug/ [Stand: 17-03-2022]

Praktische Schlussfolgerungen aus dem Healthy Mind Platter Modell

Zunächst einmal ist dieses Modell mit dem Lebens-Teller und 7 maßgeblichen Zeitblöcken eher theoretischer Natur. Rock und Siegel machen es uns auch nicht leicht, weil sie keine Standardempfehlungen für die zeitliche Verteilung der jeweiligen Blöcke aussprechen.
Wie lässt sich also das Modell für den gesunden Geist in den Alltag mit seinen vielen Anforderungen integrieren? Vielleicht hast Du das Gefühl, dass Du mit Arbeit und Privatleben schon genug ausgelastet bist und für einige der genannten Zeiteinheiten nicht noch zusätzlich Zeit reservieren möchtest. Wir schauen uns jetzt das Modell einmal von der praktischen Seite an. Dabei möchten wir alle Zeitblöcke berücksichtigen. Die jeweiligen tatsächlichen Zeiten, die ein jeder Mensch aufbringen möchte, sind etwas individuell. Dennoch gibt es einige Orientierungspunkte, von denen wir immer ausgehen können.

Schlaf – der größte Zeitblock

Die meisten Menschen profitieren davon, wenn sie zwischen 7 und 8 Stunden schlafen. Es soll auch Menschen geben, die nach 4-5 Stunden Ruhe erholt sind. Diese Menschen behaupten dann meist auch, dass sie nicht mehr Schlaf benötigen. Das sollte aber die Ausnahme sein. Ebenso gibt es Menschen, die sich erst nach 9-10 Stunden Schlaf ausgeschlafen fühlen. Es gibt in diesem Bereich eine Variationsbreite bei der Schlafdauer. Ob Du ausgeschlafen bist, kannst Du perfekt feststellen, wenn Du am Schreibtisch sitzt. Fühlst Du Dich hier nicht schläfrig und Dein Geist ist wach, kannst Du von ausreichendem Schlaf ausgehen. Nickst Du dagegen im Sitzen ständig ein, fühlt sich das nach Schlafmangel an.

Gehen wir davon aus, dass die meisten Menschen durchschnittlich 8 Stunden Schlaf benötigen, ist das bereits ein Drittel der 24 Stunden eines Tages. Diese Zeit für ausreichenden Schlaf solltest Du regelmäßig einplanen. Viele Menschen beschneiden die Schlafdauer und gehen dauernd zu unregelmäßigen

Zeiten ins Bett. Das kann die Schlafroutine und die Schlafrhythmen erheblich durcheinanderbringen.

Deshalb ist eine Schlafhygiene ein wichtiger Gesichtspunkt, um Deinen Lebens-Teller in die richtige Balance zu bringen. Blaulicht am Abend, wie Bildschirme und Fernsehen es ausstrahlen, kann den Schlafrhythmus stören. Dieses Licht wirkt sich auf die Ausschüttung von Melatonin aus. Melatonin ist ein Botenstoff, der den Nacht-Wachrhythmus maßgeblich steuert. Wenn Du es also ernst meinst mit der Integration aller 7 Faktoren für den gesunden Geist in einen 24-Stunden-Rhythmus, etabliere nach Möglichkeit schlafgesunde Routinen am Abend. Gehe außerdem regelmäßig zur selben Zeit ins Bett. Dabei spielt es keine Rolle, ob Du am nächsten Tag ins Büro musst oder ob Du Urlaub hast. Je regelmäßiger Deine Rhythmen gestaltet sind, desto sicherer findest Du pünktlich in den Schlaf und betreibst Vorsorge gegen Schlafstörungen. Auch ein Entspannungsritual kann dazu beitragen, dass Du besser schläfst.

Insgesamt nimmt der Block Schlaf schon einen großen Teil Deines Lebens ein. Bleibt denn da überhaupt noch genug Zeit für die restlichen 6 wichtigen Zeitblöcke, wenn Du auch noch 8-10 Stunden arbeiten musst?

Warum die Faktoren für die geistige Gesundheit keine reine Freizeitangelegenheit sind

Der Zeitplan für Schlaf ist in der Freizeit reserviert. Die restlichen 6 Aspekte musst Du in Deinen gesamten Tagesablauf integrieren. Das bedeutet, einige von ihnen haben auch ihren Platz, während Du arbeitest. Das gilt zum Beispiel für den Zeitblock „Konzentriertes Arbeiten“. Dieser eignet sich bestens dafür, in Deine tägliche Arbeit integriert zu werden. Zugegeben, es kann an einem hektischen Arbeitsplatz recht schwierig sein, sich einen Zeitblock für eine klare, fokussierte Arbeit zu schaffen. Dennoch solltest Du es versuchen. Bereits mehrere kurze Zeitblöcke etwa von 10 bis 15 Minuten konzentriertem Arbeiten können Dir dabei helfen, diesen Aspekt in Deinen Tag zu integrieren.

Einfach einmal 5 Minuten abschalten

Auch eine fünfminütige Down Time kann ihren Platz in Deinem Arbeitsleben finden. Kurz einmal den Geist abschweifen zu lassen, nicht auf den PC zu starren, sondern aus dem Fenster schafft Deinem Geist die nötige Entspannung für weitere Höchstleistungen an diesem Tag.

Die Sozialzeit ist eine Ganztagsangelegenheit

Wie viel Zeit Du tatsächlich in die Verbindung zu anderen Menschen investierst und investieren möchtest, hängt von vielen Umständen ab. Bist Du eher introvertiert oder er extrovertiert? Wie ist Deine Lebenssituation? Kehrst Du nach Hause von der Arbeit zurück zu Deiner Familie oder bist Du ein Single? Erfordert Dein Beruf viel Interaktion und Kommunikation mit anderen Menschen oder kannst Du zurückgezogen für Dich selbst arbeiten?

In jedem Fall ist die Social oder Connecting Time ein weiterer wichtiger Zeitblock, der ausreichend berücksichtigt werden muss. Hier kannst Du auch ganz gezielt soziale Aktivitäten einplanen, wenn Du beispielsweise bei Deiner Arbeit nicht viel Kontakt zu anderen Menschen hast. Auf der anderen Seite kannst Du vielleicht ein stärkeres Bedürfnis nach persönlichem Rückzug haben, wenn Du den ganzen Tag über mit anderen Menschen sprechen musst.

Hier gilt es, eine individuelle und persönliche Balance zu finden, die Dir guttut. Wichtig ist es, nicht ins Extreme zu verfallen. Dein Geist profitiert nicht davon, wenn Du die ganze Zeit über nur mit anderen Menschen verbringst. Er leidet auch, wenn Du isoliert und vereinsamt bist. Am besten verteilen sich im Alltag die Zeiten für andere Menschen über mehrere Blöcke auf den ganzen Tag.

Bewegung

Gehörst Du auch zu den Menschen, die einmal am Wochenende 2-3 Stunden intensiv Sport treiben und die ganze Woche über nicht? Dann ist der Lebens-Teller nicht ausgeglichen. Am meisten profitieren wir von regelmäßiger körperlicher Bewegung. Das ist idealerweise ein Zeitraum von etwa 30 Minuten 5-7 Mal die Woche.

Wenn Du ehrlich bist, gibt auch ein ausgefüllter Terminplan diese 30 Minuten pro Tag her. Du musst dabei nicht ins Fitnessstudio gehen. Es reichen auch der tägliche stramme Spaziergang, die Fahrt mit dem Fahrrad ins Büro oder zum Einkauf am frühen Abend. Je mehr Bewegungsblöcke Du in Deinen Alltag in und rund um die Arbeitszeit integrieren kannst, desto besser für Deine mentale und Deine körperliche Gesundheit. Zur Bewegung gehört auch, dass Du die Treppe und nicht den Fahrstuhl benutzt. Ebenso ist es körperliche Aktivität, wenn Du nach dem Mittagessen in der Kantine 15 Minuten draußen an der frischen Luft umhergehst. Mit etwas Kreativität finden sich viele Möglichkeiten, mehr körperliche Bewegung in den 24-Stunden-Tag zu integrieren. Genau genommen handelt es sich um die rund 12 Stunden, die Deine Wachzeit ausmachen. Auch wenn Du Dich bei Hausarbeit richtig anstrengst, kannst Du Dich körperlich bewegen.

Geistige Entspannung und Kontemplation

Was hältst Du von einer regelmäßigen Meditationspraxis? Viele Menschen genießen es, insbesondere früh am Morgen mindestens 10-15 Minuten in eine Meditation zu investieren. Am Anfang fordert das etwas Disziplin und viel Übung von Dir. Dein Geist kann davon nur profitieren. Diese Zeit der inneren Einkehr bringt Deinen Geist zur Ruhe und lässt Dich gelassener in den Tag starten.

Wer regelmäßig meditiert, kann diese Entspanntheit häufig über viele Stunden auch in die Arbeitszeit mit hinübernehmen. Wenn Du nicht meditieren möchtest, gibt es auch andere Möglichkeiten der inneren Einkehr.

Wichtig ist, dass Du regelmäßig einen bestimmten Zeitraum für diese Aktivität blockst.

Gleiches gilt für eine Auszeit von 5 Minuten einmal oder mehrmals täglich, in der Du Deinen Geist freilässt. Er darf umherstreifen, sich hängen lassen und wird zu nichts gezwungen. Das lässt sich auch kurz einmal am Schreibtisch realisieren. Ebenso abends kurz vor dem Schlafengehen.

Zeit zum Spielen

Wenn Du einen kreativen Beruf hast, kannst Du Zeit zum Spielen elegant in die tägliche Arbeit integrieren. Spielt die Kreativität in Deinem Beruf eine kleinere Rolle, solltest Du ihr bewusst Raum geben. Man kann allein spielen und mit anderen Menschen. Auch Freizeitaktivitäten lassen sich spielerisch gestalten. Als Kinder sind wir Meister im Spiel. Unsere ganze Welt ist dann ein großes Spiel.

Es lohnt sich, Dir wieder gezielt spielerische Aktivitäten vorzustellen und einige von ihnen dann in Dein Leben zu integrieren. Idealerweise hast Du jeden Tag zumindest einen kurzen Zeitblock für ein spielerisches Element in Deinem Leben. Dabei geht es um eine Aktivität, die Dir Spaß macht. Gedanken werden in diesem Zeitraum nicht kontrolliert, sie dürfen ähnlich wie in der Entspannungsphase tun, was sie möchten. Man könnte sagen, Dein Geist darf sich in dieser Zeit amüsieren. Kennzeichnend für die Spielphase ist, dass Aktivitäten zunächst einmal nicht direkt zweckgerichtet sind. Sie können im beruflichen Feld zu neuen Denkansätzen und Lösungen führen. Sie müssen es aber nicht. Spielen ist eine entspannte Tätigkeit, in der man allerdings völlig aufgehen kann. Hier ähnelt das Spielen Zeiten höchster Konzentriertheit. Während Du in der Focus Time aber sehr zielgerichtet Deinen Geist auf etwas Bestimmtes richtest, bist Du beim Spielen lockerer dabei. Wie wäre es also, in dem nächsten Meeting auf der Suche nach einem neuen Namen für das neue Produkt spielerisch Mindmapping anzuwenden?

Unser Geist liebt die Vielfalt

Ist Dir etwas aufgefallen, als Du den Text durchgegangen bist? Der Lebens-Teller mit seinen 7 unverzichtbaren Aspekten für die geistige Gesundheit repräsentiert ein abwechslungsreiches, vielseitiges Leben. Das Gehirn profitiert von neuen Anregungen, Impulsen, Veränderungen, neuen Kontakten und verschiedenen Aktivitäten.

Genau deshalb ist es auch wichtig, dass Du das Teller-Prinzip nicht als Anweisung interpretierst, die verschiedenen Zeitblöcke immer in der gleichen Reihenfolge und mit dem gleichen Zeitanteil zu berücksichtigen. **Die Variation macht es.** Die jeweiligen Themenbereiche in den Zeitblöcken bieten 1001 Möglichkeiten, Dein (Arbeits-) Leben abwechslungsreich und immer wieder anders zu gestalten. Das ist das Geheimnis, das hinter geistiger Gesundheit steht.

Das Gehirn verkümmert mit Monotonie und ständigen Routinen. Routinierte Abläufe können uns das Leben erleichtern, sie sind aber kein Wert an sich. Für das Gehirn und seine Gesundheit ist die Vielfalt maßgeblich. Ein gehirngesundes Leben bietet immer wieder Abwechslung. Es berücksichtigt alle genannten Aspekte in unterschiedlicher Intensität. Schlaf ist dabei eine relativ feststehende Säule.

Aber auch hier kann es einmal Abweichungen geben. Der Geist verzeiht, wenn wir ab und an die Nacht zum Tage machen. Allerdings in angenehmer Art und Weise. Wenn Du ständig Überstunden machst und deshalb weniger schläfst, profitiert Dein Geist nicht davon. Rock und Siegel haben mit ihrem Healthy Mind Platter ein Modell gefunden, das uns primär eines sagt: Abwechslungsreich leben. In Balance leben.

Auch hier haben wir wieder die Analogie zur abwechslungsreichen Ernährung. Wer sich jeden Tag von Pasta mit Tomatensoße und einem Apfel ernährt, hat zwar bestimmte Anteile an Gemüse, Obst, Protein, Kohlenhydraten und Fett verzehrt, aber es fehlt die Variation. Vor allem erhält der Körper mit dieser Ernährung die wichtigen Bestandteile ständig in der gleichen Form. Eine solche einseitige Ernährung würde etwa die nützlichen Mikroorganismen in unserem Darm leiden lassen. Auch sie lieben die Abwechslung. Nicht umsonst spricht man in der Analogie häufig vom zweiten Gehirn, wenn von dem Mikrobiom im Darm die Rede ist.

Ähnlich anspruchsvoll wie unser Körper und Darm ist das Gehirn. Es wünscht sich geistige Anregungen sowie Impulse in unterschiedlicher Art und Weise. Eine gute Balance zwischen Ruhe und Anspannung, zwischen Wachsein und Schlafen. Pausen sind wichtig. Bewegung ist essentiell. Alles andere kann individuell gestaltet werden und sollte es auch. Jeder Arbeitstag kann mit Blick auf die mentale Gesundheit strukturiert werden. Wichtig ist es zunächst, ein Gefühl für die Ansprüche unseres Geistes zu entwickeln. Dabei kann dieses Lebens-Teller-Modell für die geistige Gesundheit helfen und die richtigen Anregungen liefern.

Du hast es in der Hand, individuell das Healthy Mind Platter Modell für Dich zu leben und damit auch in den stressigsten beruflichen Zeiten sowie in persönlichen Krisen Ankerpunkte zu schaffen, die Deine geistige Gesundheit stützen. Richtig gemacht, gewinnst Du Widerstandskraft gegen belastende Faktoren von außen. Mentale Stärke ist nicht etwas, was einem Menschen einfach gegeben ist oder nicht. Wir können sie selbst durch unseren Lebensstil beeinflussen, ebenso wie wir mit gesunder Ernährung unsere körperliche Gesundheit beeinflussen können.

5.7 VERSUNKEN IN DER ARBEIT – FLUCH ODER SEGEN?

Wir können in unserer Arbeit an einem schier unüberwindbaren Berg an Aufgaben immer weiter und weiter unter der Last absinken und untertauchen, aber anderseits auch tief ab- und eintauchen in eine Welt, die uns ganz neue Möglichkeiten eröffnet. In diesem Kapitel wollen wir uns die positiven Seiten anschauen, wenn wir uns voll und ganz in der Arbeit vertiefen.
Hast Du Dich schon einmal so richtig in Deine Arbeit oder Dein Hobby vertieft, ohne zu merken, wie schnell die Zeit dabei vergeht? Glückwunsch, dann warst du ganz tief im „Flow". Das Konzept des Flows ist aber auch aus der Welt des Sports bekannt.

Gerade bei Ausdauersportarten geraten wir irgendwann in einen **Tunnel voller positiver Emotionen und Energie,** die uns unser Ziel wie automatisch erreichen lassen. Diesem Glückszustand hat der renommierte Psychologe und Kreativitätsforscher **Mihály Csíkszentmihályi** im Rahmen seiner Forschungen an der University of Chicago den Namen **„Flow"** gegeben.

Genau dieser Zustand ist es, der unsere Produktivität, unsere Zufriedenheit und die Möglichkeiten zur persönlichen Weiterentwicklung maximiert. Aber was genau macht den Flow-Zustand aus? Was bringt mir der Flow? Welche Voraussetzungen sind zum Erreichen dieses Zustands notwendig? Und mit welchen Techniken erreiche ich den Flow im Alltag? Schauen wir uns diese Fragestellungen nun mal genauer an.

Definition: Was bedeutet Flow?

Der Antwort auf die Frage, was Flow eigentlich bedeutet, kommen wir bereits sehr nahe, wenn wir uns den Begriff aus dem Englischen übersetzen. Wörtlich bedeutet Flow so viel wie „rinnen", „fließen" oder „strömen".

Und genau das ist das Gefühl, das uns im Zustand des Flows durchströmt. Man könnte es auch als Schaffenslust oder Tätigkeitsrausch bezeichnen, im Rahmen dessen sich die Arbeit wie von selbst erledigt.

Der typische Flow-Zustand, den schon der Pädagoge Kurt Hahn zu Beginn des 20. Jahrhunderts als „schöpferische Leidenschaft" beschrieben hat, stellt damit eine Mischung aus verschiedenen positiven Gemütszuständen, Sinneseindrücken und Emotionen dar. Gemeinsam wirken diese stark motivierend sowie produktivitätssteigernd.

Welche Voraussetzungen sind für den Flow notwendig?

Treffend beschreibt Mihály Csíkszentmihályi den Zusammenhang zur Entstehung des Flows: „Die besten Momente in unserem Leben sind nicht die Momente in absoluter Entspannung. Die besten Momente passieren üblicherweise dann, wenn Körper und Geist eines Menschen an ihre Grenzen herangeführt werden, um etwas Schwieriges zu erreichen, das es wert ist."[147]

Damit wären wir auch gleich bei den Voraussetzungen, die notwendig sind, um diesen Zustand zu erreichen. Ob während der Arbeit, beim Betreiben eines Hobbys oder beim Sport – die Voraussetzungen sind stets die folgenden **3 Faktoren:**

1. Das Spannungsfeld zwischen Herausforderung und Langeweile treffen

Du kannst Dir den Flow wie eine mathematische Funktionskurve in einem Koordinatensystem vorstellen. Auf der einen Achse sind Deine Fähigkeiten, auf der anderen Achse die Herausforderung abgetragen. Die Flow-Zone wird dann optimal getroffen, wenn der Schwierigkeitsgrad der Aufgabe und Deine Fähigkeiten im richtigen Verhältnis zueinanderstehen.

---

147 Csíkszentmihályi, M. (2002): Flow – The classic work on how to achieve happiness. London: Rider

Auf eine Aufgabe im Berufsalltag übertragen bedeutet das, dass diese Dich weder langweilen noch völlig überfordern darf. Die so auftretenden negativen Emotionen führen dazu, dass Du nicht in den positiven „Rauschzustand“ kommst. Ein idealer Flow wird erreicht, wenn das Pendel **minimal in den Bereich der Überforderung** ausschlägt.

So musst Du ein Stück weit aus Deiner Komfortzone heraus, um bei der Aufgabenerfüllung ein wenig über Dich hinauszuwachsen. Belohnt wird das Ganze mit einem Erfolgserlebnis. Nakamura et al. fassen es noch treffender zusammen. „Flow zu erfahren hängt von der Balance zwischen deinen Fähigkeiten und der Größe der Herausforderung ab.“[148]

2. Konzentration auf eine Sache

Die zweite Grundvoraussetzung, damit Flow überhaupt entstehen kann, ist, dass Du voll in eine Aktivität eintauchst. Gerade in unserem hektischen Alltag, der von dem Märchen von der Effektivität des Multitaskings geprägt ist, ist unsere Aufmerksamkeit aber sehr zerstreut.

Kein Wunder, dass viele Aufgaben und Anforderungen ein Gefühl von Verwirrung und Unzufriedenheit hinterlassen. Wer es jedoch schafft, sich mit seiner vollen Konzentration auf ein sehr begrenztes Aktionsfeld zu fokussieren, erreicht den positiven Flow-Zustand.

3. Klare Ziele, klares Feedback

Der Flow-Zustand kann nur dann erreicht werden, wenn es klar formulierte Ziele gibt. Mehr noch: Gleichzeitig muss es im Rahmen der durchgeführten Tätigkeit auch eine unmittelbare Feedbackschleife bezüglich des Erreichens von Zielen und Teilzielen geben. Das ist auch der Grund dafür, warum der Flow gerade bei künstlerischen Tätigkeiten und Ausdauersportarten besonders effektiv funktioniert. In beiden Fällen existieren klare Regeln, die

---

148 Nakamura, J.; Csíkszentmihályi, M. (2009): Flow theory and research. In: Snyder, C. R.; Lopez, S. J. (Hrsg.), Handbook of positive psychology, Oxford: Oxford University Press, S. 195-206

notwendig sind, um vordefinierte Ziele zu erreichen. Auch das Feedback folgt beinahe in Echtzeit.

So erkennst Du, ob Du Dich im Flow befindest

Der Flow ist ein schwer beschreibbares Gefühl, das sich häufig erst im Nachhinein ausmachen lässt. Umso wichtiger ist es zur Erfolgskontrolle, dass Du bereits während der Tätigkeit Deinen Flow-Status erkennst. Die folgenden **5 Charakteristika** sind dabei besonders typisch für das Erleben des Flows:

- Du hast das **Gefühl der absoluten Kontrolle über die Situation und Deine Handlungen.** Man könnte beinahe sagen, dass die Flow-Erfahrung an das „zwanghafte“ Beherrschen der Tätigkeit grenzt.

- Tief im Flow verändert sich Dein **Zeitgefühl.** Du erlebst die ausgeführte Tätigkeit situationsabhängig in einer enormen **Zeitraffung oder Zeitdehnung.** Nicht umsonst spricht man von voller Konzentration in Zeitlupe bzw. dem Vergehen der Zeit wie im Flug.

- Ganz gleich, ob Du Dich auf den letzten Kilometern Deines Marathons befindest, eine spannende Aufgabe auf einer Baustelle bewältigst oder Du Dich in der Kunst verwirklichst. Alles läuft **harmonisch und wie von selbst** ab. Alles scheint logisch und mühelos, ohne dass Du Dich bewusst anstrengen musst.

- Die direkte Folge Deiner Fokussierung ist das absolute **Verschmelzen von Aufmerksamkeit und Bewusstsein mit Deinen Handlungen.** Dabei bleibt kein Raum mehr für negative Überlegungen und Ängste. Du erlebst ausschließlich Dich selbst und Deine unmittelbare Umgebung. Parallel existiert auch das Phänomen des Team-Flows, wobei sich das Flow-Phänomen durch Synergieeffekte auf eine gesamte Arbeitsgruppe überträgt.

- Das fünfte Merkmal, an dem Du einen intakten Flow-Zustand erkennst, ist die sogenannte **autotelische Qualität** der Flow-Erfahrung. Das bedeutet grob übersetzt, dass nicht das Erreichen des Ziels bzw. das Ergebnis Dir die eigentliche Befriedigung verschafft, sondern die Handlung an sich.

Grob zusammengefasst: **Der Weg ist das Ziel.** Vergleichen wir es mit dem Bau eines Modellautos. Hier ist es das Basteln, das Dich zufrieden macht und in einen Flow-Zustand bringt – das fertige Modell dagegen ist zwar schön anzusehen, aber zweitrangig.

Was bringt mir persönlich der Flow?

Auch wenn sich der Flow vor allem in unseren Köpfen abspielt, ist er kein rein geistiger Zustand. Der tranceartige Zustand, den wir erleben, ist tatsächlich körperlich messbar. Wissenschaftler haben herausgefunden, dass der Organismus während der Flow-Phase sogenannte Glückshormone ausschüttet. Diese Endorphine wirken im Körper auf verschiedenste Weise.

So beeinflussen sie etwa die Gleichmäßigkeit des Herzschlags, fördern die Hautleitfähigkeit, lassen die Zeitwahrnehmung schwinden und fördern die Konzentration. Das lässt sich sogar anhand der Hirnaktivität nachvollziehen und körperlich messen. Darüber hinaus sind eben diese Endorphine während eines Ausdauerlaufs sogar für eine verringerte Schmerzwahrnehmung samt Tunnelblick verantwortlich.

Nicht umsonst spricht man auch vom „Runners High". Genau diesen Zustand erlebst Du durch einen bewusst herbeigeführten Flow auch in Deinem beruflichen Alltag. Damit aber noch nicht genug: Wissenschaftler nehmen an, dass das regelmäßige Herbeiführen von Flow-Zuständen gleich mehrere positive Effekte auf die im Flow befindliche Person hat. So soll sich etwa die seelische Stabilität erhöhen.

Auch soll der intensiv erlebte positive emotionale Zustand die Gesundheit langfristig fördern. Hinzu kommen eine starke emotionale Ausgeglichenheit, ein höheres Maß an Zufriedenheit sowie der Aufbau mentaler Stärke. Ganz nebenbei sei erwähnt, dass auch das Ergebnis der ausgeführten Arbeiten deutlich besser ausfällt. Damit profitiert auch Dein Arbeitgeber direkt von der Herbeiführung vom Arbeits-Flow bei seinen Mitarbeitern bzw. vom Team-Flow.

Das kannst Du tun, um den bestmöglichen Flow-Zustand zu erreichen

Nachdem Du nun weißt, wie Du den Flow-Zustand bei Dir in der Praxis erkennst und warum er ein lohnendes Ziel ist, machen wir den letzten Schritt: Es geht um praktische Tipps, wie Du selbst im Job einfacher in den Flow kommst.

Wichtig: Die folgenden Tipps sind selbstverständlich nicht abschließend. Ebenfalls wird nicht jede einzelne Maßnahme für Dich optimal funktionieren. Umso wichtiger ist es, dass Du die verschiedenen Herangehensweisen ausprobierst und Dir die besten Optionen herauspickst.

Technik 1: Definiere Ziele und halte sie schriftlich fest

Wie schon angesprochen ist das Vorhandensein klarer Ziele und Regeln essentiell für das Erreichen des Flow-Zustands. Verwirrung, geistige Ablenkung und auch Langeweile im Job entstehen in der Regel durch eine gewisse Orientierungslosigkeit. Definierte und im zweiten Schritt verschriftlichte Ziele dienen Dir als Leitlinie. Ob nun übergeordnete Ziele für eine Arbeitswoche, Ziele für den Arbeitstag oder ein einfacher Task. Wer seine Ziele klar benennt und diese aufschreibt, sorgt dafür, dass Antriebskraft sowie Kreativität zurückkehren. Damit entsteht eine gute Basis für den Flow.

Technik 2: Visualisiere Deine Ziele

Zahlreiche Psychologen haben sich bereits damit befasst, wie Flow bewusst herbeigeführt werden kann. Koehn et al. weisen darauf hin, dass die Vorstellungskraft eine essentielle Rolle spielt.[149] Tatsächlich ergab sich im Rahmen von eingehenden Untersuchungen mit Sportlern, dass das vorherige Produzieren geistiger Bilder die Handlung positiv beeinflusst. So etwa sollten sich Tennisspieler die Ausführung eines bestimmten Schlags vergegenwärtigen. Interessanterweise verbesserte sich die Qualität und Effektivität der Schläge. Also: Stelle Dir die kommende Handlung und das zu erreichende Ziel vor Deinem geistigen Auge vor, um leichter in den Flow-Modus zu kommen.

Technik 3: Zerlege Deine Aufgaben

Große Aufgaben fördern das Gefühl von Überforderung und senken damit sowohl die Motivation als auch die Arbeitsdynamik. Hier ist es nicht anders als in der Physik mit dem Gesetz der Trägheit. Je schwerer ein Körper, desto schwerer ist er in Bewegung zu bringen. Ist der Körper aber einmal in Fahrt, wird es immer leichter, ihn in Bewegung (im Flow) zu halten. In der Arbeitswelt erreichst Du diesen Zustand am leichtesten, indem Du große Aufgaben bewusst in einzelne Schritte zerlegst. Setze Dir dazu Meilensteine, deren Erreichen Du mit einer Belohnung kombinierst. Wenn es Dir hilft, kannst Du die entsprechenden Unterziele auch noch mit einer persönlichen Deadline versehen.

Technik 4: Frage Dich, worin Deine Motivation liegt

Die Gedankenhygiene ist eine elementare Voraussetzung für das Erreichen des Flow-Zustands. Immerhin sind es Gedanken, die direkten Einfluss auf unsere Gefühle und unsere Handlungen haben. Schließlich analysiert, lobt und kritisiert dieser innere Dialog gleichermaßen.
Motivation ist dabei die Triebfeder für eine positive Gedankenhygiene. Wichtig ist hier, dass Du zwischen intrinsischer und extrinsischer Motivation

---

149 Koehn, S.; Morris, T.; Watt, A. P. (2013): Flow state in self-paced and externally-paced performance contexts – An examination of the flow model. In: Psychology of Sport and Exercise, Vol. 14 (6), S. 787-795

unterscheidest. Allzu häufig ist extrinsische (äußere) Motivation im beruflichen Umfeld bestimmend.

Typische Beispiele wären hier etwa das Ausüben einer Tätigkeit, um Geld zu verdienen oder keinen Ärger vom Vorgesetzten zu bekommen. Wie Du Dir womöglich vorstellen kannst, ist diese Form der äußeren Motivation nur von kurzfristiger Natur. In einen positiven Flow kommen lässt sie Dich nicht.

Werde Dir daher vor dem Erledigen einer Aufgabe darüber klar, was Dich intrinsisch motiviert – also innerlich antreibt. Hier kommen wir bereits zu einem entscheidenden Knackpunkt: Was, wenn Du in Deinem beruflichen Umfeld keinerlei intrinsische Motivation verspürst? Dann ist es an der Zeit, dass Du Dir Gedanken, um eine berufliche Umorientierung machst!

Technik 5: Bewege Dich am Arbeitsplatz

Ist Dir schon einmal aufgefallen, dass Deine Gedanken so richtig in Fahrt kommen, wenn Du Dich in Bewegung befindest? Gehörst Du auch zu den Leuten, die philosophierend durch die Wohnung laufen und dabei ganz nebenbei (zumindest verbal) die Probleme der Menschheit lösen?
Regelmäßige Bewegung bereitet auch am Arbeitsplatz den Weg. Das liegt nicht nur an der verbesserten Durchblutung von Gehirn und Muskulatur, sondern auch an der Ausschüttung von Glückshormonen. Und genau diese sind wie erwähnt der Dosenöffner für den Flow. Stehe also regelmäßig vom Schreibtisch auf, mache einen Rundgang durch das Büro oder nutze die Mittagspause für einen Spaziergang.

Technik 6: Räume Deinen Arbeitsplatz auf

Ordnung ist das halbe Leben. Das hat Dir mit Sicherheit schon Deine Großmutter nahegebracht. Dass ein ordentliches Arbeitsumfeld aber auch eine wichtige Voraussetzung für das Flow-Erleben am Arbeitsplatz ist, hätte sie wohl nicht gedacht. Tatsächlich sind meterhohe Papierstapel, die Überreste des Frühstücks, dreckige Kaffeetassen und sonstiger Tand nicht nur ein Ärgernis für den Chef und die Kollegen.

Diese physische Unordnung bringt auch gedankliche Unruhe mit sich. Frage Dich selbst, ob Du nicht auch schon einmal die Erfahrung gemacht hast, an einem unordentlichen Arbeitsplatz weniger produktiv zu sein als an einem aufgeräumten. Versuche also, Deinen Schreibtisch immer in Ordnung zu halten. Das gilt im Übrigen auch für den digitalen Schreibtisch in Form deines Desktops, Deines E-Mail-Postfachs, etc.

Technik 7: Probiere es mit Meditation

Geistige Klarheit ist entscheidend, um mit Druck und Herausforderungen optimal umgehen zu können. Während Menschen, die geistig unsortiert sind, häufig mit Ablehnung auf Druck und Herausforderungen reagieren, ist es bei geistig klaren Menschen anders. Meditation und Atemtechniken können Dir dabei helfen, Deine Gedanken zu ordnen und leichter in den Flow-Zustand zu kommen.

Eliminiere zunächst alle Störquellen, indem Du etwa das Smartphone abschaltest, den Ton Deines Computers abschaltest, die Tür zumachst und letztendlich die Augen schließt. Meditiere anschließend für ca. 10 Minuten. Für welche Technik Du Dich an dieser Stelle entscheidest, bliebt Deinen Vorlieben überlassen.

Eine besonders einfache, aber effektive Technik ist die sogenannte „Fischglastechnik", die Mark Divine in seinem Buch „Unbezwingbar wie ein Navy SEAL: Resilienz und mentale Stärke für Erfolg auf höchster Ebene" im Detail beschreibt.[150]

Kurz zusammengefasst funktioniert diese meditative Atemtechnik wie folgt: Atme für 5 Sekunden tief durch die Nase ein. Halte die Luft für 5 Sekunden in Deinen Lungen. Atme 5 Sekunden tief aus. Halte die Luftleere in den Lungen ebenfalls für 5 Sekunden. Diesen Vorgang wiederholst Du für die avisierte Meditationszeit von z. B. 5 Minuten.

---

150 Divine, M. (2016): Unbezwingbar wie ein Navy SEAL – Resilienz und mentale Stärke für Erfolg auf höchster Ebene

Technik 8: Suche Dir Mitstreiter

In einer Studie befragten Forscher der St. Bonaventura University Studienteilnehmer, wann sie eher ein Flow-Erlebnis verspüren.[151] Entweder bei Einzelaktivitäten oder bei Aktivitäten, die sie mit mehreren Personen gemeinsam absolvieren.
Das Ergebnis war eindeutig: Im Rahmen der Team-Aktivitäten war das Flow-Erleben deutlich stärker. Diesen Umstand können wir uns auch in der täglichen Berufspraxis häufig zunutze machen.

Immerhin arbeiten die meisten von uns nicht vollständig auf sich gestellt, sondern im Team. Versuche also, wann immer es möglich ist, eine berufliche Aufgabe gemeinsam mit anderen Menschen anzugehen. Frei nach dem Motto „wenn sich Kompetenzen ergänzen" verbessert sich durch diesen Schritt für alle Beteiligten das Verhältnis zwischen Herausforderung und eigener Kompetenz. Der Kurs ist damit ganz klar auf das Erreichen der Flow-Zone ausgerichtet.

Fazit: Die Flow Zone ist für jedermann erreichbar

Unter dem Strich ist eines klar: Wer im beruflichen Umfeld in seinen persönlichen Flow kommt, arbeitet effektiver, effizienter und obendrein mit mehr Spaß. Das ist nicht nur gut für das eigene Gemüt, sondern lohnt sich auch für Unternehmen. Dabei ist der Flow-Zustand nichts Abstraktes, das lediglich mit komplexen Techniken und etlichen Stunden des Erlernens erreichbar ist.

Vielmehr schlummert der Flow in jedem von uns. Er lässt sich bereits mit kleinen Anpassungen des Alltags und mit wenig Zeitaufwand erreichen. Und zwar in allen Lebensbereich – auch abseits der Arbeit beim Sport oder im Hobbybereich. Nun ist es an Dir, die komprimierten Informationen zu nutzen, um beruflich in den Flow zu kommen.

---

151 Walker, C. J. (2010): Experiencing flow – Is doing it together better than doing it alone? In: The Journal of Positive Psychology, Vol. 5 (1), S. 5-11

5.8 ENDLICH MAL WIEDER NEUE HERAUSFORDERUNGEN

Egal welche genetische Veranlagung wir mitbringen, vor einer Sache bleiben wir nicht verschont: Stress. Zu manchen Zeiten ist er kalkulierbarer – man könnte sagen vorprogrammiert – als zu anderen. So z. B. in Hochzeiten, wenn gerade viele aktuelle Projekte bei uns anstehen, für die strikte Deadlines einzuhalten sind, welche uns kapazitiv stark einnehmen und an unsere Grenzen bringen. Die Frage, die hier in den Vordergrund rückt, ist: Wie gehen wir mit all dem um? Lassen wir alles links liegen und räumen dem Beruf absolute Priorität ein, schieben eine Nachtschicht nach der anderen, um doch irgendwie unseren beruflichen Ansprüchen gerecht zu werden und die Terminschiene um jeden Preis zu halten. Der gesunde Umgang mit Stress ist in Zeiten der permanenten Erreichbarkeit essentiell geworden, wo Arbeitspakete per Expressversand via Mail auch nach Feierabend vor der Haustür abgestellt werden können. Beim Öffnen der Pakete am Folgetag erwarten uns in der Regel keine CARE-Pakete, die uns Energie und Kraft für die anstrengenden Projekte geben, sondern meist weitere arbeitstechnische Zusatzanforderungen, die die eh schon angespannte Deadline noch weiter verschärfen. Entscheidend ist dem Stress auf die Spur zu kommen, um diesen effektiv und typgerecht begegnen zu können. Denn während die einen unter der derselben Arbeitslast versuchen ihren Kopf über Wasser zu halten, scheinen andere die Gesetze der Physik außer Kraft zu setzen und gewinnen vielmehr noch Auftrieb in stressigen Zeiten der Herausforderungen.

5.8.1 WIE STRESS DICH WACHSEN LÄSST

Wir moderne Menschen scheinen immer mit Stress zu tun zu haben. Gerade im beruflichen Umfeld beklagen wir uns regelmäßig über Stress. Wahrscheinlich geht auch Dir das so. Was ist Stress eigentlich? Welche Bewältigungsmechanismen stehen uns zur Verfügung, um mit Stress umgehen zu können? Ist Stress unvermeidbar oder tragen wir zu einem gewissen Teil auch dazu bei, uns gestresst zu führen? Es gibt viele Fragen zum Thema Stress. Man kann beispielsweise an den Anfang die Frage stellen, ob Stress objektiv messbar ist oder ob es sich um ein subjektives Empfinden handelt.

Warum stresst es manche Menschen, wenn sie es mit einem cholerischen Chef zu tun haben, während andere scheinbar mühelos damit fertig werden? Warum regen sich viele von uns über einen anstrengenden Kollegen auf, während andere dieses Thema wenig interessiert? Wieso bleiben einige Mitarbeiter ganz ruhig, wenn der Schreibtisch voll mit den verschiedensten Aufgaben ist, während andere in Hektik und Aufregung verfallen? Das Wort Stress wird zwar häufig und schnell gebraucht. Aber wie man dieses Phänomen definiert und es managen kann, damit beschäftigen sich nur wenige Menschen intensiv. Es ist Zeit, sich mit dem Thema Stress näher auseinanderzusetzen und besser mit Stress umzugehen.

Was ist Stress?

Sehr kurz und pointiert zusammengefasst, ist Stress eine Anpassungsreaktion. Wir reagieren psychisch und physisch auf bestimmte Faktoren, die von außen auf uns eindringen. In diesem Zusammenhang wird auch von Stressoren gesprochen. Die Reaktionen, die wir auf einer körperlichen und psychischen Ebene zeigen, können unterschiedlichster Art sein. Diese Definition von Stress ist nicht die einzige und stellt die gesundheitsphysiologischen Aspekte in den Vordergrund. Die Wissenschaft hat eine Reihe von Stressmodellen entwickelt, die unterschiedliche Schwerpunkte hervorheben. Etwa betont der Psychologe Richard Lazarus in seinem transaktionalen Modell vom Stress, dass Stress eine Interaktion des Individuums mit seinen Umgebungsbedingungen sei. [152] Nach Monat und Lazarus handelt es sich beim Stress demnach um eine Situation, in der interne bzw. persönliche Anforderungen und zusätzliche Anforderungen der Umwelt die Anpassungsressourcen eines Gewebesystems, eines Individuums oder eines sozialen Systems belasten respektive übersteigen.[153]

Nicht immer wird Stress als etwas grundsätzlich Negatives betrachtet. Der Mensch überlebt, weil er sich anpassen kann. Stress ist eine wesentliche Motivation für Anpassungsreaktionen, die das Überleben sichern. Wenn wir diese These einmal zuspitzen, überleben wir auch im Büro nur, weil wir uns veränderten Bedingungen oder bestimmte Belastungen anpassen können. Je besser wir mit Anpassungsreaktionen umgehen können, desto weniger belastet uns das Phänomen Stress.

Kämpfen oder Flüchten – die physiologischen Hintergründe von Stressreaktionen

Der menschliche Körper reagiert mit einem bestimmten Ablauf physiologischer Reaktionen auf Gefahrensituationen. Von Beginn seiner Existenz an haben diese körperlichen Möglichkeiten das Überleben des Menschen gesichert. Sah sich etwa ein Mensch in der Steinzeit einem gefährlichen Raubtier gegenüber, musste er in Bruchteilen eines Momentes darüber entscheiden, sich dem Kampf zu stellen oder zu flüchten. Dazu schüttet der menschliche Organismus Hormone und andere Botenstoffe aus, die zu bestimmten Reaktionen führen. Substanzen wie Cortisol sind dafür verantwortlich, dass wir zu einer schnellen körperlichen Reaktion in der Lage sind. Dieses

152 Lazarus, R. S.; Launier, R. (1981): Streßbezogene Transaktion zwischen Person und Umwelt. In: Nitsch, J. R. (Hrsg.): Stress - Theorien, Untersuchungen, Maßnahmen, Bern: Huber, S. 213-259
Lazarus, R. S. (1999): Stress and Emotion – A new synthesis. New York: Springer
153 Monat, A.; Lazarus, R. S. (1991): Stress and Coping – An Anthology, S. 11. New York: Columbia University Press

Stresshormon sorgt morgens auch dafür, dass wir ausreichend Energie zum Aufstehen zur Verfügung haben.

Es gibt wohl keinen Menschen, der noch nicht erlebt hat, wie es ist, unter Stress zu stehen. Der Körper des Menschen ist dazu ausgelegt, entsprechende Reaktion respektive Warnsignale zu zeigen. Typisch bei Stress sind zum Beispiel diese **Symptome:**

- Dein Herz schlägt schneller.
- Dein Blutdruck steigt.
- Deine Atmung wird unruhig und beschleunigt sich.
- Du schwitzt.
- Deine Muskeln spannen sich an.
- Deine Hände werden feucht.

Das wird in der Biologie als Flucht- oder Kampf-Reaktion bezeichnet. Der Körper fühlt sich durch den Stress bedroht und antwortet darauf, indem er die Energie hochfährt. Dadurch möchte er gewährleisten, dass Du energisch kämpfen oder schnell flüchten kannst. Es handelt sich also quasi um einen Alarmzustand des Körpers. Du kannst diese Stressantwort Deines Körpers sogar bewusst hervorrufen.

Die körperliche Stressreaktion ist überlebenswichtig

Unser Körper stellt bei einer Stressreaktion verschiedene, in diesem Augenblick weniger wichtige Funktionen in den Hintergrund. Etwa wird er sich in der „Kampf- oder Flucht-Reaktion" nicht besonders auf Verdauungsfunktionen konzentrieren. Vielmehr verfügen wir kurzfristig über viel Energie und Kraft. Der Blutdruck erhöht sich, die Muskelspannung wird größer und viele weitere Funktionen, die Aktivität ermöglichen, rücken in den Fokus. Unter diesem Gesichtspunkt ist die körperliche Stressreaktion eine notwendige und sehr ursprüngliche Überlebensstrategie.

Wenn die Alarmsituation aufrechterhalten wird

Was passiert nach Abklingen der Gefahr mit den zirkulierenden Botenstoffen und den weiteren körperlichen Anpassungsreaktionen? Die Stressreaktion im menschlichen Körper einschließlich der dabei stattfindenden physiologischen Veränderungen sind auf einen kurzfristigen Zeitraum angelegt. Nachdem die Gefahr vorüber ist, wir geflüchtet sind oder gekämpft haben, muss sich der Organismus wieder entspannen können. Regelmäßig haben wir bei echten, verkörperten Gefahren wie beispielsweise durch ein Raubtier die Gewähr dafür, durch körperliche Aktivität Botenstoffe wie Adrenalin und Cortisol abzubauen. Wir sind geflüchtet oder haben uns dem Kampf gestellt – alles das stellt eine körperliche Aktivität dar.

Zu den Folgen und Auswirkungen von anhaltendem Stress in unterschiedlich hoher Intensität zählen nachteilige physische und psychische Auswirkungen auf die eigene Gesundheit.[154]

Warum der typische Stress im Büro eine andere Qualität hat

Problematisch an der Situation des modernen Menschen beispielsweise im Beruf ist die Tatsache, dass wir es mit anderen Stressfaktoren zu tun haben als in der Entwicklungszeit des Menschen. Wenn uns der Chef anbrüllt, bedeutet das zunächst keine konkrete Lebensgefahr wie bei einem Raubtierangriff. Allerdings laufen jetzt in unserem Kopf verschiedene Szenarien ab. Wir sehen unsere Kündigung vor Augen. Wir stellen uns Arbeitslosigkeit und Einkommensverluste vor. Schon läuft eine ganze Kaskade verschiedener Bilder im Inneren ab, die für uns Stress bedeutet. Auf der körperlichen Ebene kann unser Organismus nicht unterscheiden, ob uns ein Eisbär gegenübersteht oder ein wütender Chef. Physiologisch laufen sämtliche Prozesse ab, die eine Stressreaktion prägen. Im Unterschied zum Raubtierangriff arbeiten wir uns regelmäßig nicht körperlich an der Situation ab. Die

---

154 Braveman, P. A.; Egerter, S. A.; Mockenhaupt, R. E. (2011): Broadening the Focus – The Need to Adress the Social Determinants of Health, S. 4. In: American Journal of Preventive Medicine, Vol. 40 (1), S. 4-18

Stresshormone zirkulieren über lange Zeit in unserem Körper. Es kommen immer neue Stressoren dazu. Da sind die Ablauffristen bestimmter Projekte, da sind unzufriedene Kunden, die sich am Telefon beschweren. Da ist die schwierige Kollegin, die uns verbal attackiert. Stressfaktoren über Stressfaktoren. Nicht wenige von uns geraten in einen permanenten körperlichen Alarmzustand. Biochemisch wird der körperliche Stresszustand dauerhaft aufrechterhalten. Hier stellen sich dann auf der physischen und psychischen Ebene Beschwerden und Symptombilder ein, die wir als moderne Menschen mit Stress verbinden. Schlaflosigkeit, Kopfschmerzen, Gelenkbeschwerden, Verspannungen, Ängste, hoher Blutdruck und auch depressive Verstimmungen können unter anderem zu diesen Erscheinungen gehören. Vor allem auf der psychologischen Ebene wird Stress in diesem Stadium häufig lebensbestimmend. Viele von uns halten Stress in dieser Form für normal und unvermeidbar. Schauen wir uns im nächsten Schritt an, inwiefern diese Einstellung richtig ist.

Stress ist nicht gleich Stress

Wenn Du Dich über Stress im Beruf beklagst, meinst Du in den meisten Fällen den dauerhaft bestehenden Alarmzustand, in dem Dein Körper und Deine Psyche sich befinden. Es handelt sich nicht um die normale kurzfristige überlebenswichtige, körperliche Stressreaktion, die bei Menschen als Anpassung an eine Gefahrensituation vorgesehen ist. Es geht auch nicht um diese Form eines positiven Stresszustandes, den wir beispielsweise haben, wenn wir gerade frisch verliebt sind. Auch der Zustand des Verliebtseins kann bei uns zu Herzklopfen und erhöhtem Blutdruck führen, wir empfinden diesen rauschhaften Zustand aber dennoch nicht als Stress. Körperlich gesehen reagieren wir auf Verliebtsein mit einer stressbedingten Anpassungsreaktion unseres Körpers. Wenn wir auf der beruflichen Ebene von Stress reden, haben sich regelmäßig stressbedingte körperliche Reaktionen verfestigt und beeinflussen jetzt Dein Wohlbefinden. Auch unsere Anpassungsreaktion auf weitere Stressoren wird immer schlechter, was sich subjektiv in einem Gefühl der Überforderung bemerkbar machen kann. Du kennst diesen Zustand. Er beeinflusst unsere Lebensqualität, und er kann ernsthafte gesundheitliche Folgen haben.

Die Wissenschaft vom Stress

Der US-amerikanische Physiologe und Psychologe Walter Cannon soll 1914 zum ersten Mal den Begriff Stress eingesetzt haben. Er beschäftigte sich unter anderem mit bestimmten Reizen, die zu bestimmten körperlichen Reaktionen führen. Weiterentwickelt hat den Begriff der Mediziner Hans Selye. Er brachte zum ersten Mal die Überlegung in Spiel, dass es sich bei Stress um eine Anpassungsreaktion handele. Dabei hatte er aus der Werkstoffkunde und Physik Materialverhalten im Blick. Stress in diesen Bereichen bedeutet, dass sich Materialien unter Belastung anspannen und am Ende verbiegen. Es gibt bis heute keine ganz allgemein geltende Definition von Stress. Einig sind sich Experten, Wissenschaftler und Ärzte aber darüber, dass Stress **2 Faktoren** voraussetzt:

1. Stressfaktoren und das Auftreten von Stress werden sinnlich wahrgenommen. Dabei bezieht sich die Wahrnehmung insbesondere auf den Stress auslösenden Reiz.

2. Die Wahrnehmung des Stressfaktors und der Reiz werden nervlich weitergeleitet, so dass reizverarbeitende Funktionen in Gang gesetzt werden. Hierbei handelt es sich vor allem um die biochemische Ausschüttung von Stresshormonen und anderen Botenstoffen. Im Zusammenhang damit kommt es zu einer körperlichen Stressreaktion.

Ansätze zur Stressbewältigung

Viele Mediziner und Wissenschaftler beschäftigen sich heute vor dem Hintergrund der Allgegenwärtigkeit von Stress mit Stressbewältigungsstrategien. Dabei geht es vorwiegend darum, den dauerhaften Alarmzustand zum Beispiel im beruflichen Umfeld mit seinen körperlichen Auswirkungen zu durchbrechen. Verschiedene Modelle und Theorien setzen unterschiedliche Schwerpunkte im Umgang mit Stress. Dabei spielt auch die Bewertung der Stressfaktoren im kognitiven Bereich eine Schlüsselrolle. Mit anderen Worten: **Stress, wie wir ihn heute kennen, entsteht nicht selten zunächst im Kopf.** Wie wir schon gesehen haben, sind wir heute nicht mit klassischen Stressfaktoren konfrontiert, denen wir Menschen in einem natürlichen Umfeld ausgesetzt waren. Die heutigen Stressoren sind subtiler, aber nicht minder Reiz auslösend für unser Nervensystem.

Die Stresstrias nach Kaluza

Der Diplom-Psychologe Gert Kaluza hat ein Modell entwickelt, das als **Stresstrias oder Stressampel** bezeichnet wird. Mit seiner Stressampel macht Kaluza dabei sehr deutlich, welchen Anteil subjektive, individuelle Einstellungen bei jedem Menschen als Stressverstärker bei der Reaktion auf Stressoren haben können. Es sind im Umgang mit modernem Stress häufig nicht die objektiven Stressfaktoren, die zum ausdauernden Alarmzustand und zur intensiven körperlichen Stressreaktion führen. Es ist vielmehr die innere Bewertung im Umgang mit Stressreizen. Man kann lernen, an diesen inneren Bewertungen zu arbeiten, die Einstellung zu bestimmten Stressoren zu erkennen und damit Stress besser zu managen. Dabei ist es aus Sicht von Kaluza essentiell, folgenden Zusammenhang einmal verbal auszudrücken: „Ich setze mich selbst unter Stress, indem ..." Dahinter steht die Erkenntnis, dass wir selbst zu einem erheblichen Anteil dazu beitragen, uns gestresst zu fühlen und gestresst im körperlichen Sinne zu sein.[155]

155 Kaluza, G. (2015): Gelassen und sicher im Stress – Das Stresskompetenz-Buch - Stress erkennen, verstehen, bewältigen, S. 7 ff. Berlin-Heidelberg: Springer

Kaluza in der Praxis verstehen

Denken wir beispielsweise im beruflichen Umfeld an die Tendenz eines Menschen, sich zu viel Arbeit auf den Schreibtisch zu legen, weil er sich nach Anerkennung sehnt. Vielleicht kennst Du auch das Bestreben, Deine Arbeiten besonders sorgfältig und nahezu perfekt zu erledigen. Oder Du möchtest Konflikten aus dem Weg gehen und es möglichst allen recht machen. Auch dem nervigen Kollegen und dem überkritischen Chef. Kommt es in diesem Bereich zu Konflikten, wirst Du alles, was damit zusammenhängt, als Stressor empfinden und in einer Stressreaktion verarbeiten. Du machst den Stress tatsächlich selbst. Um Stress zu managen und mit unvermeidlichen Stressoren gelassener umgehen zu können, musst Du diesen **Zusammenhang zwischen Deiner inneren Bewertung von Stress und den äußeren Stressfaktoren** erkennen. In einem weiteren Schritt kannst Du Dich bemühen, die Stressfaktoren anders zu bewerten und an Deinen inneren Einstellungen zu arbeiten. Damit verändern sich auch Stressreaktionen. Im Idealfall kommt es im Zusammenhang mit verschiedenen Stressoren dann gar nicht mehr zu einer Stressreaktion, weil Du etwa weniger perfektionistisch mit der Aufgabenerfüllung umgehst.

Gehen wir die Stressampel mit den Ampelfarben rot, gelb und grün einmal mit seinen phasenspezifischen Merkmalen durch.[156]

> Für die **rote Phase** sind äußerliche Faktoren sog. **Stressoren** verantwortlich, welche sich beispielsweise in Form von einer sehr ambitionierten Deadline, einer enormen Arbeitsbelastung oder auch sozialen Konflikten widerspiegeln kann. Hinter dem Stressor steckt die Aussage: **„Ich gerate in Stress, wenn ...“**
>
> Die gelbe und die rote Phase beeinflussen sich wechselseitig. In der **gelben Phase** geht es um die innere Bewertung der Stressoren,

156 Kaluza, G. (2015): Stressbewältigung – Trainingsmanual zur psychologischen Gesundheitsförderung. Heidelberg: Springer

welche ursächlich für die **persönliche Verstärkung des Stresses** ist. Die persönlichen Stressverstärker können z. B. das Streben nach Kontrolle, der eigene Perfektionismus oder Ungeduld oder aber auch die Einstellung als Einzelgänger durch das (Arbeits-)Leben zu gehen sein. **„Ich setze mich selbst unter Stress, indem …“** ist die typische Aussage für den persönlichen Stressverstärker.

Die **grüne Phase** ist bekannt als **Stressreaktion** und ergibt sich als Synthese der roten und der gelben Phase. Die Konsequenz des Stresses kann dabei emotional- körperliche Beeinträchtigungen oder auch verhaltenstechnische Aktivierungen nach sich ziehen. Folgerichtig ist die passende Aussage zur grünen Phase: **„Wenn ich im Stress bin, dann …“** Wird die Stressreaktion über einen längeren Zeitraum aufrechterhalten, mündet dies langfristig in einem Erschöpfungszustand bzw. krankhaften Zuständen.

Abbildung 4: Stressampel nach Kaluza[157]

157 Eigene Darstellung in Anlehnung an Kaluza, G. (2015): Stressbewältigung – Trainingsmanual zur psychologischen Gesundheitsförderung. Heidelberg: Springer

Anhand der Stressampel kannst Du selber einmal vergangene stressige Phasen schematisch analysieren und Dir dadurch bewusst machen, was Dich persönlich eigentlich stresst.

Das ABC-Modell von Albert Ellis

Einen auf den ersten Blick fast identischen Ansatz wie Gert Kaluza verfolgt Albert Ellis mit seinem ABC-Modell. Dabei setzt er aber noch einen weiteren Schwerpunkt auf die Emotionen, die mit der inneren Bewertung von Stressfaktoren verbunden sind. Sie sind es häufig, die den Stress auslösenden, individuellen Impuls geben.[158]

Die 3 Buchstaben **ABC** stehen in diesem Zusammenhang für die angelsächsischen Begriffe:

- Activating Event – Stress auslösendes Ereignis.
- Belief – Annahmen und Glaubenssätze zu dem Stress auslösenden Ereignis auf einer rationalen und irrationalen Ebene.
- Consequences – die folgenden Gefühle auf die Annahmen/Glaubenssätze zu den Stressoren, die weitere stressbedingte Reaktionen nach sich ziehen. Die Folgen können positiver Natur oder negativ sein.

Lass uns das ABC-Modell an einem praktischen Beispiel durchgehen:

- **A** wie Activing Event – das Stress auslösende Ereignis: Du hast am vorherigen Tag eine Vorstandpräsentation gehalten, bei der Dich der Vorstand auf kleinere Arbeitsfehler aufmerksam gemacht hat. Am darauf

158 Ellis, A. (1979): Theory of Rational Emotive Therapy. In: Ellis, A.; Whiteley, J. M. (Hrsg.), Theoretical and Empirical Foundation of Rational Emotive Therapy, S. 101-173

folgenden Tag geht Dein Chef im Flur an Dir mit finsterer Miene vorbei, ohne Dir auch nur eines Blickes zu würdigen.

- **B** wie Belief – Dein Glaubenssatz zum Ereignis: „Der Chef wird sicherlich wütend auf mich sein, weil mir ein blöder Fehler bei der so wichtigen Vorstandspräsentation unterlaufen ist …"

- **C** wie Consequences – die folgenden Gefühle/Handlungen auf Basis des Glaubenssatzes: „Ich habe Angst, dass mich der Chef für das bald aufkommende spannende Projekt aufgrund meines Fehlers nicht mehr berücksichtigen wird."

Mit dem Wissen aus dem Beispiel können wir uns auch einmal anschauen, was beim gleichen Ereignis passieren kann, wenn wir unsere Bewertung (B-Strich) verändern und was sich daraus an Konsequenzen für uns ergeben (C-Strich):

- **A'** wie Activing Event – das Stress auslösende Ereignis: […] Der Chef geht im Flur an Dir vorbei und würdigt Dich keines Blickes nach der gestrigen nicht ganz so reibungslosen Vorstandspräsentation.

- **B'** wie Belief – Dein Glaubenssatz zum Ereignis: „Der Chef hat heute einfach nur einen schlechten Tag und hat gerade auch viel um die Ohren, so dass er gedanklich gerade ganz woanders ist."

- **C'** wie Consequences – die folgenden Gefühle/Handlungen auf Basis des Glaubenssatzes: „Ich bin etwas verunsichert, wie der Chef über meinen gestrigen Fehler denkt und werde ihn daher sicherheitshalber noch einmal darauf ansprechen, wenn er sich gedanklich wieder etwas gefangen hat. Ich erhoffe mir dadurch, dass sich das ganze Thema aufklärt und er mir vielleicht noch Anregungen mitgeben kann, damit der gleiche Fehler beim nächsten Mal nicht wieder vorkommt."

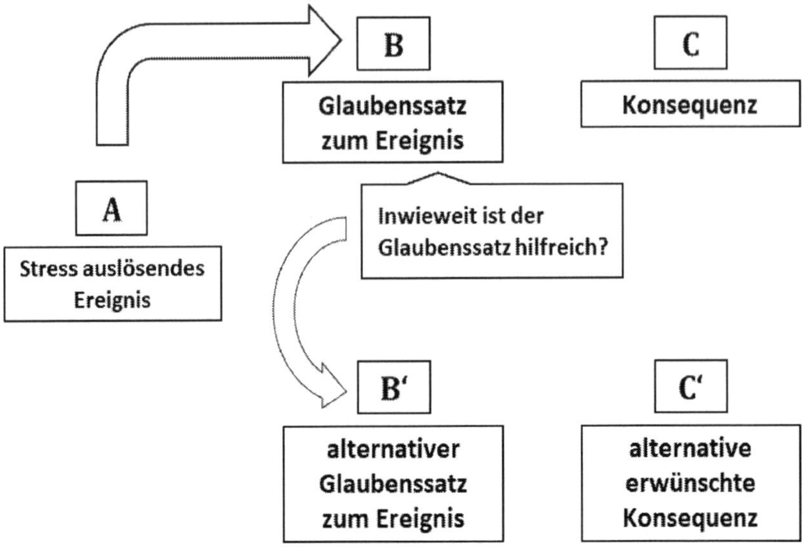

Abbildung 5: ABC-Modell nach Ellis[159]

Die praktischen Schlussfolgerungen aus dem ABC-Modell

Im ABC-Modell wird der emotionale Aspekt bei der Bewertung und dem Umgang mit Stress noch deutlicher als in der Stressampel.

Stelle Dir folgende Situation vor: Du bist der typische Perfektionist bei Aufgaben. Es rückt ein Projektende näher, Du hältst die bisherigen, von Dir erreichten Arbeitsergebnisse aber noch nicht für perfekt. Damit beginnst Du, Dich unter Druck zu setzen. Du fühlst Dich minderwertig, weil Du kurz vor Fristende wieder einmal aus Deiner Sicht nicht weit genug und nicht gut genug bist. Daraus folgt das allgemeine Gefühl, den Anforderungen in Deinem beruflichen Umfeld kaum gewachsen zu sein. Das nahende Fristende wird für Dich zu einem überwältigenden Stressor. Im schlimmsten Fall bist Du jetzt nicht nur enttäuscht von Dir selbst, sondern Du bist fast unfähig, die

159 Eigene Darstellung in Anlehnung an Ellis, A. (1979): Theory of Rational Emotive Therapy. In: Ellis, A.; Whiteley, J. M. (Hrsg.), Theoretical and Empirical Foundation of Rational Emotive Therapy, Monterey: Brooks Cole, S. 101-173

Arbeit zu Ende zu bringen. Es entsteht ein irrationales und dysfunktionales Gefühl von Schuld und Ärger mit Dir selbst. Die typischen körperlichen Stressreaktionen entstehen, die Dich auf längere Zeit über gesundheitlich beeinträchtigen können. Mit dem ABC-Modell wird besonders deutlich, dass wir äußeren Stressfaktoren nicht entgehen können. In jedem beruflichen Umfeld gibt es Fristen oder zeitliche Eckpunkte bei der Erfüllung einer Aufgabe. Relevant ist Deine innere Beteiligung im Umgang mit diesen nicht vermeidbaren, zeitlichen Begrenzungen. Wenn es Dir gelingt, den inneren Zusammenhang zwischen einem objektiven Ereignis wie dem Fristende und den vielen, damit verbunden Gefühlen bei Dir zu unterbrechen, kannst Du einen äußeren Faktor wie ein nahendes Fristende besser managen. Ellis verlangt von Dir, eine Situation umzubewerten. Ein nahendes Fristende ist am Ende ein nahendes Fristende. Ist die Umbewertung gelungen, handelt es sich nicht mehr um einen Stressor.

Coping nach Lazarus

Auch Richard Lazarus betont den subjektiven Faktor bei der Bewertung von Stress. Er geht allerdings noch etwas weiter. Für den Umgang mit Stress beschreibt er **annähernde und vermeidende Bewältigungsstrategien.** In der englischen Sprache steht Coping für Bewältigung. Dementsprechend unterscheidet Lazarus **verschiedene Coping-Stile:**[160]

Eine stressbeladene Situation kann man **sachlich oder emotional** bearbeiten. Nur auf der sachlichen Ebene kann man die Situation selbst ändern.
So kann man etwa auf die Situation zu gehen, sich mehr Informationen dazu verschaffen oder Gespräche mit Beteiligten in einer Konfliktsituation führen **(sachlich-annähernd).**

160 Lazarus, R. S.; Folkman, S. (1987): Transactional theory and research on emotions and coping. In: European Journal of Personality, Vol. 1 (3), S. 141–169

Man kann sich auch aus der Situation herausziehen, indem man sich etwa im beruflichen Umfeld krankschreiben lässt oder kündigt **(sachlich-vermeidend)**.
Auf der gefühlsmäßigen Ebene können wir nichts an der Situation selbst ändern. Wir können uns aber in einem gewissen Umfang entlasten.

Emotional kann man sich ebenfalls der Stresssituation annähern und sich etwa durch Gespräche im persönlichen Umfeld mit Vertrauenspersonen innerlich entlasten oder sofern möglich Emotionen und Bedürfnisse anspricht, welche von beiden Seiten ernst genommen werden **(emotional-annähernd)**.

Man kann sich emotional auch aus der Situation ziehen, in dem man unter anderem Ablenkungen sucht, die von Alkoholgenuss, Partymachen bis hin zu typischem Aufschiebeverhalten bei der Erfüllung von Aufgaben reichen können **(emotional-vermeidend)**.

sachlich-vermeidend	**sachlich-annähernd**
z. B. Meiden der Situation	z. B. Ändern der Situation
emotional-vermeidend	**emotional-annähernd**
z. B. Leugnen von Gefühlen	z. B. Zulassen oder „Verarbeiten“ von Gefühlen

Abbildung 6: problem- und emotionsorientierte Copingstile nach Lazarus[161]

Reflektier Dir doch gerne mal Deinen bisherigen Umgang mit einer vergangenen Situation, Die nicht optimal für Dich gelaufen ist. Denk darüber nach,

161 Eigene Darstellung in Anlehnung an Lazarus, R. S.; Folkman, S. (1984): Stress, Appraisal, and Coping. New York: Springer Publishing Company

wie Du diese Situation rückblickend auf eine lösungsorientiert (annähernde) Weise – sei es sachlich oder emotional – angehen würdest.

Für Lazarus stellen die Bewältigungsstrategien nicht das Ende im Umgang mit Stress dar. Sie sind in seinem gesamten Stressmodell nur ein Teil des Vorgehens.

Bei ihm stehen am Anfang von Stress **2 Bewertungsstufen:**[162]
Auf der **ersten/primären Bewertungsstufe** wird der **Stressor als negativ, positiv oder** aus der subjektiven Sicht als **gefährlich** eingestuft.

Bei als **gefährlich bewerteten Stressfaktoren** kommt es auf einer **zweiten Ebene** zu einer weiteren Bewertung. Dabei überprüfen wir instinktiv, ob wir über ausreichende Ressourcen **für die Bewältigung und den Umgang mit dem Stressreiz verfügen.** Stellen wir fest, dass wir nicht genügend Ressourcen zur Verfügung haben, beginnt der eigentliche Stress für uns. Dieser zweiten Bewertung schließen sich die schon beschriebenen Coping-Mechanismen an.

Nur wenn es nach dem Coping noch zu einer Neubewertung und anpassenden Lernreaktionen auf den Umgang mit Stressoren kommt, werden wir in Zukunft besser mit diesen Stressfaktoren umgehen können und sie schon auf der ersten Stufe nicht mehr als gefährliche Stressreize einstufen. Damit kommt es dann im Idealfall auch nicht mehr zu einer körperlichen Stressreaktion.

---

162 Habermann-Horstmeier, L. (2017): Risikofaktor „Stress" – Kompakte Einführung und Prüfungsvorbereitung für alle interdisziplinären Studienfächer, S. 31. Bern: Hogrefe Verlag

Lazarus in der Stress-Praxis

Lazarus fordert im Umgang mit Stress und Stressoren viel von uns. Er erwartet nicht nur, dass wir Stressoren erkennen und unsere subjektiven Bewertungen in diesem Zusammenhang bewerten. Er geht tiefer. Er möchte, dass wir auch genau hinsehen, wie wir mit Stressoren und der Stressreaktion umgehen. Vermeiden wir den weiteren Kontakt zum Stressor? Lenken wir uns ab?

Da steht der Abgabetermin für einen Projektbericht an. Wir kämpfen mit unserem Perfektionismus. Dabei weichen mit dem Problem aus, indem wir am Tag vor der Abgabefrist abends auf die Party des Nachbarn gehen.

Wir haben uns wieder einmal über den wütenden Chef und seine persönlichen Beleidigungen geärgert. Das erzählen wir in einem dreistündigen Telefonat zum gefühlt 100. Mal unserer besten Freundin. An der Situation selbst und unserer inneren Bewertung hat sich mit diesen Bewältigungsstrategien noch nichts geändert.

Etwas anders stellt es sich dar, wenn wir nach dem letzten persönlichen Ausfall des Chefs das Gespräch mit ihm suchen. Hieraus könnte sich eine konstruktive Bewältigung des gesamten Problems ergeben. Allerdings verändert auch dieses möglicherweise konstruktive und positive Gespräch mit dem Vorgesetzten unsere typische Angst vor beleidigenden Menschen nicht. Haben wir es das nächste Mal nicht mit unserem Chef, sondern mit unserem cholerischen Kunden zu tun, werden wir auch diese Situation wieder als stressig und bedrohlich empfinden. Erst wenn wir grundsätzlich lernen, mit ausfälligen Menschen umzugehen, wird sich die Einschätzung zu diesem Stressor ändern. Wir können so Schritt für Schritt dafür sorgen, dass wir das Problem „beleidigender Mensch“ bei dem Menschen lassen, zu dem es gehört. Wir machen es nicht mehr zu unserem eigenen und der Umgang mit einem solchen Menschen schafft keine stressbelastete Situation mehr für uns.

Stressfaktoren gehören zum Leben

Es gibt noch viele weitere Methoden, mit Stress umzugehen. So weist etwa die Autorin Amy Morin darauf hin, dass Stressbewältigung etwas mit der mentalen Stärke eines Menschen zu tun habe. Sie betont **Einstellungen wie Optimismus, Entscheidungsfreiheit und weitere Faktoren als wichtige Basis für den Umgang mit Stress.**[163]
Nach Auffassung dieser Psychotherapeutin müsste man also primär an der eigenen mentalen Stärke arbeiten, um widerstandsfähiger gegenüber Stressoren und Stress zu werden.[164]

Allgemeine Ratgeber verweisen gern auf typische Säulen der geistigen und körperlichen Gesundheit. Ausreichend Schlaf, gesunde Ernährung, genug Bewegung, Lebensfreude – auch diese Faktoren bestimmen darüber, ob wir uns schnell und intensiv gestresst fühlen.

Sicher ist, dass wir nicht sämtliche Stressoren aus unserem Leben verbannen können. Stressreize gibt es, seit die Menschheit besteht. Sie mögen sich in ihrer Art verändert haben, aber sie sind endlich auch der Motor für Veränderungen und sogar revolutionäre Anpassungsleistungen des Menschen. Jede Herausforderung des täglichen Lebens wie ein verpasster Zug kann aufgrund unserer inneren Bewertung zu einem Stressor werden und eine Stressreaktion auf der körperlichen Ebene hervorrufen. Es ist Experten wie Kaluza, Ellis und Lazarus zu verdanken, dass sie den subjektiven Aspekt bei der Stressbewältigung herausgearbeitet haben.

Was Menschen als Stress empfinden, unterscheidet sich von Mensch zu Mensch. Menschen sind umso widerstandsfähiger im Umgang mit Stressreizen, je eher sie in der Lage sind, den Anteil ihrer eigenen, subjektiven

---

163 Morin, A. (2015): 7 Ways People With Phenomenal Mental Toughness Fight Stress. URL: https://www.inc.com/amy-morin/7-ways-mentally-strong-people-handle-stress-effectively.html [Stand: 04-03-2022]
Bilir, P. (2016): Wie mental starke Menschen mit Stress umgehen. URL: https://www.businessinsider.de/strategy/wie-mental-starke-menschen-mit-stress-umgehen-2016-10/ Stand: 08-03-2022]
164 a. a. O.

Bewertung von Reizen als Stress auslösend zu erkennen. Abgesehen von auch objektiv lebensgefährlichen Stressreizen machen wir gerade im beruflichen Alltag die Stressreize und die Stressreaktion selbst. Leben wir nicht gerade in Alaska, werden wir selten einem Grizzly oder Eisbären im täglichen Straßenverkehr gegenüberstehen. Wir sind am Arbeitsplatz auch nicht ständig vom Ertrinken, Verhungern oder Verbrennen bedroht. Dennoch sind viele von uns so gestresst, dass sie mit gesundheitlichen Folgen zu kämpfen haben. Es lohnt sich deshalb unbedingt, sich mit den eigenen Annahmen und Glaubenssätzen zu Stressreizen zu beschäftigen.

Hilfreiche Veränderungen bei der Bewertung von Stressoren

Es gibt eine Reihe von typischen Stressoren, die bei vielen Menschen sofort eine Stressreaktion hervorrufen. Hinter ihnen stehen bestimmte Glaubenssätze und Annahmen, die sich bei vielen Menschen ähneln. Deshalb kann man den Umgang mit Stressreizen und Stressreaktionen genau hier leichter ansetzen. Um diese Annahmen und Bewertungen zu verändern, ist regelmäßig keine Psychoanalyse und auch keine jahrelange psychotherapeutische Behandlung erforderlich. Mit folgenden pointierten Aufforderungen lässt sich arbeiten:

1. Gut ist gut genug. Perfektionismus ist eine Illusion. Niemand ist perfekt.

2. Wer arbeitet, macht Fehler. Es ist keine persönliche Schwäche, den einen oder anderen Fehler zu machen.

3. Jeder Mensch hat einen Anspruch auf Freizeit und Erholung. Erfolgreich ist nicht, wer arbeitet, bis er umfällt.

4. Die Wertschätzung durch andere Menschen ist nicht nur von der eigenen Leistung abhängig. Es ist sinnvoll, sich von der Meinung anderer unabhängiger zu machen.

5. Konflikte sind per se nicht negativ zu bewerten. Unterschiedliche Meinungen gehören zum Alltag. Es ist wichtig, in diesem Zusammenhang den konstruktiven Umgang mit Konflikten und Diskussionen zu trainieren.

6. Wenn Menschen andere persönlich beleidigen, ausfällig oder grenzüberschreitend sind, ist das deren Problem. Für den persönlichen Umgang empfiehlt es sich, einzuüben, wie man selbst Grenzen in konstruktiver Form setzt. Auch wenn es schwerfällt, muss man übergriffige Menschen nicht persönlich nehmen.

7. Es gibt in der Regel immer mehr als eine Handlungsalternative. Deshalb ist es wichtig, das eigene Handeln nicht auf eine Möglichkeit zu begrenzen.

Der Umgang mit Stressoren und Stress ist eine lebenslange Aufgabe. Es können immer wieder neue Stressreize auftreten, da sich Lebenssituationen ständig ändern. Deshalb gilt es, die **eigene Anpassungsfähigkeit zu stärken.** Diese Bemühungen müssen über den beruflichen Bereich hinausgehen, um erfolgreich zu sein. Insoweit ist der Gedanke an mentale Stärke in diesem Zusammenhang nützlich.
Der Umgang mit Stress sollte allerdings nicht dazu führen, einen Zustand absoluter Stressfreiheit erreichen zu wollen. **Stress ist eine gesunde Anpassungsstrategie des menschlichen Körpers.** Die völlige Abwesenheit von Stress ließe sich nur in einer völlig reizarmen Umgebung erreichen. Diese allerdings könnte ebenfalls einen Stressreiz darstellen. Auch Langeweile und Unterforderung können Stressfaktoren sein. Deshalb ist es wichtig, eine Balance zwischen Reiz und Reizfreiheit, zwischen Anspannung und Entspannung herzustellen.

5.8.2 STRESS MAL GANZ ANDERS BETRACHTET

Jahrzehnte lang war klar: Stress ist schlecht. Stress untergräbt unser Immunsystem, erhöht die Anfälligkeit für Erkältungen und stellt eine Bedrohung für das Herz dar. Also solltest Du Stress so weit wie möglich vermeiden. Nicht unbedingt. Denn Stress macht Dich nur dann krank, wenn Du daran selbst glaubst. Daher solltest Du Deine Ansichten zum Thema Stress dringend neu überdenken. Die neuere Forschung hat das bereits getan und dabei erstaunliche Erkenntnisse zutage gefördert.

Stress ist allgegenwärtig – es kommt aber auf die Betrachtungsweise an

Stress ist allgegenwärtig. Nicht nur in unserem eigenen Bewusstsein, sondern sogar real existierend direkt im Regal des Discounters um die Ecke. So weit das Auge reicht, findest Du hier zahlreiche Produkte, die laut Verpackung den Stress aktiv bekämpfen und Entspannung versprechen. Das Spektrum reicht von Duschgel und Schaumbädern über Tee und pflanzliche Mittel bis hin zu Stressbällen. Es gibt sogar – kein Witz – Anti-Stress-Nagellack.

Mal ganz abgesehen von der tatsächlichen Wirkung solcher Produkte, ist Stress wirklich einer der größten Feinde der Menschheit. Gesundheitspsychologin Kelly McGonigal beschäftigt sich bereits seit Jahren mit diesem Thema und zeichnet ein weitaus differenzierteres Bild. Die Kernaussage dabei: Stress an sich schadet nicht unbedingt dem Menschen, vielmehr sei es die Art, wie die Menschen den Stress betrachten.[165]

165 McGonigal, K. (2015): The Upside of Stress – Why Stress is Good for You, and How to Get Good at It, S. 109 ff.

Eine Studie veränderte alles – bestehende Meinungen zerbröseln wie Staub

Interessant ist dabei, dass sie eigentlich auch zu den Menschen gehörte, die den Stress früher als Feind im eigenen Körper betrachtet hat. Sie gibt offen zu, jahrelang den Menschen erzählt zu haben, dass Stress richtig krank macht. Ob eine gewöhnliche Erkältung oder ernsthaftere Herz-Kreislauf-Krankheiten – Stress stand als möglicher Auslöser stets auf ihrer Liste der üblichen Verdächtigen. Das war einmal. Längst hat sie ihre Ansicht und Meinung zu diesem Thema grundlegend verändert.

Anlass für die Veränderung stellte dabei eine Studie dar.[166] Die Erkenntnisse dieser Studie schockierten McGonigal und erschütterten ihre bisherige Meinung in den Grundfesten. Alles, was sie über die Jahre hinweg an der kalifornischen Stanford Universität unterrichtet hatte, wurde durch diese Studie infrage gestellt.

Worum geht es genau in dieser Studie zum Thema Stress?

Im Rahmen dieser Studie begleiteten die US-amerikanischen Forscher Abiola Keller, Lauren E. Wisk, Kristin Litzelman, Whitney P. Witt, Paul D. Creswell, Torsheika Maddox und Erika Rose Cheng über 8 Jahre lang rund 30.000 Erwachsene. Zu Beginn der Studie erfragten die Forscher zum Beispiel, wer von den Teilnehmern der Studie im vergangenen Jahr wie viel Stress hatte, und ob sie davon ausgehen, dass der in dieser Zeit erlebte Stress schlecht für sie sei. Auf Grundlage dieser informellen Basis prüften die Wissenschaftler bzw. Forscher mittels der öffentlichen Sterberegister, welcher Teilnehmer innerhalb des Beobachtungszeitraums verstorben war.

Die Studie verfolgte grundsätzlich das Ziel, die bestehende Beziehung zwischen der Menge an Stress und der persönlichen Wahrnehmung, dass Stress die eigene Gesundheit negativ beeinflusst, sowie den daraus resultierenden

---

166 Keller, A. et al. (2012): Does the Perception that Stress Affects Health Matter? – The Association with Health and Mortality. In: Health Psychology, Vol. 31 (5), S. 677-684

Folgen für Gesundheit und Sterblichkeit in einer für die USA repräsentativen Stichprobe von Erwachsenen zu untersuchen.

Darum hebt sich diese Studie von anderen Ausarbeitungen zum Thema Stress ab

Die Studie hebt sich dabei maßgeblich von anderen Untersuchungen und Ausarbeitungen rund um das Thema Stress ab. Denn frühere Forschungen, die Verknüpfungen und Bindungen zwischen Stress und daraus resultierenden gesundheitlichen Auswirkungen (einschließlich Sterblichkeit) untersuchten, legen den Fokus auf spezifische Stressoren.

Dies sind zum Beispiel negative Lebensereignisse[167], Herz-Kreislauf-Erkrankungen[168] oder chronischer Arbeitsstress[169].

Die Studie setzt Maßstäbe für die zukünftige Forschung zum Thema Stress

Keine andere Studie hat demnach den Zusammenhang zwischen der Wahrnehmung eines Menschen, dass die eigene Gesundheit durch Stress bedroht bzw. gefährdet ist, im Hinblick auf die Gesundheitsergebnisse und damit einhergehend mit dem Todeszeitpunkt untersucht. Das macht die Studie mit dem Titel „Does the perception that stress affects health matter? The association with health and mortality“ besonders interessant und spannend.

Diese Studie ist zudem einzigartig, da nicht nur Personen an der Studie teilnahmen, die berichten, dass sie persönlich Stress erleben, sondern auch Teilnehmer, die diesen Stress als Beeinträchtigung für ihre Gesundheit

---

167 Lantz, P. M.; House, J. S.; Mero, R. P.; Williams, D. R. (2005): Stress, Life Events, and Socioeconomic Disparities in Health – Results from the Americans' Lives Study. In: Journal of Health and Social Behavior, Vol. 46 (3), S. 274-288

168 Burazeri, G.; Goda, A.; Sulo, G.; Kark, J. D. (2008): Financial loss in pyramid savings schemes, downward social mobility and acute coronary syndrome in transitional Albania. In: Journal of Epidemiology and Community Health, Vol. 62 (7), S. 620-626

169 Matthew, K. A.; Gump, B. B. (2002): Chronic work stress and marital dissolution increase risk of posttrial mortality in men from the Multiple Risk Factor Inervention Trial. In: Archives of Internal Medicine, Vol. 162 (3), S. 309-315

wahrnehmen. Das Verständnis und der eigene Umgang mit dieser **Wahrnehmung** ist letztendlich **entscheidend,** um die gesundheitlichen Auswirkungen von Stress wissenschaftlich untermauert darzustellen. Es ist davon auszugehen, dass diese Studie noch weit bis in die Zukunft hinein weitreichende Auswirkungen auf weitere Untersuchungen und die zukünftige Forschung sowie auch auf die Ausgestaltung von Interventionen haben, die gezielt genutzt werden, um die negativen Folgen von Stress für die Gesundheit nachhaltig zu verringern.

Welche Methoden wurden im Rahmen der Studie eingesetzt?

Von der Methodik her verknüpften die Initiatoren der Studie entsprechende Daten aus der National Health Interview Survey mit Sterblichkeitsraten bzw. -daten des National Death Index. Zudem kamen separate logistische Regressionsmodelle zum Einsatz, mittels derer genau die Faktoren untersucht wurden, die zum einen mit psychischen Belastungen und zum anderen mit dem aktuellen Gesundheitszustand verbunden sind. Auch die so bezeichneten Cox-Proportional-Hazard-Modelle (statistisches Verfahren zur Analyse von Überlebensdaten) wurden in diesem Zusammenhang genutzt.

Mithilfe dieser unterschiedlich ausgerichteten Modelle untersuchten die Forscher und Wissenschaftler im Rahmen der Studie insbesondere die **Wechselwirkung zwischen der Wahrnehmung von Stress als gefährlich für die eigene Gesundheit und der Stressmenge.** Bei ihren Untersuchungen berücksichtigten Keller und Co. dabei zusätzlich auch soziodemografische Faktoren sowie das jeweilige Gesundheitsverhalten und den zur Verfügung stehenden Zugang zu Gesundheitsfaktoren.

Die Angst vor Stress ist der größte Risikofaktor

Das Ergebnis überraschte: Wer annahm, dass seine **eigene Gesundheit maßgeblich vom Stress negativ beeinflusst** wird, hatte ein um **43 Prozent höheres Risiko, verfrüht zu sterben.** Wer dagegen angab, stark unter Stress zu stehen, aber dadurch die eigene Gesundheit nicht gefährdet sah, wies ein weitaus geringeres Sterberisiko auf. Aufhorchen lässt auch dieses Ergebnis: Die Personen, die angegeben hatten, keinem oder nur wenig Stress ausgesetzt zu sein, hatten ebenfalls ein geringeres Risiko auf einen verfrühten Tod. Aber ihr Risiko lag deutlich höher als bei der zweiten Gruppe (viel Stress, keine Angst vor gesundheitlichen Konsequenzen).

Entscheidend für Deine Gesundheit ist Dein persönliches Verständnis von Stress

Allerdings betonen die Forscher, dass aufgrund der Art der Studie nicht belegt werden kann, dass starker Stress im Zusammenspiel mit der Annahme an sein schädliches Potential für die Gesundheit tatsächlich zum verfrühten Tod geführt haben. Sie errechneten aber, dass bei einer angenommenen Kausalität in Amerika rund 20.000 Todesfälle auf das Konto dieses gefährlichen Zusammenspiels gehen. Laut McGonigal würde das im Umkehrschluss bedeuten, dass der **Glaube an gesundheitliche Konsequenzen durch starken Stress in den USA an Position 15 der häufigsten Todesursachen** steht. Das bedeutet also, dass es für Deine Gesundheit **nicht entscheidend ist, ob Du Stress hast, sondern wie Du über den Stress denkst.** Wenn Du also Deine Ansichten und Dein Verständnis von Stress veränderst, regulierst damit auch gleichzeitig Deine körpereigene Reaktion auf Stress.

Nachgewiesen: Eine bestimmte Form von Stress verbessert die Erholung von Patienten

Professor für Psychiatrie und Neuroimmunologe Firdaus Dhabhar von der Standfort Universität und sein Team geben hierfür ein Beispiel, das heute aktueller denn je ist. Demnach wirkt eine Impfung besser, wenn Du Deinen Körper direkt vor der Impfung in einen stressähnlichen Zustand bringst. Dies funktioniert durch moderaten Sport. Gleiches gilt bei der Genesung von frisch operierten Patienten. Dhabhar und sein Team konnten diesbezüglich zeigen, dass Patienten sich schneller von der Operation erholten, wenn sie vor der OP leichtem Stress ausgesetzt waren. Die Wundheilung wurde in diesem Fall vom Stress verbessert.[170]

Entscheidender Fakt – die Intensität und Dauer von Stress

Laut McGonigal kommt es hierbei allerdings auf die Intensität und Dauer der Stressbelastung an. Demnach darf die Stressbelastung nur kurzfristiger Natur sein, um sich mehrwertig auf die Kampf- oder Flucht-Reaktion Deines Körpers auszuwirken. Die Stressantwort kann allerdings auch chronisch sein. In diesem Fall macht sie Dich krank. Häufig wirkt sich eine solche chronische Stressantwort auf die Blutgefäße aus. Diese können sich dadurch verengen, was dann das Risiko für einen Herzinfarkt nach oben steigen lässt.

Dein eigener Körper hilft Dir

Für Kelly McGonigal gibt es dabei noch weit mehr Arten als die Kampf- oder Flucht-Reaktion, wie Du bzw. Dein Körper auf Stress reagiert. So versetzt Dich zum Beispiel ein schnell pochendes Herz in Bereitschaft, anstehende Herausforderungen besser zu meistern. Wenn Du aufgrund von Stress schneller atmest, liefert das mehr Sauerstoff fürs Gehirn. McGonigal betrachtet die Stresssymptome somit aus einem ganz anderen Blickwinkel. Stress kann demzufolge für einen Energieschub im Körper sorgen und Dich fit für anstehende Aufgaben machen. Aus dieser Perspektive betrachtet, verliert der Stress seine eigentlich negative Bedeutung. Sie verweist diesbezüglich sowohl auf ihre Forschungen als auch auf die Studie von Keller und Kollegen. Denn es habe sich gezeigt, dass Stress sogar Blutgefäße erweitert und nicht verengt.

---

170 Rosenberger, P.; Ickovics, J.; Epel, E.; Nadler, E.; Jokl, P.; Fukerson, J.; Dhabhar, F. (2009): Surgical stress-induces immune cell redistribution profiles predict short-term and long-term postsurgical recovery – A prospective study. In: The Journal of bone and joint surgery, Vol. 91 (12), S. 2783-2794
Viswanathan, K.; Dhabhar, F. (2005): Stress-induced enhancement of leukocyte trafficking into sites of surgery or immune activation. In: Proceedings of the National Academy of Sciences, Vol. 102 (16), S. 5808-5813

Eine gesündere Stressantwort durch eine veränderte Sichtweise

Das ist eine Reaktion, die sich etwa auch im emotionalen Moment der Freude oder bei einer besonders mutigen Vorgehensweise zeige. Daher stellt die Gesundheitspsychologin klar, dass die eigene Denkweise und der gedankliche Umgang mit Stress den entscheidenden Unterschied ausmachen. Ihr Ratschlag: „Klopft das Herz beim nächsten Mal, solltest Du Dich daran erinnern, dass es sich hierbei nicht um eine gesundheitsschädliche Stressattacke handelt."

Vielmehr musst Du das so verstehen, dass Dir Dein Körper durch Symptome wie ein klopfendes Herz helfen will, schwierige bzw. spezifische Situationen zu meistern. Mit dieser Einstellung und dieser Denkweise fällt dann auch die Stressantwort gesünder aus. Das heißt: Du bist dann nicht ängstlich, sondern hochgradig konzentriert auf eine Situation oder eine Aufgabe.

Kelly McGonigal: Durch Stress wirst Du fürsorglicher

Mittlerweile ist eine weitere positive Reaktion auf Stress in den Fokus der Forschung gerückt: Demnach kann Stress den Menschen zu einem sozialen Wesen machen. Hast Du Stress, reagiert Dein Körper und schüttet neben Hormonen wie zum Beispiel Adrenalin (lässt Dein Herz höherschlagen) auch Oxytocin aus. Hierbei handelt es sich um ein Hormon, das dafür sorgt, menschliche Nähe zu suchen. Die Forscher haben herausgefunden, dass der Mensch durch dieses Hormon hilfsbereiter und empathischer gegenüber denen wird, die ihm tatsächlich wichtig sind.

Das körpereigene Hormon Oxytocin

Von der Wirkung her bringt das Hormon die Angstzentren im Gehirn zum Schweigen und lässt gleichzeitig das Belohnungszentrum anspringen. Die Folge davon: Du bist motivierter, handlungsfähiger und letztendlich auch zuversichtlicher.[171] McGonigal interpretiert die Vorkommnisse im Gehirn

---

171 Linnen, A.-M. (2011): Oxytocin, Stress Reactivity, and Emotional Information Processing – Investiga-

als Stressantwort, die gerade in schwierigen Lebensphasen gewährleistet, dass Du Dich mit Menschen umgibst, die Dich mögen und sich um Dich kümmern.

Das ist aber noch nicht alles. Denn Oxytocin habe auch einen erheblichen Einfluss auf verschiedene Prozesse im Körper, betont die US-amerikanische Psychologin. So hemmt das Hormon die Ausbreitung von Entzündungen im Körper und schützt die Gefäße. Es konnte diesbezüglich nachgewiesen werden, dass Oxytocin auch den Herzzellen dabei hilft, sich von Stressfolgen bzw. -schäden wieder zu erholen. Du kannst die Ausschüttung des Hormons sogar steuern. Dein Verhalten ist hierfür ausschlaggebend. Je mehr Du Dir in stressigen Situationen soziale Unterstützung holst, desto mehr Oxytocin schüttet Dein Körper aus. Das bedeutet, dass die Stressreaktion gesünder ausfällt und Du Dich schneller erholst, da sich Dein Körper automatisch gegen schädlichen Stress wappnet.

Soziale Bindungen als wichtiger Erfolgsfaktor für eine positive Stressantwort

McGonigal und andere Forscher haben in diesem Kontext beobachtet, dass vor allem Frauen hiervon profitieren. Diese tendieren dazu, dem auftretenden Stress durch das Knüpfen von sozialen Beziehungen und Bindungen zu begegnen. Aber auch beim männlichen Geschlecht funktioniert das auf diese Art. Es bleibt diesbezüglich also festzuhalten, dass es die sozialen Verbindungen und Beziehungsgeflechte sind, die Dich gegenüber stressigen Erlebnissen resilienter machen. Eigentlich negativer Stress wird also in ein Positivum umgekehrt. Daraus lässt sich eine Art Lebensformel ableiten: Hilfst du anderen Menschen in turbulenten Situationen, hilfst Du Dir durch die Vertiefung der Beziehungsqualität im Endeffekt auch immer selbst.

---

ting Two Potential Mechanism Mediating Oxytocin's Pro-Social-Effects, S. 78 ff.

Weitere Studien bestätigen den Zusammenhang der Stressantwort auf die Sterblichkeitsrate

Nicht nur die Studie „Does the perception that stress affects health matter? The association with health and mortality" von Keller und seinen Kollegen befasst sich eingehend mit dieser Thematik. Auch eine international bedeutende Studie von 2013 zeigt diese Zusammenhänge anschaulich auf. Im Rahmen dieser Studie befragte der Psychologe Michael J. Poulin und sein Team (University Buffalo, New York) rund 800 Menschen, wie viele Stresssituationen sie im Jahr 2012 erlebt haben, und wie viel Zeit sie aufgewendet hatten, andere Menschen in schwierigen Situationen zu unterstützen.[172]

Im Jahr 2017, also 5 Jahre später, werteten Poulin und sein Team die Sterberegister aus, um zu ermitteln, wer von den befragten Personen verstorben ist. Die Ergebnisse sind äußerst pikant. Demnach erhöhte sich das Sterberisiko durch größere Stresserlebnisse um 30 Prozent. Aber bei den Befragten, die sich laut der Befragungsergebnisse stark um andere Menschen kümmerten, war dieser Anstieg des Sterberisikos nicht zu beobachten.[173]

Ist ein sinnvolles Leben gleichzeitig auch immer ein stressiges Leben?

Studien dieser Art verdeutlichen aber noch eins: **Stress ist immer als ein Bestandteil des Lebens zu verstehen.** Ob Probleme in der Partnerschaft, der Verlust der Arbeitsstelle, der Tod der Eltern oder einfach nur private oder berufliche Veränderungen sowie Neues, das Du erst erlernen musst – Du kannst schwierige Situationen dieser Art nicht vermeiden. Wer aber genau das tut und schwierigen Situationen von vorneherein aus dem Weg geht, treibt sich durch eine ängstliche und ignorante Reaktion selbst in die Passivität. Besser ist es daher, uns selbst und auch andere Menschen anzuspornen und an den jeweiligen Herausforderungen zu wachsen.

---

172 Poulin, M. J.; Brown, S. L.; Dillard, A. J.; Smith, D. M. (2013): Giving to Others the Association Between Stress and Mortality. In: American Journal of Public Health, Vol. 103 (9), S. 1649-1655
173 a. a. O.

Stress steht auch immer für bedeutende Sachen und Menschen in Deinem Leben

McGonigal macht in diesem Zusammenhang in ihren Publikationen klar, dass der Stress in Deinem Leben auch immer ein Zeichen dafür ist, dass für Dich eine Person oder eine Sache eine besondere Bedeutung hat. Guter bzw. positiver Stress fordert Dich als Menschen und verleiht Deinem Leben damit Sinn. Sie empfiehlt, dass sich die Menschen an den Wert von sozialen Beziehungen und Zuspruch von geliebten Menschen in stressigen Zeiten erst recht erinnern sollten. Und nicht nur das. **Auch Deine persönlichen Werte stehen hier im Fokus.**

Was möchtest Du genau zum Beispiel im Hinblick auf Freundschaft und Liebe? Möchtest Du mehr Zeit damit verbringen, mit anderen Menschen zusammen zu sein? Oder der **Faktor Job: Willst Du noch einmal etwas Neues machen bzw. lernen und aus Deinem eintönigen Job bewusst ausbrechen?** Was erfüllt Dich im Leben wirklich mit Sinn? Wenn Du über solche Fragen nachdenkst, hilft Dir das dabei, Deinen eigenen Kompass besser auszurichten. Die renommierte Psychologin ist sich diesbezüglich sicher, dass ein sinnvolles Leben gleichzeitig auch immer ein stressiges Leben darstellt.[174]

Auch wichtig: Die Stress-Dosis wird von Menschen unterschiedlich wahrgenommen

Stress könne aber natürlich auch schaden, betont McGonigal. Das ist gerade bei existentieller Armut oder zum Beispiel bei einem Trauma der Fall. Solche Lebenssituationen können nicht einfach nur schöngeredet werden, um eine positive Stressantwort zu erhalten. Auch das sei zwar möglich, aber im Endeffekt kommt es immer auf den jeweiligen Typen und Charakter an. Daher lasse es sich auch nicht pauschal sagen, welche Stress-Dosis genau für Dich persönlich ungesund ist. Als Alarmzeichen gelte es, wenn Du Dir

---

174 McGonigal, K. (2018): Glücksfaktor Stress – Warum Stress uns erfolgreich und gesund macht, S. 17 ff. Stuttgart: TRIAS

ohne wirklichen Grund sinnlos Stress machst, Du Dich den schwierigen Situationen in Deinem Leben hilflos ausgeliefert fühlst und wenn Dich der Stress von anderen Menschen isoliert. Dies wird auch durch die Studie von Keller und seinen Forscherkollegen untermauert.

Fazit: Stets positiv und mutig mit Stresssituationen umgehen

Da Du nach den wissenschaftlichen Erkenntnissen und den Ausführungen von McGonigal, Keller und Co. negativen Stress in eine positive Stressantwort umwandeln kannst, stehst Du den schädlichen Effekten von Stress in den meisten Fällen nicht machtlos gegenüber. Wenn Du es schaffst, die Reaktionen Deines Körpers auf Stress als hilfreich zu betrachten, sorgt dies für die biologischen Grundlagen, um mutig mit Stresssituationen umzugehen. Wer aufgrund seines positiven Denkens und Handels dann gerade in stressigen Zeiten seine sozialen Kontakte und Beziehungen pflegt oder sogar intensiviert, stärkt nach Meinung der Forscher zusätzlich seine Widerstandskraft. In Bezug auf die Sterblichkeitsrate wird genau dies durch die Studie von dem Forscherteam um Keller dann auch bestätigt.

5.8.3 WAS DICH ANTREIBT, TREIBT DICH AN – WIE DU TREIBENDE KRÄFTE FÜR DICH NUTZEN KANNST, STATT SIE ZU VERURTEILEN

Stress und Überlastung entwickeln sich nicht nur durch äußere arbeitsbedingte Faktoren. Auch festsitzende innere Überzeugungen tragen zum Entstehen von Überforderung bei. Wer beispielsweise unter Burn-out leidet, steht in den meisten Fällen unter dem Einfluss seiner „inneren Stimmen“, der Antreiber. Sie sind bei vielen Menschen am Werk und rauben ihnen Lebensenergie.

Unsere inneren Antreiber haben durchaus positive Funktionen: Sie regen uns zu Höchstleistungen an, sie verhelfen uns zu Anerkennung und verschaffen uns Respekt bei unseren Mitmenschen. Wenn diese Antreiber jedoch stark und kompromisslos ausgeprägt sind, fungieren sie als Stressverstärker. Gemeinsam mit den Anforderungen im Alltag verursachen sie körperlichen und psychischen Stress. Die Folgen sind Erschöpfung und Burn-out.

Was genau sind innere Antreiber?

Laut dem US-Psychologen Taibi Kahler neigen Menschen dazu, ganz bestimmte Verhaltensweisen und Gewohnheiten häufiger einzusetzen als andere. Der Grund: Innere Antreiber sind am Werk. Sie haben ihre Wurzeln in Glaubenssätzen, also in gut integrierten inneren Anweisungen. Sie wirken stark auf uns ein, meist ohne uns bewusst zu sein. Der Begriff Antreiber beschreibt treffend, was diese Sätze bewirken: Sie treiben uns an, von innen heraus, und bestimmen unser Verhalten und Empfinden.[175]

Keiner von uns steht andauernd unter dem Einfluss seiner inneren Antreiber. Jedoch in speziellen Situationen oder im Zusammenhang mit bestimmten Personen treten sie stark und mächtig auf – in den meisten Fällen gerade dann, wenn es Probleme zu bewältigen gibt. In ihrer übertriebenen Ausprägung sind sie kontraproduktiv. Sie steuern unser Empfinden aufgrund früher Erfahrungen und verhindern lösungsorientiertes Verhalten im Hier und Jetzt.

Das Konzept der inneren Antreiber stammt **ursprünglich aus der Transaktionsanalyse.** Es unterscheidet folgende **5 Antreiber:**[176]

- Sei perfekt!
- Streng Dich an!

---

175 Kahler, T. (1977): The Miniscript. In: Barnes, G.; Brown, M. (Hrsg.), Transactional Analysis after Eric Berne – Teachings and Practices of Three TA Schools, New York: Harpers College Press, S. 223-256
176 a. a. O.

- Beeil Dich!
- Sei stark!
- Sei anderen gefällig!

Diese „Anweisungen" aus frühen Phasen unserer Biografie beeinflussen unser Erleben und Verhalten. In Stress- oder Konfliktsituationen werden sie besonders aktiv. Dann prägen sie sowohl unsere Denk- als auch unsere Ausdrucksweise. Sie wirken auf unsere Sprache genauso ein wie auf unsere Gestik und Mimik, auch auf unser Verhalten und unsere Art und Weise, an die Dinge heranzugehen.

Die inneren Antreiber repräsentieren zunächst positive Eigenschaften

Liebenswürdigkeit und Freundlichkeit, Stärke, Unabhängigkeit und Genauigkeit, Schnelligkeit und Durchhaltevermögen, all diese Eigenschaften können uns zu Höchstleistungen verhelfen:

- Unsere Fähigkeit zu Fehlerlosigkeit und Genauigkeit hängt mit dem Antreiber „Sei perfekt!" zusammen.

- Unsere besondere Fähigkeit zu Freundlichkeit und Liebenswürdigkeit hat ihre Wurzeln im Antreiber „Sei anderen gefällig!".

- Wenn wir auf unsere Gründlichkeit und unser Durchhaltevermögen besonders gut bauen können, ist der Antreiber „Streng Dich an!" im Spiel.

- Unsere Stärke und Unabhängigkeit fußt auf dem Antreiber „Sei stark!".

- Wenn wir Schnelligkeit und die Fähigkeit, Chancen zu nutzen, zu unseren besonderen Kompetenzen zählen können, geht es um den Antreiber: „Beeil Dich!"

Die negative Wirkung der Antreiber

Unsere Antreiber können übermächtig werden. Dann bringen sie uns dazu, bestimmte Verhaltensweisen ganz gegen unsere Bedürfnisse und Interessen zu leben. Sie wirken als fundamentale Grundsätze: Sie sind eine Art innere „Plagegeister", denen wir durchgehend folgen müssen, damit sich bei uns überhaupt das Gefühl einstellt, wir seien in Ordnung.
Menschen im übertriebenen Antreiber-Verhalten haben nicht mehr die freie Wahl, ob sie beispielsweise freundlich sein wollen, ob sie etwas perfekt machen oder ob sie über die Maßen gründlich sein wollen.

Antreiber wirken sich deshalb so negativ aus, weil sie den Anspruch auf hundertprozentige Erfüllung stellen, und das auch in unpassenden Situationen. Sie haben wenig mit der angemessenen Reaktion auf aktuelle Ereignisse zu tun. Menschen im Antreiber-Modus stellen sich im Innern die Frage: „Was muss ich tun, damit ich ein Gefühl von Geliebtwerden empfinden kann?" Die inneren Antreiber bieten für dieses existentielle Bedürfnis eine scheinbare Lösung.

Unter der Bedingung, dass wir gefällig oder perfekt sind, uns anstrengen, schnell oder stark sind, fühlen wir uns gemocht und sicher. Es sind Automatismen, die schon in der Kindheit übernommen wurden. So kann der Prozess beispielsweise damit beginnen, dass ein Kind von seinen Eltern nur Aufmerksamkeit erhält, wenn es Leistung erbringt. So will es alles perfektionieren, um sich Spitzennoten zu sichern. Es entwickelt einen ausgeprägten „Sei-perfekt-Antreiber".

Wenn wir in Druck-Situationen geraten, schicken uns unsere Antreiber gefährliche und falsche Signale. Folgen wir diesen Signalen, geraten wir immer weiter in die Verschlimmerungsspirale.

Die Antreiber und ihre Facetten

„Sei perfekt!“

Das Verhalten beim „Sei-perfekt“-Antreiber lässt sich wie folgt beschreiben: „Gib Dich in jedem Fall erst mit dem Besten zufrieden. Doch selbst das Beste kann immer noch verbessert werden – sei also nie zufrieden, erst recht nicht mit Dir selbst!“ Mit diesem Antreiber sind positive Eigenschaften verbunden, etwa ein Leistungsanspruch auf hohem Niveau, Gründlichkeit und Genauigkeit. Durch das Überhandnehmen dieser Perfektionsansprüche stehen Menschen in beruflichen Projekten permanent unter dem Druck, alles extrem gründlich erledigen zu müssen. Sie jagen stetiger Perfektion nach, ohne Rücksicht auf die Zeit und den Aufwand. Für ihre fehlerlose Leistung erwarten sie Anerkennung. Sie nehmen Kritik selbst vorweg, so verhindern sie vorsorglich ein Kritisieren durch andere.

Perfektionisten haben im Grundsatz das unterschwellige Gefühl, dass sie als Person nicht liebenswert seien. Sie versuchen daher, durch ihre Leistung zu beeindrucken, und vertrauen nicht auf ihre positiven Eigenschaften als Mensch. Zumindest ihre Perfektion verdient Respekt und Anerkennung. Fehler, die ihnen unterlaufen, lösen Scham aus. Fehler stehen in ihren Augen mit ihrer Person in Verbindung, nicht lediglich mit dem Verhalten.

„Streng Dich an!“

Menschen mit dem „Streng-Dich-an“-Antreiber haben ihre Glaubenssätze so verinnerlicht: „Hör erst dann auf damit, Dich anzustrengen, wenn Du restlos am Ende bist. Auf keinen Fall mach es Dir leicht – nur das schwer Erarbeitete ist wertvoll!“ Diesem Antreiber liegen positive Eigenschaften wie Durchhaltevermögen, Loyalität und Beharrlichkeit zugrunde. Diese Menschen bringen in Projekten wahre Höchstleistungen, wenn Herausforderungen zu bewältigen sind. Allerdings herrschen immer eine Atmosphäre der Überforderung und ein Klima des Zweifelns am Erfolg.

Menschen mit einem „Streng-Dich-an"-Antreiber sind oft überzeugt davon, dass vor allem Anstrengung zum Erfolg geführt hat. Einen Misserfolg deuten sie als Mangel an Einsatzbereitschaft und Anstrengung. Projektziele werden daher so hochgesteckt, dass sie gar nicht erreichbar sind. Damit wird die Gültigkeit des Antreibers erneut bestätigt. Spielerisch erreichbarer Erfolg oder Freude an der eigenen Leistung sind nur schwer vorstellbar oder gar ausgeschlossen. Bei jeder Gelegenheit wird versucht, lieber im übertragenen Sinn den schweren Weg zu suchen, statt es sich auch einmal leicht zu machen.

„Beil Dich!"

Menschen mit dem Antreiber „Beeil-Dich" leben mit dem Leitspruch: „Mach alles noch etwas schneller, auch wenn die Dinge gar nicht eilig sind. Es gibt ständig viel zu tun!" Die positiven Eigenschaften dieses Antreibers sind Schnelligkeit, Effizienz und große Einsatzbereitschaft. Diese Werte sind aber hier zum Selbstläufer geworden. In Projekten haben diese Menschen dauernd das Gefühl, dass die Zeit nicht ausreicht. Sie verfallen in Hektik, von der sie denken, sie sei wichtig zur Durchführung der Aufgabe. Gelassenheit und Ruhe empfinden sie als störend. Es steht immer die Angst im Raum, eine Gelegenheit oder etwas Wesentliches zu verpassen. Deshalb wird so viel wie irgend möglich in den Moment hineingepackt.

Es bleibt häufig keine Zeit und Ruhe, die Reaktionen des Gegenübers wahrzunehmen oder darauf zu hören, was andere zu sagen haben. Gedanklich sind sie meist schon beim nächsten Schritt. Bildlich betrachtet fahren sie rasend durch die Welt, auch wenn es gar nicht nötig ist.

„Sei stark!"

Menschen mit dem „Sei-stark"-Antreiber halten Gefühle für Zeichen von Schwäche. Daher gilt für sie der Leitspruch: „Zeige oder empfinde gar keine Gefühle!" Viele positive Eigenschaften liegen diesem Antreiber-Verhalten zugrunde. Kampfgeist, Widerstandskraft, Leistungsfähigkeit, Heldenmut und Zivilcourage gehören dazu. Die andauernde innere Verordnung von

Stärke bringt Menschen dazu, ihre Gefühle zu verbergen und Unangreifbarkeit und Stärke zu signalisieren. Aufgeben kommt nicht infrage. Es fällt ihnen schwer, sich helfen zu lassen.

Verletzlichkeit, Verwundbarkeit und Abhängigkeit von anderen wären Schwäche und Unterwerfung. Es lauern die Angst und die Unsicherheit, dass in emotionalen Situationen alles zusammenbrechen würde. Daraus entspringen das bestimmte Auftreten und die Kontrolle der eigenen Emotionen.

„Sei gefällig und mach es allen recht!"

Menschen mit dem „Mach-es-allen-recht"-Antreiber sind durch den Leitspruch geprägt: „Nimm Dich nicht wichtig. Ansprüche anderer sind immer wichtiger." Diesem Antreiber liegen Eigenschaften wie Integrationsbereitschaft, Freundlichkeit und Hilfsbereitschaft zugrunde. Menschen mit dieser inneren Stimme fühlen sich schlecht, wenn es ihnen nicht gelingt, beispielsweise im Beruf das Wohlbefinden aller Teammitglieder zu sichern. Sie halten sich für verantwortlich dafür, stets eine freundliche Atmosphäre herzustellen. In Diskussionen formulieren sie gerne unscharf. Sie positionieren sich nicht, um niemanden zu brüskieren.

„Mach-es-allen-recht-Menschen" haben Angst, keine Konturen und keine Identität zu besitzen, die interessant sein könnten für andere Menschen. Sie glauben, dass sie nur wegen der Kompetenz geschätzt werden, für das Wohlbefinden der andern zu sorgen.

Welche Antreiber wirken bei Dir?

Wie schon erläutert, bringt jeder Antreiber positive Eigenschaften mit sich. Die Herausforderung liegt darin, die Antreiber zu regulieren, zu erreichen, dass sie Dich nicht in Stresssituationen boykottieren und den Druck verstärken. Um die eigenen Antreiber „zähmen" zu können, ist es wichtig, herauszufinden, welche davon bei Dir wirksam sind.
Folgende Maßnahmen helfen Dir, Deine inneren Antreiber zu entdecken:

Du kannst ein Bewusstsein dafür entwickeln,

- welche Verhaltensweisen sowohl bei Dir selbst als auch bei anderen Menschen Stress auslösen.
- welche Deiner Verhaltensweisen Dich in Drucksituationen boykottieren.

Du kannst mit Selbstaufmerksamkeit Dein Empfinden und Handeln reflektieren und überprüfen,

- welches Verhalten, in welcher Situation und in welchem Ausmaß sinnvoll ist.

So gehst Du schrittweise gegen Deine Antreiber vor

Dein persönlicher Haupt-Antreiber wie auch die anderen Antreiber-Stimmen begleiten Dich schon lange. Es braucht Zeit, eingefahrene Verhaltensmuster zu verändern. Du brauchst Übung, um Deine Haupt-Antreiber zu erkennen. Noch mehr Übung erfordert es, Dir selbst die Erlaubnis zu erteilen, sie aufzulösen. Du brauchst außerdem Geduld mit Dir und Deinen bisher trainierten Mustern. Geduld, Übung und vor allem Selbst-Wertschätzung sind das Fundament, auf dem Du Deine Antreiber konstruktiv leben und die strengen Stimmen verabschieden kannst.

Du kannst alte Funktionsweisen stufenweise durch Dein neues Verhalten ersetzen:

- Lerne, die Ressourcen und die positiven Seiten zu schätzen, die Deine Antreiber beinhalten. Es sind Deine Talente.

- Entwickle ein Bewusstsein dafür, wie Deine Antreiber funktionieren und in welchen Situationen sie gehäuft auftreten.

- Überprüfe hemmende und hinderliche Bewertungen, die Du Dir selbst sagst, wie etwa: „Wenn ich nicht gefällig bin, bin ich nicht gut genug" und lerne, Dir eine passende Erlaubnis zu geben, wie etwa: „Du bist in Ordnung, auch wenn Du es Dir selbst recht machst". Dann wirken die Antreiber immer weniger stark.

Erlaubnisse als Gegenmittel gegen Antreiber

Das große Ziel ist es, den Antreiber-Druck zu verringern, damit wir überhaupt andere Handlungen zulassen können.[177]

Eine große Veränderung kannst Du einleiten, wenn Du Dir im Hier und Heute selbst die wichtigen Erlaubnisse gibst. Es geht darum, Dir zuzugestehen, dass Du ein wertvoller Mensch bist, auch wenn Du

- nicht immer perfekt bist
- nicht immer stark bist
- Dich nicht immer beeilst
- Dich nicht immer anstrengst
- nicht immer gefällig bist

Erlaubnisse sind konstruktive Glaubenssätze, die die inneren Antreiber auflösen können. Jeder Antreiber hat solche speziellen Erlaubnissätze. Die folgenden Sätze sind Beispiele, die Dir dabei helfen, bestimmte Verhaltensweisen zu verändern.

Sei perfekt

Ich bin gut genug, genauso wie ich bin.
Ich bin wertvoll.
Fehler zeigen meine Menschlichkeit.
Gut ist, gut genug.

Sei stark

Ich kann anderen vertrauen.
Ich darf meine Gefühle mitteilen.
Helfende Hände darf ich annehmen und um sie bitten.

---

177 Schneider, J. (2013): Burnout vorbeugen und heilen – Erfolgreich arbeiten - erholt in den Feierabend. Paderborn: Junfermann Verlag

Streng Dich an

Es darf auch der leichte Weg sein.
Ich setze meine Kraft (nur) da ein, wo es mir wichtig ist.

Mach schnell

Ich entscheide, was ich mit meiner Zeit mache.
Ich darf mir die Zeit nehmen, die ich brauche.
Meine Pausen sind mir wichtig, um mich zu regenerieren.

Mach es allen recht

Ich darf „Nein" sagen.
Ich nehme meine Wünsche und Bedürfnisse ernst.
Die Beziehung zu mir selbst ist mir wichtig.

Die Früchte der inneren Antreiber konstruktiv nutzen

Damit die Antreiber ihren destruktiven Einfluss auf das Berufs- oder Privatleben verlieren, ist es wichtig, sich ehrlich mit ihnen auseinanderzusetzen. Antreiber haben kostbare Talente bei uns hervorgebracht. Ihre negativen Auswirkungen gilt es aufzulösen. So können unsere spezifischen Eigenschaften wieder positiv hervortreten, frei, spontan und adäquat.

Wenn uns die destruktiven Seiten unserer Antreiber bewusstwerden und wir sie verändern können, gewinnen wir Freiheit. Wir können uns für situationsangemessenes Verhalten entscheiden. So können wir uns anstrengen oder auch nicht, und uns bei beiden Entscheidungen gut fühlen. Wir können eine Sache perfekt machen, wir müssen es aber nicht. Die Entscheidung beeinflusst unser Lebensgefühl im Grunde nicht mehr negativ. Wir fühlen uns in Ordnung, ob wir nun so oder anders entscheiden. Damit ist der Weg geebnet für eine innere Balance, die uns in Stresssituationen gelassen, aufmerksam und handlungsfähig bleiben lässt.

5.8.4 DER ERSTE HILFE-KOFFER, WENN ALLE (BERUFLICHEN) STRICKE REISSEN – SO KOMMST DU WIEDER IN BALANCE

Wer Selbstmitgefühl entwickelt, besitzt ein starkes Werkzeug für seine emotionale Belastbarkeit. Diverse Studien zeigen, dass Selbstmitgefühl u. a. die Lebenszufriedenheit, das Mitgefühl für andere und die eigene Autonomie deutlich erhöht.[178] Wir können lernen, uns in schwierigen Situationen selbst freundlich zu behandeln und so in unserer Mitte zu bleiben. In diesem Kapitel erfährst Du, welche Bedeutung Selbstmitgefühl hat und wie Du es mithilfe eines individuellen Mantras verinnerlichen kannst.

Unser innerer Kritiker verurteilt uns stetig und unversöhnlich

Manchmal treffen uns Dinge schwer und unerwartet. Wir kennen solche Situationen: Es läuft im Betrieb anders als gewünscht. Uns passiert ein Missgeschick, wir vergessen wichtige Unterlagen – und wir ärgern uns. Das passiert jedem einmal, doch manche dieser Fehler verzeihen wir uns nicht. Stattdessen belasten wir uns mit feindseligen Angriffen auf uns selbst. Wir gehen mit unserer eigenen Person weitaus härter ins Gericht als mit Freunden. Damit schwächen wir uns unnötig. Wir versetzen uns in Stress, richten noch größeren Schaden an und schmälern unsere Lebensfreude.

Wie gehst Du mit Dir um, wenn Du etwas in den Sand gesetzt hast? Kennst Du den inneren Mechanismus, bei dem Dein „innerer Kritiker“ Dich

---

178 Neff, K.; Vonk, R. (2008): Self-compassion versus global self-esteem – two different ways of relating to oneself. In: Journal of Personality, Vol. 77 (1), S. 23-50
Neff, K.; Long, P.; Knox, M.; Davidson, O.; Kuchar, A.; Costigan, A.; Williamson, Z.; Rohleder, N.; Tóth-Király, I.; Breines, J. (2018): The forest and the trees – Examining the association of self-compassion and its positive and negative components with psychological functioning. In: Self and Identity, Vol. 17 (6), S. 627-645

niedermacht und Deine strenge innere Stimme Dich mit Vorwürfen überschüttet, wie etwa: „Ich hab's Dir ja gleich gesagt, das wird nichts!“, oder: „Alle anderen sind natürlich besser als Du, das kann wieder mal nur Dir passieren!“, oder: „Du bekommst ja nie etwas hin.“

Wenn uns ein schwerwiegender Fehler unterlaufen ist oder wir eine Krise im Beruf durchstehen müssen, landen wir oft nach einer Phase des Schockerlebens und der Verleugnung in der Selbstabwertung.

Sich selbst ein guter Freund werden

Ein hilfreicher Ansatz in derartigen Situationen ist das Konzept des „Selbstmitgefühls“ (Self-Compassion) nach der US-amerikanischen Forscherin und Psychologin Kristin Neff, einer Pionierin auf dem Gebiet des Selbstmitgefühls. Das Konzept besagt, dass wir in schwierigen Lagen mit uns selbst so umgehen sollten, wie wir es mit einer guten Freundin/einem guten Freund selbstverständlich tun würden: freundlich, verständnisvoll und mitfühlend.[179]

Was genau ist Selbstmitgefühl?

Mit diesem Begriff ist eine gütige, wohlwollende und weise innere Haltung gemeint, in der wir mit uns selbst umgehen. Wenn wir einen freundlichen Selbstbezug gewinnen, werden wir die Fähigkeit und die innere Bereitschaft entwickeln, uns selbst auch in schwierigen Situationen mit einer freundlichen, wohlwollenden, annehmenden und liebevollen Haltung zu begegnen.
Es geht dabei keinesfalls um eine Befindlichkeit des Selbstmitleids, um sich resigniert in eigenen negativen Gefühlen zu verlieren. Selbstmitgefühl meint, tröstend und freundlich mit sich im eigenen Leid umzugehen. Dem Freund gegenüber wären wir geduldig, lösungsorientiert und verständnisvoll. Wir würden ihm keinesfalls noch weiteren Schmerz zufügen, sondern ihn verstehen, ihn aufbauen und ihm aufmunternde Worte sagen.

179 Neff, K. (2012): Selbstmitgefühl – Wie wir uns mit unseren Schwächen versöhnen und uns selbst der beste Freund werden. München: Kallash Verlag

Warum ist Selbstmitgefühl so wichtig?

Studien zeigen, dass etwa drei Viertel der Bevölkerung in entwickelten Ländern mit anderen mitfühlender umgehen als mit sich selbst. Zu wenig Selbstmitgefühl und feindselige Selbstverurteilung belasten den Alltag und die Lebensqualität. Ein gutes Selbstmitgefühl dagegen korreliert durchgehend mit besserer Gesundheit auf körperlicher und psychischer Ebene und mit besseren sozialen Beziehungen.

Weitere Studien belegen, dass Selbstmitgefühl dazu führt, dass wir uns stärker bemühen, nach einem Scheitern unsere Ziele zu erreichen, während Selbstverurteilung demotiviert. Selbstmitgefühl führt weiter zu höherer Belastbarkeit bei krisenhaften Lebensereignissen. Wir haben mehr Kapazitäten, uns für andere auf authentische und nachhaltige Weise zu engagieren, nachdem wir gelernt haben, zunächst unsere eigenen Bedürfnisse zu erfüllen.

Wie lässt sich Selbstmitgefühl erlernen?

Jeder und jede kann lernen, mitfühlender und freundlicher mit sich selbst umzugehen. In folgenden **3 Schritten** lässt sich der Weg hin zu mehr Selbstmitgefühl gehen:

1. Erlaube Dir Deine Gefühle

Zunächst geht es darum, sich die Erlaubnis zu geben, dass die momentanen Gefühle sein dürfen.
Wenn uns ein gravierender Fehler unterlaufen ist, überschwemmen uns oft Gefühle wie Angst, Erschrecken, Entsetzen, Scham, wir sind traurig, enttäuscht, wütend oder verletzt. Wenn wir uns diese Gefühle nicht zugestehen, verstärken wir den Stress. Gefühle sind erst einmal da, ob wir sie nun wollen oder nicht. Damit sie sich abschwächen, brauchen sie etwas Zeit, die begleitenden körperlichen Vorgänge wie etwa die Adrenalinausschüttung müssen wieder abklingen. Gefühle ziehen am schnellsten weiter, wenn wir sie annehmen.

Genau in dieser Situation beginnt Selbstmitgefühl. Wenn wir uns diese Gefühle zugestehen und uns damit akzeptieren können, ist der erste Schritt zur Selbstunterstützung getan.

2. Mache Dir bewusst, dass Du mit anderen verbunden bist

Jeder Mensch macht Fehler. Fehler gehören zum Menschsein. Wir können aus ihnen lernen, sie sind nicht dazu da, dass wir uns minderwertig fühlen. Sonst müsste sich jeder Mensch minderwertig fühlen. Wie traurig wäre die Welt?

Sage zu Dir selbst: „Leiden gehört dazu, es ist ein Teil des Lebens." Damit erkennst Du an, dass Dich dieses Gefühl in Verbindung mit anderen Menschen bringt. Es geht dabei nicht darum, Deine Gefühle zu verharmlosen. Es geht darum, zu spüren, dass wir alle Menschen sind, die schwierige Erfahrungen machen. Wir sind dadurch nicht mangelhaft oder unnormal.
Dieses Gefühl der Verbundenheit mit allen Menschen unterscheidet Selbstmitgefühl von Selbstmitleid. Der Fokus liegt weniger auf sich selbst als vielmehr auf der Zusammengehörigkeit mit anderen Menschen.

Anderen Menschen geht es ebenfalls so. Ich bin damit nicht allein. Wir alle erleben immer wieder schwierige Zeiten. Wenn Du Dir bewusstmachst, dass Leiden und Scheitern dazugehören und dass wir allesamt Niederlagen und Fehlschläge zu verkraften haben, stellst Du Dich und Deine aktuelle Lage in einen übergeordneten Zusammenhang. Du kannst Dich als Teil eines größeren Ganzen sehen.

Du kannst für Dich formulieren, was sich am stimmigsten anfühlt, etwa „Viele Menschen fühlen sich so", oder „Wir alle müssen in unserem Leben kämpfen", oder „Ich bin nicht allein".

3. Suche Dir Deine persönlichen ermutigenden Sätze

Stell Dir vor, welche Sätze ein guter Freund oder ein weiser Lehrer wählen würde, um Dich zu trösten oder Dich zu motivieren.

Verändere dann Deinen eigenen inneren Dialog so, dass Du selbst Dich mitfühlender motivierst.
Wie würde dieser gute Freund auf Deine Schwächen blicken?
Wie würde er mit Dir sprechen, wenn Du mit Deinem Problem zu ihm kommst.
Was würde er wohl davon halten, dass Du Dich selbst verurteilst?
Stell Dir bildlich vor, was ein Mensch sagen würde, der Dich bedingungslos liebt.
Und jetzt behandle Dich selbst mit Mitgefühl.

Sage Dir tröstende und aufbauende Worte, wie etwa:

„Ich darf fürsorglich mit mir sein – wie ein guter Freund."
„Ich darf Mitgefühl mir gegenüber zeigen."
„Ich darf verständnisvoll mit mir umgehen."
„Ich darf mich so akzeptieren, wie ich bin."
„Ich vergebe mir."
„Ich bin stark."
„Ich darf es mir selbst recht machen."
„Ich darf Fehler machen."
„Ich darf geduldig mit mir sein."

Spüre nach, welche Worte sich beim Aussprechen gut anfühlen und mit welchen Sätzen Du Deinem persönlichen inneren Kritiker am besten den Wind aus den Segeln nimmst.

Übung: Dein persönliches Selbstmitgefühls-Mantra

Dieses Selbstmitgefühls-Mantra wirkt dann am besten, wenn es individuell auf Dich zugeschnitten ist. Daher ist es wichtig, dass Du mit Achtsamkeit den Worten nachspürst, aus denen Dein Mantra besteht. Experimentiere hier geduldig mit den richtigen Begriffen.

1. Denke an eine schwierige Situation in Deinem Alltag, die Dir Stress bereitet.

Spüre dem Stress nach. Versuche, das emotionale Unbehagen nachzuempfinden, das damit verbunden ist.
Sage Dir nun den folgenden Satz: „Dies ist ein Moment des Leidens, das tut weh“, oder „Das ist Stress“. Nimm die Worte, die sich am natürlichsten für Dich anfühlen. (Achtsamkeit)

2. Sage Dir nun: „Leiden ist ein Teil des Lebens“, oder „Auch viele andere Menschen fühlen sich so“, oder „Ich bin nicht allein“. (Humanität)

3. Sage Dir nun: „Ich möchte freundlich und tröstend zu mir selbst sein“, oder „Ich werde es lernen, mich zu akzeptieren, so wie ich bin“, oder „Ich will mir selbst vergeben“, oder „Ich werde mit mir geduldig sein“. (selbstbezogene Freundlichkeit)

Wenn Du diese 3 Schritte getan hast, dann hast Du ein persönlich passendes Selbstmitgefühls-Mantra formuliert. Es enthält die **3 Komponenten des Selbstmitgefühls: Achtsamkeit, Humanität (Verbundenheit zu anderen Menschen) und selbstbezogene Freundlichkeit.**

Teste es nun einmal in Gedanken. Versetze Dich in Gedanken in eine belastende Situation. Benutze dann das Mantra und spüre dem nach, was sich verändert. Vielleicht möchtest Du noch ein paar Worte verändern oder ergänzen. Nimm Dir Zeit und probiere die Sätze so lange, bis sie genau zu Dir passen.
Lege nun die Hände auf´s Herz, spüre der Wärme und dem sanften Druck Deiner Hände auf dem Brustkorb nach, oder wähle eine andere fürsorgliche Berührung, die Dir guttut.

Beispiele des Selbstmitgefühls-Mantras:

„Das zieht mir gerade den Boden unter den Füßen weg.
Solche Momente erlebt jeder mal.

Ich darf mir eine gute Freundin sein.
Das nimmt mir gerade die Luft weg. Es gerade sehr schwer für mich.
Ich darf verständnisvoll und mitfühlend mit mir sein.
Das fühlt sich gerade nicht gut an. Auch das gehört zum Menschsein.
Ich kann mich trösten und mir Selbstmitgefühl entgegenbringen.
Das ist ein Augenblick großen Schmerzes.
Zum Leben gehört Schmerz dazu.
Ich darf freundlich und mitfühlend zu mir sein.
Auch wenn ich dieses Problem habe
und mich gerade sehr unglücklich fühle,
bin ich nicht allein. Ich liebe und akzeptiere mich, wie ich bin."

Transfer in den Alltag

Wenn sich das Mantra stimmig anfühlt und Abhilfe schafft, kannst Du es in den Alltag transferieren und jederzeit praktizieren. Du kannst es gerade auch im beruflichen Kontext in Situationen anwenden, welche Dich stark fordern, die schwierig sind und in denen Du zumeist bislang wenig einfühlsam mit Dir selbst umgehen würdest bzw. umgegangen bist.
Eventuell magst Du Dir das Mantra schriftlich niederschreiben, so dass Du es für schwierige Zeiten auf Abruf parat hast.

Dranbleiben und stetiges Bewusstmachen wird belohnt durch größere Lebenszufriedenheit

Vielleicht gelingt die Veränderung nicht von heute auf morgen. Doch wenn wir uns stetig in Selbstmitgefühl üben, werden wir diese Haltung irgendwann als Normalität empfinden. Dann werden wir uns selbstverständlich fragen: „Was braucht dieser Mensch, für den ich ein sehr guter Freund/eine sehr gute Freundin sein will, gerade jetzt?" Wenn wir uns jeden Tag neu vornehmen, uns selbst wie den Menschen zu behandeln, den wir am meisten lieben, hilft uns das zuverlässig dabei, dass wir die liebevolle Perspektive einnehmen, die uns guttut.

6. JOB-CRAFTING – SCHAFFE DEN JOB, DER DIR GEFÄLLT!

Du hast den Spaß an Deinem Job verloren, die Kollegen nerven nur noch, der Chef bringt Dich regelmäßig zur Weißglut und Du fragst Dich, warum Du Dich morgens überhaupt noch aus dem Bett quälst? Damit bist Du nicht allein. Eine in der DACH-Region (Deutschland, Österreich, Schweiz) im Jahr 2020 durchgeführte Befragung auf XING mit ca. 1000 Menschen ergab, dass jeder Vierte mit seiner aktuellen Jobsituation unzufrieden ist.[180] In Deutschland hadert sogar jeder zweite Arbeitnehmer in Deutschland mit seinem Berufsleben. Dies geht es aus einer im Dezember 2019 erhobenen Umfrage des Meinungsforschungsinstituts YouGov mit knapp 2100 Befragten über unterschiedliche Berufsgruppen hervor, welche vom Dienstleistungsmarktplatz Fiverr initiiert wurde. Demnach sind insbesondere jüngere Menschen im Alter bis 39 Jahren mit ihrer momentanen Arbeitssituation unzufrieden.[181] Auch in 2021 veränderte sich am Gesamtbild wenig: laut Gallup Engagement Index, bei der 1500 Arbeitnehmer telefonisch zufällig ausgewählt und abgefragt wurden, machte sich jeder Vierte Mitarbeiter in Deutschland

180 New Work SE (2020): Neue XING Studie – Jeder Vierte ist unzufrieden mit Jobsituation. 42 Prozent müssen im Job eine Rolle spielen. URL: https://www.new-work.se/de/newsroom/pressemitteilungen/2020-neue-xing-studie-jeder-vierte-ist-unzufrieden-mit-jobsituation- [Stand: 20-03-2022]

181 Rönisch, S. (2020): Jeder Zweite mit seiner Arbeit unzufrieden. URL: https://www.onetoone.de/artikel/db/075755SUR.html [Stand:24-03-2022]

HUSS-MEDIEN GmbH (2020): Hälfte der Berufstätigen ist unzufrieden im Job. URL: https://www.arbeit-und-arbeitsrecht.de/news/haelfte-der-berufstaetigen-ist-unzufrieden-im-job.html [Stand: 19-03-2022]

Gedanken über einen Jobwechsel.[182] Die meisten davon würden am liebsten sofort kündigen, wenn da der finanzielle Aspekt nicht wäre. Von irgendetwas muss man schließlich leben und eine neue Stelle will erst einmal gefunden werden. Hinzu kommt, dass es keine Garantie darauf gibt, dass sich Deine Probleme mit einem Jobwechsel dauerhaft in Luft auflösen. Es könnte genauso gut sein, dass Du schon ein paar Monate später am selben Punkt ankommst, an dem Du jetzt stehst. Und was dann? Wieder wechseln?

Die bessere Lösung ist es, Deinen aktuellen Job so umzugestalten, dass er zum Traumjob wird. Das Zauberwort heißt „Job-Crafting". Was genau unter diesem Begriff zu verstehen ist und wie Du damit Deinen Berufsalltag attraktiver gestalten kannst, erfährst Du hier.

6.1 DEN PERFEKTEN JOB GIBT ES NICHT – AUSWEGE AUS DEM FRUST SCHON

Bevor Du anfängst, Deine berufliche Tätigkeit komplett auf den Kopf zu stellen, solltest Du zunächst Deinem Job-Frust auf den Grund gehen. Frage Dich vor allem, worin genau das Problem liegt, wie lange Du Dich schon damit herumschlägst und was Du wirklich von Deinem Broterwerb erwartest. Zu den häufigsten Ursachen für Unzufriedenheit im Job zählen soziale Faktoren wie mangelnder Teamgeist unter den Kollegen und fehlendes Lob seitens der Vorgesetzten. Auch die Hierarchien in der Firma und unpassende Tätigkeitsschwerpunkte können dazu führen, dass die Freude am Job abhandenkommt. Gleiches gilt, wenn Du Dir ständig vorschreiben lassen musst, auf welche Art und Weise Du Deine Aufgaben zu erledigen hast.

Manchmal gibt es aber auch nicht die „eine große Ursache", sondern viele kleine, die das Fass irgendwann zum Überlaufen bringen. Hält Dein Chef

182 Gallup-Institut (2022): Engagement Index Deutschland 2021

Dich beispielsweise mit zahlreichen Extra-Aufgaben auf Trab, obwohl Du mit Deinem normalen Pensum vollkommen ausgelastet bist, ist Stress vorprogrammiert. Wenn dann noch dauernd das Telefon klingelt, sich die Kollegen lautstark unterhalten und im Büro ein ständiges Kommen und Gehen herrscht, leidet Deine Konzentration und die nervliche Anspannung nimmt weiter zu. Das führt dazu, dass sich in Deinem Hinterkopf Gedanken wie „Das ist zu viel für mich“, „Bei dem Trubel kann ich nicht arbeiten“ oder „Ich muss hier weg“ festsetzen.

Das Problem wird umso größer, je länger es besteht. Während sich ein vorübergehend höheres Arbeitspensum gut verkraften lässt und kein Grund ist, dem Chef die Kündigung zu präsentieren, sieht das bei einer dauerhaften Überbelastung anders aus. Ständig knappe Deadlines zählen ebenso zu den größten Stressfaktoren im Arbeitsalltag wie ein Zuviel an gleichzeitigen Baustellen, unrealistische Zielvorgaben oder eine zu hohe Verantwortung. Vielleicht ist aber auch das Gegenteil der Fall und Du hast seit Langem das Gefühl, nur stumpf abzuarbeiten, ohne zu wissen, warum Du das tust. Wo ständig Langeweile herrscht, ist der Frust nicht weit.

Nicht zuletzt solltest Du auch darüber nachdenken, ob Dir im Laufe der Zeit womöglich nur der Blick dafür verloren gegangen ist, was es Gutes und Wertvolles in Deinem Job gibt. Hat sich Dein Berufsalltag tatsächlich in eine unerwünschte Richtung entwickelt oder liegt es an Dir selbst, dass Du Deine Arbeit als unliebsame Quälerei empfindest. Unter Umständen führst Du Dir immer wieder das Schlechte vor Augen und veränderst Deine Gefühlswelt damit negativ. Versuche, Deine Situation aus einem objektiven Blickwinkel zu betrachten und prüfe, ob Deine Kritik und Deine Zweifel bezüglich Deines Jobs gerechtfertigt sind.

Nimm dabei auch Dich selbst unter die Lupe und überlege, ob Du vielleicht etwas tun kannst, um Deine Lage zu verbessern. Führe Dir vor Augen, was genau Du von Deinem Job erwartest, wie die Arbeitskollegen sein sollten, damit Du besser mit ihnen auskommst, und was sich im Unternehmen verändern müsste, damit sich die Freude am Job wieder einstellt. In vielen Fällen kann schon ein einfaches Gespräch mit den Kollegen oder Deinem Chef helfen, angestaute Probleme aus dem Weg zu schaffen.

Über eine Veränderung nachdenken solltest Du spätestens dann, wenn Du **5 der folgenden Fragen mit „Ja“** beantworten kannst:

- Musst Du Dich jeden Morgen dazu überwinden, zur Arbeit zu gehen?
- Antwortest Du auf die Frage „Und was machst Du so?“ häufig mit einem Achselzucken?
- Liegen die Job-Höhepunkte, von denen Du erzählen könntest, mehr als 5 Jahre zurück?
- Ist es Dir mittlerweile egal, wie es beruflich weitergehen soll?
- Hoffst Du schon länger, dass es auf der Arbeit endlich wieder bergauf geht?
- Besteht Dein Job nur aus endlosen Routinen, die Dich vor Langeweile einschlafen lassen?
- Fühlst Du Dich übergangen, wenn ein Kollege für seine Leistung gelobt wird?
- Wurdest Du trotz guter Leistungen noch nie befördert?
- Verbringen Deine Kollegen ihre Mittagspause am liebsten ohne Dich?
- Will Dich auch nach Feierabend niemand treffen?
- Sagst Du: „Frag nicht!“, wenn Dich jemand nach Deinem Job fragt?
- Klagst Du ständig über Deine Kollegen und Deinen Chef, auch in Deiner Freizeit?

Wie wirkt sich Unzufriedenheit im Job aus?

Wie die Forschung zeigt, sind Berufstätige, die ihre Tätigkeit ausschließlich als Geldquelle ansehen, signifikant unzufriedener mit ihrem Job und auch grundsätzlich mit ihrem Leben.[183] Diese Verdrossenheit macht nicht im Arbeitsleben halt, sondern wirkt sich auf viele weitere Lebensbereiche aus, beispielsweise auf die Partnerschaft, die Familie, die Freunde und andere soziale Kontakte. Unter einem Zuviel an Arbeit, aber auch bei ständiger Unterforderung, steigt der Stresslevel rapide an. Darunter leiden die Gesundheit und die Fitness. Hieraus resultieren häufig körperliche Symptome wie Kopf- und/oder Rückenschmerzen, Schlafstörungen, Augenflimmern, Hörsturz, Gewichtszunahme oder -verlust, Burn- oder Bore-out. Schlimmstenfalls kommt es zu einem totalen Ausfall der Systeme in Form einer schweren Depression oder eines Nervenzusammenbruchs.[184]

Sich alles schön zu reden, bringt in einer solchen Situation niemanden weiter. Ebenso wenig helfen Durchhalteparolen wie „Die paar Jahre bis zur Rente schaffe ich schon noch irgendwie", oder „Wenn der Kollege XY erst einmal im Ruhestand ist, wird alles besser". Je länger Du in einer unbefriedigenden Jobsituation verharrst, desto mehr sinkt Deine Motivation in den Keller. Du identifizierst Dich immer weniger mit Deinem Job, wodurch Deine Unzufriedenheit weiter steigt. Diese Abwärtsspirale gilt es zu unterbrechen. Ein Ansatz hierfür ist das sogenannte Job-Crafting, ein Konzept, bei dem Du Deinen Job nach Deinen Vorstellungen gestaltest und damit für Dich selbst wieder attraktiv machst.

183 University of Southern Carolina (2010): Over long haul, money doesn't buy happiness
Boyce, C.; Daly, M.; Hounkpatin, H.; Wood, A. (2017): Money May Buy Happiness, but Often So Little That It Doesn't Matter. In: Psychological Science, Vol. 28 (4), S. 544-546

184 Lynch, S. (2015): Why Your Workplace Might Be Killing You – Stanford scholars identify 10 work stressors that are destroying your health. URL: https://www.gsb.stanford.edu/insights/why-your-workplace-might-be-killing-you [Stand: 22-03-2022]

6.2 WAS GENAU BEDEUTET JOB-CRAFTING?

Der Begriff Job-Crafting entstammt der Organisations-, Wirtschafts- und Arbeitspsychologie. Er beschreibt eine Form der individuellen Arbeitsgestaltung, bei der Berufstätige aktiv versuchen, ihre berufliche Tätigkeit so umzugestalten und zu verbessern, dass sie optimal zur eigenen Motivation und den persönlichen Stärken passt. Die Art und Weise und der Erfolg dieses Prozesses hängen vor allem von der jeweiligen Persönlichkeitsstruktur, den spezifischen Neigungen, dem Selbstvertrauen und der Eigeninitiative ab. Der Grundgedanke dahinter besteht darin, dass es Arbeitnehmern fast immer möglich ist, ihren Job an den eignen Fähigkeiten und Bedürfnisse auszurichten und damit eine größere Passung zwischen sich selbst, der Arbeit und dem Unternehmen herzustellen.

Das Prinzip des Job-Craftings lässt sich auf eine **Studie aus dem Jahr 2001** zurückführen. Für diese hatten die Wissenschaftlerinnen **Amy Wrzesniewski und Jane E. Dutton** 28 Mitarbeiter einer Putzkolonne in einem Universitätskrankenhaus ausgiebig bezüglich ihrer Jobzufriedenheit befragt. Während die einen ihren Job nicht wahnsinnig befriedigend oder erfüllend fanden, gingen die anderen regelrecht in ihrem Beruf auf, waren zufriedener und glücklicher und lieferten auch bessere Leistungen ab.[185]
Der Unterschied: Erstere putzten, weil sie dafür bezahlt wurden, und arbeiteten so, wie es von ihnen erwartet wurde. Letztere formten ihren Job nach eigenem Gutdünken. Neben ihrer eigentlichen Tätigkeit nahmen sie sich die Zeit, aufgewühlten Patienten zuzuhören oder sie nach der Behandlung zu ihren Autos zu begleiten, obwohl das hätte den Jobverlust bedeuten können. Diese **freiwilligen Aufgaben stifteten zusätzlichen**

185 Wrzesniewski, A.; Dutton, J. E. (2001): Crafting a Job – Revisioning Employees as Active Crafters of Their Work. In: The Academy of Management Review, Vol. 26 (2), S. 179-201

Sinn, werteten ihre Arbeit auf und bereiteten ihnen Freude – und erhöhten nebenbei ihre Wertschätzung durch das Krankenhauspersonal.[186]

Die Veränderungen, die Du im Rahmen des Job-Craftings angehst, müssen nicht zwingend groß und aufwendig sein. Manchmal können schon kleine Modifikationen spürbare Effekte bewirken. Vielleicht wünschst Du Dir eine abwechslungsreichere Tätigkeit oder ein bisschen mehr Austausch mit Deinen Kollegen. Im Sinne des Job-Craftings wartest Du nicht darauf, dass sich mit gut Glück in der einen oder anderen Hinsicht etwas verändert, sondern wirst selbst aktiv. Du könntest beispielsweise häufiger das Feedback Deiner Kollegen einholen, Dein Aufgabenfeld erweitern oder versuchen, viele unübersichtliche Einzelprojekte zu einem großen zusammenzufassen. Es gibt unterschiedlichste Ansätze und Möglichkeiten. Was davon sich in Deinem Fall am besten eignet, hängt sehr von Deiner Arbeit bzw. von Deinem genauen Tätigkeitsfeld ab.

Zu unterscheiden ist das Job-Crafting vom Job-Design. Zwar beinhaltet auch dieses häufig das Hinzufügen oder Weglassen von Verantwortlichkeiten, um die Art der Rolle eines Arbeitnehmers im Job zu ändern und dadurch seine erlebte Sinnhaftigkeit, seine intrinsische Motivation und seine Arbeitszufriedenheit zu beeinflussen. Diese Modifikationen werden jedoch von oben her angestoßen, während die betreffende Arbeitskraft meist passiv bleibt. Beim Job-Crafting liegt die Verantwortung für Veränderungen hingegen in den Händen der Mitarbeiter. Sie selbst ergreifen die Initiative, wobei der Fokus vor allem darauf gerichtet ist, das eigene Wohlbefinden zu verbessern. Hieraus können sich unter Umständen Nachteile für das Unternehmen, aber auch für den betreffenden Mitarbeiter ergeben.[187]

Natürlich sind dem Job-Crafting Grenzen gesetzt. Du bewegst Dich in einem System, hast Kollegen und Chefs und Arbeitsaufgaben, die Du erledigen

186 a. a. O.
187 Moore, C. (2019): What is Job Crafting? (Incl. 5 Examples and Exercises). URL: https://positivepsychology.com/job-crafting/ [Stand: 28-03-2022]

musst. Zudem machen Unternehmen Vorgaben und haben Ziele, die sich nicht zwingend mit Deinen Vorstellungen vom Traumjob decken müssen. Es lohnt sich jedoch, nach Spielräumen für die Umgestaltung Deiner Arbeit zu suchen und sie so gut wie möglich zu nutzen.

Das Job-Demands-Resources-Modell als theoretische Grundlage des Job-Craftings

Genaugenommen gibt es nicht nur ein Job-Crafting-Modell, sondern **mindestens zwei grundlegende Ansätze:** das **Job-Demands-Resources-Modell** (auf Deutsch: Arbeitstätigkeit-Anforderungen-Ressourcen-Modell) und das eigentliche **Job-Crafting-Modell.** Ersteres ist sehr nützlich, um aus theoretischer Sicht etwas mehr über die Jobanforderungen und die Ressourcen zu erfahren. Es bildet die theoretische Grundlage des Job-Crafting-Ansatzes, wobei davon ausgegangen wird, dass hemmende Anforderungen reduziert und im Gegenzug herausfordernde Anforderungen und Ressourcen erhöht werden sollten, um das Wohlbefinden und das Engagement der Mitarbeiter zu erhöhen.

Das Job-Demands-Resources-Modell beschreibt die Zusammenhänge zwischen den Merkmalen der Arbeitsaufgabe, der genauen Situation am Arbeitsplatz sowie des Wohlbefindens der Mitarbeiter. Es versucht vorauszusehen, welche Eigenschaften der Arbeit die Motivation und die Zufriedenheit der Beschäftigten positiv oder negativ beeinflussen. Das Ziel besteht darin, Einflussgrößen zu identifizieren, die sich im jeweiligen Arbeitskontext auf die Betriebsangehörigen und das Unternehmen auswirken. Hierbei wird unterschieden in Ressourcen und Anforderungen, wobei Ersteren eine positive Wirkung und Letzteren ein negativer, zum Teil gesundheitsschädlicher Effekt zugeschrieben wird. Seit seiner Erarbeitung wurde dem Modell noch eine weitere Kategorie, die der personellen Ressourcen, hinzugefügt. Dabei handelt es sich um psychologische Eigenschaften des Selbst, die mit der Fähigkeit assoziiert werden, die eigene Umwelt zu beeinflussen und zu kontrollieren. Beispiele hierfür sind Selbstbewusstsein, Selbstwirksamkeit und Optimismus.

Entwickelt wurde das **Job-Demands-Resources-Modell** von den Psychologen **Arnold Bakker, Evangelia Demerouti, Wilmar Schaufeli und Friedhelm Nachreiner.** Diese international anerkannten Wissenschaftler gehören zu einer Forschungsgruppe, die sich vor allem mit Fragestellungen rund um die Belastung und das Wohlbefinden im Arbeitskontext befasst. Den Ausgangspunkt für die Entwicklung des Modells bildete die Kritik der Forscher an der früheren Annahme, dass Burn-out nur dort entstehen kann, wo Menschen mit Menschen arbeiten: im sozialen Sektor. Anhand empirischer Forschungsergebnisse gelang ihnen der Nachweis, dass Burn-out auch in anderen Arbeitskontexten vorkommt. Hierauf basierend erarbeiteten sie einen ersten Entwurf des Job-Demands-Resources-Modells, welches besagt, dass Burn-out aus einem Konflikt zwischen hohen Anforderungen und begrenzten Ressourcen am Arbeitsplatz resultiert. Den ersten wissenschaftlichen Artikel hierzu veröffentlichten sie im Jahr 2001 im Journal of Applied Psychology. Zu den Themen der Abhandlung gehörte eine Studie, die aufzeigte, dass das von ihnen entwickelte Modell Burn-out sehr solide voraussagen kann.[188]

Da die Wissenschaftler im Laufe der Zeit weitere Kritikpunkte an der Forschung zum Thema Belastungen und Wohlbefinden im Job fanden, wurde das Job-Demands-Resources-Modell erweitert. Zwar war schon lange bekannt, dass spezifische Eigenschaften der Arbeitsaufgaben oder bestimmte Situationen am Arbeitsplatz Arbeitnehmer signifikant beeinflussen können, jedoch fehlte es bis dato an der theoretischen Begründung. Andere Studien trafen Vorhersagen mithilfe des Job-Demands-Controll-Modells (Anforderungs-Kontroll-Modell) oder des Effort-Reward-Imbalance-Modells (ERI-Modell), allerdings beschränken sich diese bei ihren Prognosen auf die Auswertung theoretischer Listen von Faktoren. Das Job-Demands-Controll-Modell sieht die Ursache für Belastung am Arbeitsplatz in einer Kombination aus hohen Anforderungen (z. B. hohes Arbeitspensum oder

188 Demerouti, E.; Bakker, A. B.; Nachreiner, F.; Schaufeli, W. B. (2001): The job demands-resources model of burnout. In: Journal of Applied Psychology, Vol. 86 (3), S. 499-512

Zeitdruck) und geringer Kontrolle über die eigene Arbeit. Das ERI-Modell geht stattdessen davon aus, dass eine übermäßig hohe Arbeitsbelastung aus dem Ungleichgewicht von subjektivem Aufwand und Belohnung (z. B. Karrierechancen, höheres Gehalt) resultiert. Da diese spezifischen Aspekte nicht auf alle Arbeitsplätze zutreffen, haben diese beiden Modelle einen statischen Charakter. Sie sind nicht um andere Faktoren erweiterbar und völlig unflexibel. An diesen Schwachstellen setzt das Job-Demands-Resources-Modell an, indem es die traditionelle Stressforschung mit der klassischen Motivationsforschung vereint. Durch diese Verknüpfung wird es möglich, die Motivation und das Wohlbefinden von Arbeitnehmern vorherzusagen und diese Prognosen flexibel an die Gegebenheiten im jeweiligen Unternehmen anzupassen. Ursprünglich entwickelt, um etwaigen Ursachen von Burn-out auf den Grund zu gehen, ist das Job-Demands-Resources-Modell in der Lage, auch das Arbeitsengagement, die Arbeitsleistung, Arbeits-Familien-Konflikte sowie Folgen für die gesamte Organisation (z. B. Krankenstand, Kündigungsabsichten) zu prognostizieren. Dadurch ist es deutlich vielseitiger einsetzbar als die anderen Modelle.[189]

Das Job-Demands-Resources-Modell geht davon aus, dass keine allgemeinen, auf jeden Arbeitsbereich zutreffenden Risikofaktoren existieren. Vielmehr weist jedes Unternehmen spezifische Risikofaktoren auf, die bei seinen Mitarbeitern Stress und das Gefühl einer zu großen Belastung auslösen können. Zu den Anforderungen im Sinne dieses Modells gehören physische, psychische, organisationsbezogene und soziale Aspekte, die aus dem Aufgabenspektrum oder der Situation am Arbeitsplatz resultieren, den Arbeitnehmer nachteilig beeinflussen und dazu führen, dass er mehr physischen und psychischen Aufwand betreiben muss. Hierzu zählen beispielsweise ein hohes Arbeitspensum, ein hoher Arbeitsdruck oder schlechte Arbeitsplatzbedingungen. Demgegenüber stehen Ressourcen in Form physischer, psychischer, organisationsbezogener und sozialer Randbedingungen, die

189 Bakker, A.; Demerouti, E. (2007): The Job Demands-Resources Model – State of the Art. In: Journal of Managerial Psychology, Vol. 22 (3), S. 309-328

sich positiv auf den Arbeitnehmer auswirken. Hierzu gehören zum Beispiel Faktoren, die wichtig sind, um die Arbeitsaufgaben überhaupt erfüllen zu können, aber auch Ressourcen, welche die Anforderungen und damit auch den daraus entstehenden physischen und psychischen Aufwand reduzieren und/oder die persönliche Entwicklung fördern. Entsprechende Ressourcen lassen sich beispielsweise auf der organisationsbezogenen Ebene generieren, etwa über das Gehalt, die Karrieremöglichkeiten und die Arbeitsplatzsicherheit. Es ist aber auch möglich, sie auf interpersonaler Ebene zu erzeugen, zum Beispiel über interpersonale und soziale Beziehungen, das Teamklima, die Unterstützung durch Vorgesetzte, die spezifische Arbeitsposition (z. B. die Möglichkeit der Beteiligung an Entscheidungen) oder Eigenschaften der eigenen Arbeitsaufgaben (z. B. Wichtigkeit der Aufgabe, Variation in den Aufgaben, Autonomie bei der Aufgabenbewältigung).

Aufgrund seiner großen Flexibilität lässt sich das Job-Demands-Resources-Modell auf jeden Unternehmenskontext und jeden Arbeitsbereich anwenden. Forscher der Universität Salzburg verwendeten es beispielsweise, um die Auswirkungen der Telearbeit während der Covid-19-Pandemie zu untersuchen. Hierbei stellten sie fest, dass die Arbeit im Home-Office zu mehr Arbeitsressourcen, höherer Autonomie und mehr Selbstbestimmung führen kann und sich damit positiv auf die Arbeitsleistung auswirkt. Jedoch fallen gleichzeitig im Unternehmen vorhandene Ressourcen weg, nicht zuletzt die soziale Unterstützung durch die Kollegen am eigentlichen Arbeitsplatz. Hieraus können neue Belastungen resultieren, die sich nachteilig auf die Arbeitsleistung und das Wohlbefinden auswirken können.

Als Werkzeug für das Personalwesen hilft das Job-Demands-Resources-Modell, die spezifischen Ressourcen und Anforderungen eines Mitarbeiters am jeweiligen Arbeitsplatz zu ermitteln. Auf Grundlage der dabei gewonnenen Erkenntnisse können Unternehmen angepasste Interventionen planen, um die Ressourcen zu stärken, die Anforderungen zu minimieren und so negative Folgen für den Arbeitnehmer (z. B. Burn-out) oder das Unternehmen (z. B. Erhöhung des Krankenstandes, Fluktuationen im personellen Umfeld) zu vermeiden. Interventionen können sowohl auf der organisationsbezogenen als auch auf der individuellen Ebene stattfinden. Zu den organisationalen Einflussnahmen zählen beispielsweise die Implementierung fairer Prozesse, vermehrte Feedbackmechanismen oder Gruppenarbeit. Auf individueller Ebene empfiehlt sich das Abhalten von Trainings, in denen Arbeitnehmer lernen, ihr Arbeitsumfeld selbst zu verändern, oder ihre Stärken identifizieren und sich die Fähigkeit aneignen, diese einzusetzen. Weit verbreitet ist das Job-Demands-Resources-Modell im Vertrieb, wo zum einen die Problematik des Burn-outs häufiger auftritt als in vielen anderen Bereichen und zum anderen die Wirkung nicht-monetärer und monetärer Ressourcen auf den Verkaufserfolg verhältnismäßig gut erforscht ist.

Das Job-Crafting-Modell nach Wrzesniewski und Dutton

In früheren Sichtweisen fanden vor allem die Auswirkungen individueller Faktoren (z. B. Erwartungen und Werte der Arbeitenden) oder externer Berufsmerkmale (z. B. Eigenschaften der einzelnen Arbeitsaufgaben und berufsbezogene soziale Interaktionen) Beachtung. Vernachlässigt wurde hingegen die aktive, gestaltende Rolle des Individuums. Wrzesniewski und Dutton waren der Meinung, dass die Grenzen des eigenen Berufsumfeldes sowie der beruflichen Aufgaben, der Sinngehalt der Arbeit und die Identifizierung mit dem eigenen Tätigkeitsfeld nicht ausschließlich durch formale Berufskriterien festgesetzt werden sollten. Besser wäre es nach ihrer Ansicht, wenn Arbeitnehmer im Rahmen des Machbaren die Möglichkeit hätten, ihren Job individuell zu definieren und für sich passend zu gestalten.[190]

Entsprechend ihrer Auffassung handelt es sich bei einem Job um eine Reihe von Aufgaben, die, zusammengefasst, den konkreten, von einem Menschen ausgeführten Beruf ergeben. Das Job-Crafting definieren sie demzufolge als physische und kognitive Veränderungen, die Arbeitnehmer in einem

190 Wrzesniewski, A.; LoBuglio, N.; Dutton, J. E.; Berg, J. M. (2013): Job Crafting and Cultivating Positive Meaning and Identity in Work. In: Advances in Positive Organizational Psychology, Vol. 1, S. 281-302

bestimmten beruflichen Zusammenhang oder innerhalb der relationalen Grenzen ihres Berufs vollziehen. Für die Organisation bzw. das Unternehmen ist das Job-Crafting für sich genommen weder als positiv noch als negativ zu bewerten, sondern beschreibt lediglich den Vorgang des spezifischen Gestaltens der Arbeit. Dessen Wertung hängt von der jeweiligen Situation und vom Einzelfall ab. Der individuelle Charakter des Job-Craftings lässt sich auch daraus ablesen, dass seine konkrete Ausprägung und die Ebenen, auf denen sich der Vorgang abspielt, von den beruflichen und persönlichen Begleitumständen abhängen.

Nach Wrzesniewski und Dutton gibt es **3 Formen des Job-Craftings.** Gemäß ihrer Definition kannst Du Deine Arbeitsaufgaben wie folgt umgestalten:[191]

- **Aufgabenbezogen** – indem Du Dein formales Tätigkeitsfeld veränderst. Das heißt, Du übernimmst zusätzlich Einzelaufgaben, änderst Deine bisherigen Aufgaben ab oder lässt einen Teil davon weg. Beispiele hierfür wären ein Vertriebsmitarbeiter, der eigeninitiativ jede neue Software ausführlich testet, die seine Firma einführt, oder der Personaler, der sich aus eigenem Antrieb um zunehmend komplexere arbeitsrechtliche Fälle kümmert, ohne Jurist zu sein.

- **Beziehungsbezogen** – indem Du entscheidest, mit wem Du wann und/oder wie bei der Erfüllung Deiner Arbeitsaufgaben interagierst. Hierbei geht es um das Vermeiden oder Suchen von Interaktionen mit bestimmten Kollegen, Vorgesetzten oder Kunden. Hier wäre zum Beispiel der Altenpfleger zu nennen, der seine Schichten auf die Arbeitszeiten seiner Lieblingskollegen abstimmt.

---

191 Wrzesniewski, A.; Dutton, J. E. (2001): Crafting a Job – Revisioning Employees as Active Crafters of Their Work. In: The Academy of Management Review, Vol. 26 (2), S. 179-201

- **Kognitiv** – indem Du den Sinn bzw. die subjektive Bedeutung Deiner Arbeitsaufgabe veränderst. Hast Du Dich bislang beispielsweise als Garant für den fehlerfreien Betrieb Deines Arbeitsbereiches gesehen, kannst Du Dich künftig in der Rolle des kreativen Gestalters des Arbeitsbereiches versuchen.

Bezüglich der Auswirkungen des auf diese 3 Arten durchgeführten Job-Craftings ist zwischen Veränderungen in der Bedeutungszuschreibung des Berufes auf der einen Seite und der beruflichen Identität des Arbeitnehmers auf der anderen Seite zu unterscheiden. Unter der Bedeutung der Arbeit ist das Begreifen des Sinns und Zwecks der eigenen Tätigkeit zu verstehen. Die berufliche Identität beschreibt hingegen, wie sich eine Arbeitskraft in ihrer beruflichen Rolle sieht, warum sie ihre arbeitsbezogenen Handlungen ausführt und/oder aus welchem Grund sie mit welchen Personen während der Job-Ausübung Kontakt pflegt.

Im vordefinierten Arbeitsfeld bewirkt die aufgabenbezogene und kognitive Gestaltung beruflicher Aufgaben innerhalb des möglichen Rahmens eine Veränderung des Job-Designs. Beispielsweise könntest Du innerhalb Deines Entscheidungsspielraumes beschließen, bestimmte Aufgaben detaillierter oder oberflächlicher auszuführen. Ebenso kannst Du weitere Aufgaben annehmen oder einige gänzlich streichen. Veränderungen Deiner relationalen Grenzen können das soziale Umfeld in Deinem Job verändern, etwa, wenn Du im Rahmen des Machbaren entscheidest, den Umgang mit einzelnen Kollegen zu intensivieren, zu reduzieren, ganz abzubrechen oder neue Kontakte zu knüpfen. Diese teilweise Neudefinition Deines Jobs und die Modifikation Deines sozialen beruflichen Umfeldes können dazu führen, dass Deine Arbeit für Dich eine völlig neue Bedeutung gewinnt und sich Deine berufliche Identität verändert.

Erfolgreiches Job-Crafting nur mit Unterstützung von oben

Job-Crafting kann nur gelingen, wenn es durch die jeweilige Organisation unterstützt wird. Führungskräfte müssen ihren Mitarbeitern glaubwürdig vermitteln, dass es ihnen erlaubt ist, ihre Rolle im Unternehmen und im Team entsprechend ihren Stärken und Interessen zu gestalten. Dabei geht es nicht darum, jeden aussuchen zu lassen, was er machen will, sondern darum, die Arbeitnehmer zu animieren, selbst herauszufinden, wie sie am besten zum Unternehmenserfolg beitragen können. Sie müssen das Gefühl haben, dass sie mit neuen Aufgaben und Herangehensweisen experimentieren und dabei auch Fehler machen dürfen. Zudem brauchen sie ausreichend Freiraum zum Job-Crafting. Ist die Arbeitsbelastung zu hoch, gibt es keine klaren Rollen und herrscht ständiger Zeitmangel, kann Job-Crafting nicht gelingen.

Es ist gar nicht so lange her, dass hierarchisch agierende Vorgesetzte zu besetzende Jobs in das Korsett akribisch ausgefeilter Stellenbeschreibungen zwängten: Aufgaben, Befugnisse, Verantwortlichkeiten und Schnittstellen wurden auf das i-Tüpfelchen genau festgelegt. Den Beschäftigten kam es zu, die Beschreibung so gut wie möglich zu erfüllen. **Mittlerweile haben solche starren und detaillierten Job-Vorgaben in vielen Fällen ausgedient.** Hierfür gibt es **2 Gründe:**
Einer davon ist der **rasante technologische und strukturelle Wandel.** Dieser macht es Führungskräften oft unmöglich, vorauszusehen, welche konkreten Anforderungen demnächst auf ihre Mitarbeiter oder Teams zukommen oder mit welchen neuen Technologien und kreativen Methoden sie ihre Ziele am ehesten erreichen. Anstatt von oben her zu dirigieren, müssen Chefs und Vorgesetzte auf die Kompetenz, die Lernfähigkeit und die Kooperation ihrer Mitarbeiter und Teams vertrauen.
Das führt direkt zum zweiten Grund: **Passive Befehlsempfänger,** die genau das machen, was ihnen gesagt wird, sind in der Arbeitswelt kaum noch gefragt. Wie die Positive Psychologie und die Führungspsychologie belegen, können Menschen mehr leisten und sind gesünder und zufriedener, wenn ihnen in ihrem Job ein hohes Maß an Selbstbestimmung zugestanden wird.

6.3 WELCHE GRÜNDE SPRECHEN FÜR DAS JOB-CRAFTING?

Dich an das Gestalten Deines eigenen Jobs heranzuwagen, bedeutet, Eigenverantwortung für Deinen weiteren Berufsweg zu übernehmen. Du agierst, statt zu reagieren, und verlässt die Rolle des Opfers, an dessen Problemen vor allem die Kollegen und der Chef schuld sind. Das Ausloten Deines beruflichen Spielraumes hilft Dir, herauszufinden, was tatsächlich in Deiner Kontrolle oder in Deinem Einflussbereich liegt. Du wirst schnell erkennen, dass Du mehr Dinge im Job beeinflussen kannst, als Du bislang für möglich gehalten hast – Eigeninitiative und Leidenschaft vorausgesetzt. Mit dem Job-Crafting startest Du einen Prozess, der Dir während Deiner gesamten Karriere dienlich sein wird. Es ist keine einmalige Sache, sondern ein völlig neuer Weg, Deinen Job so zu formen, dass er für Dich einen Sinn ergibt und zu Deiner Erfüllung beiträgt.

Job-Crafting ist eine Gelegenheit, Dich selbst kennenzulernen, herauszufinden, welche Werte Dir wichtig sind, welche Bedürfnisse Du hast und was Deine Ressourcen, Talente und Kompetenzen sind. Dieses Wissen ermöglicht es Dir, eine Vision von einem Dich erfüllenden und zufriedenstellenden Job zu entwickeln. Indem Du den Inhalt und Umfang Deiner Aufgaben, Arbeitsprozesse und/oder Projekte veränderst, vergrößerst Du Dein Leistungsspektrum. Das kann Dir Vorteile beim Übergang in ein neues Aufgabenfeld oder bei einem Berufswechsel bringen. Zudem wird die Neuerfindung Deines Jobs Deiner Kreativität zugutekommen und Deine Belastbarkeit sowie Deine Anpassungsfähigkeit stärken. Diese Fähigkeiten werden bereits jetzt in der Arbeitswelt hoch geschätzt und umso mehr in der Zukunft. Für ein erfolgreiches Job-Crafting wird es nötig sein, Dich aus Deiner Komfortzone herauszuwagen. Das trägt zur Steigerung Deines Selbstvertrauens, Deines Selbstwertgefühls und Deiner Zufriedenheit bei. Damit könntest Du sogar zu einer Inspirationsquelle für andere werden.[192]

---

192 Business Insider Deutschland (2021): Job Crafting – Je aktiver und individueller ihr euren Job gestaltet,

6.4 GRUNDSÄTZLICHE TIPPS FÜR MEHR ZUFRIEDENHEIT IM JOB

Nicht jeder Beruf ist direkt ein Traumberuf. Doch selbst bei einer so gar nicht spannenden Arbeit ist es möglich, die Zufriedenheit und das Wohlbefinden zu steigern. Denn mittlerweile ist bereits klar, dass die zufriedenen Mitarbeiter deutlich produktiver sind als alle, die sich in ihrem Job nicht wohlfühlen.[193] Es hat sich außerdem herausgestellt, dass zufriedenere Mitarbeiter seltener kündigen, gesünder sind und weniger gestresst auftreten.[194] Nicht zu unterschätzen ist dabei, dass nach einer in 2021 durchgeführten Umfrage von Robert Half mit 750 Personen die Zufriedenheit mit dem Arbeitsplatz um 12 Prozentpunkte (von 65% in 2019 auf 53% in 2021) gesunken ist, was nicht zuletzt auf die Auswirkungen der Corona-Pandemie zurückzuführen ist. Als Maßstab wurden hier jene Leute herangezogen, die angaben mit ihren Beruf „eher oder sehr zufrieden im Job" sind.[195]

---

desto gesünder lebt ihr, zeigt eine Studie. URL: https://www.businessinsider.de/karriere/job-crafting-studie-wer-den-job-selbst-gestaltet-lebt-gesund/ [Stand: 11-03-2022]

Dubbelt, L.; Demerouti, E.; Rispens, S. (2019): The value of job crafting for work engagement, task performance, and career satisfaction – longitudinal and quasi-experimental evidence. In: European Journal of Work and Organizational Psychology, Vol. 28 (2), S. 1-15

Zacher untersuchte mit amerikanischen Kollegen in einer Meta-Studie die Effekte von Job Crafting. Dazu wertete er gemeinsam mit den Kollegen 122 Einzelstudien mit 35.670 Arbeitnehmern aus und konnte den positiven Nutzen für die Mitarbeiter feststellen, die sich in einem erhöhten Mitarbeiterengagement, einem höheren Wohlbefinden auf der Arbeit und einem verbesserten Arbeitsoutput ausdrückten, vgl. dazu Rudolph, C. W.; Katz, I. M.; Lavigne, K. N.; Zacher, H. (2017): Job Crafting – A Meta-Analysis of Relationships with Individual Differences, Job Characteristics, and Work Outcomes. In: Journal of Vocational Behavior, Vol. 102, S. 112-138

193 Gallup (2013): State of the Global Workplace – Employee Engagement Insights for Business Leaders Worldwide

Bellet, C.; De Neve, J.-E.; Ward, G. (2019): Does Employee Happiness have an Impact on Productivity. In: SSRN Electronic Journal

194 Clear Review: Why Is Wellbeing Important in the Workplace? URL: https://www.clearreview.com/resources/guides/workplace-importance-of-wellbeing/ [Stand: 15-05-2022]

195 Hall, C. (2022): Zufriedenheit im Job – Diese 6 Faktoren sind ausschlaggebend. URL: https://www.roberthalf.de/blog/sind-sie-gluecklich-im-job-6-faktoren [Stand: 10-05-2022]

Folgende **Tipps** helfen dabei, dass Du mit Deinem Job glücklicher bist:[196]

1. Ziele setzen und Weiterbildungen fördern

Sich Ziele zu setzen, hilft dabei, zufriedener mit dem Job zu sein. Du weißt, wo Du hinwillst, und nimmst auch weniger interessante Tätigkeiten mit einem Blick auf die Zukunft an. Dabei hilft es ebenfalls, wenn Du Dich um Weiterbildungen bemühst, die Deine Zukunft im Job noch besser machen.

2. Kleine Erfolge schätzen

Im Rahmen der Positiven Psychologie geht es darum, sich auf positive Emotionen, auf Erfolge und auf die guten Erlebnisse zu konzentrieren. Selbst wenn Dein Job insgesamt nicht gerade Dein Traum ist, gibt es ganz sicher kleine Erfolgsmomente, die Dich motivieren. Fokussiere Dich auf diese Erfolge, anstatt immer auf alles zu blicken, was schlecht ist oder Dich unzufrieden macht.

3. Schaffe optimale Arbeitsbedingungen

Ist Dir zu kalt oder zu warm? Hast Du Rückenschmerzen durch die Arbeit mit dem schlecht eingestellten Schreibtischstuhl? Oder stören die Gespräche der Kollegen Deine Konzentration und geben Dir das Gefühl, dass Du viel länger als eigentlich erforderlich für alle Aufgaben benötigst? Dann ist es Zeit, etwas zu verändern! Nicht alle Punkte werden sich leicht ändern lassen, doch insgesamt hilft es, die Arbeitsbedingungen zu verbessern und insgesamt zu optimieren. Dadurch kannst Du Dich besser konzentrieren und fühlst Dich insgesamt wohler.

Stelle Dir einmal vor, dass Du Kaffee über alles liebst und Dir zwischendurch einen guten Kaffee in der Küche holen kannst. Dadurch fällt Dir die Arbeit oft leichter. Oder Du nutzt Kopfhörer zum Arbeiten, um laute Gespräche nicht mehr wahrzunehmen. An diesem Punkt ist eventuell die Überlegung von Bedeutung, was Du an Deinem Job an den Rahmenbedingungen nicht

---

196 Qualtrics: 10 Tipps, um das Mitarbeiter-Wohlbefinden zu verbessern. URL: https://www.qualtrics.com/de/erlebnismanagement/mitarbeiter/mitarbeiterwohlbefinden-zu-verbessern/ [Stand: 07-05-2022]

magst und anpassen kannst. Vielleicht würde ein Mix aus Home-Office und Büro helfen? Oder der Tausch des Schreibtisches? Arbeitgeber zeigen sich hier häufig offen, da sie wissen, wie wichtig diese Details für die gesamte Produktivität am Arbeitsplatz sind.

4. Ausgleich zum Beruf schaffen

Ein Ausgleich zum Beruf ist wertvoll und sehr wichtig, um weiterhin dabei zu bleiben. Nimm Dir bewusst Auszeiten wie die Mittagspause, den Urlaub oder das Wochenende. Vor allem ein sparsamerer Blick auf das Handy und eine geringere Erreichbarkeit können hier Wunder wirken. Du musst nicht immer erreichbar sein! Sorge außerdem für einen Ausgleich, triff Freunde, mach Sport und verbringe Zeit in der Natur. Hauptsache, Du fühlst Dich wohl und kannst damit zwischendurch abschalten. Dadurch tankst Du ganz neue Energie.

5. Eine positive Grundeinstellung pflegen

Negative Gefühle wirken bei Weitem stärker als positive. Um ein Gleichgewicht zu erhalten, sollte das Positive dem Negativen gegenüber überwiegen. Auf ein ausgiebiges Freuen sollte somit nur ein „kleines" Ärgern kommen.[197] Das ist einfacher, als es sich anhört, denn unser Leben ist voller schöner Dinge. Nur haben wir verlernt, diese zu schätzen.

Positive Emotionen haben große Auswirkungen auf das gesamte Wohlbefinden am Arbeitsplatz. Versuche daher, positiv zu bleiben, selbst wenn es immer wieder kleine Rückschläge gibt. Der Kunde, auf dessen Rückruf Du vergeblich wartest, hat vielleicht gerade ganz andere Probleme oder braucht einfach noch eine Erinnerung. Der heute so unfreundlich wirkende Kollege hat vielleicht gerade privaten Stress. Oft handelt es sich um Gründe, die mit Dir, Deiner Person oder Deiner Arbeit nichts zu tun haben. Versuche daher,

---

197 Die vom Mathematiker Marcial Losada aufgestellte Formel zur Positivity Ratio (Verhältnis von positiven zu negativen Emotionen) von 2,9 zu 1 wurde zurecht von Brown et al. im Jahre 2013 kritisiert. Nichtsdestotrotz behält die Aussage, dass das Erleben von vermehrten positiven Emotionen gegenüber negativen Emotionen von übergeordneter Bedeutung ist, vgl. Fredrickson, B. (2013): Updated Thinking on Positivity Ratios. In: American Psychologist, Vol. 68 (9), S. 814-822

Deine Grundeinstellung positiv auszurichten, und verbanne (wiederkehrende) negative Gedanken so weit wie möglich vom Arbeitsplatz. Es macht einen enormen Unterschied aus, wenn Du Dich an eine Herausforderung heranwagst oder über die zahlreichen Probleme auf der Arbeit fluchst.

Du siehst, dass mehr Glück und Zufriedenheit im Job nicht automatisch mit einer perfekten Arbeit einhergehen. Es ist mitunter die innere Einstellung, die Herangehensweise an den Job, an Herausforderungen und den Kontakt mit Kollegen. Positive Psychologie und die Befolgung des PERMA-Modells[198] können dabei helfen, hier für mehr Zufriedenheit zu sorgen. Glück im Job ist schließlich ein individuelles Gefühl, welches sich selbst beim perfekten Beruf nur mit dem richtigen Blick auf die Arbeit einstellt. Es hilft daher häufig, sich auf positive Aspekte sowie auf das, was Dich wirklich erfüllt, zu besinnen.

6. Konzentriere Dich auf Deine Stärken

Wer im Job seine Stärken nutzt, ist laut dem amerikanischen Meinungsforschungsinstitut Gallup sechsmal häufiger engagiert und hat während der gesamten Arbeitszeit Spaß. Wer die eigenen Stärken nicht einsetzen kann, ist schon zur Halbzeit ausgebrannt.[199]

---

198 siehe Kapitel 4.3

199 Sorensen, S. (2014): How Employees' Strengths Make Your Company Stronger - Employees who use their strengths are more engaged, perform better, are less likely to leave -- and boost your bottom line. URL: https://news.gallup.com/businessjournal/167462/employees-strengths-company-stronger.aspx [Stand: 05-03-2022]

6.5 DIE ERSTEN SCHRITTE AUF DEM WEG ZUM JOB-CRAFTING

Zu den ersten Maßnahmen des Job-Craftings gehört es, herauszufinden, ob es in Deinem Job etwas gibt, das Dich motiviert und Dich mit ausreichend Energie für Deine aktuellen beruflichen Aufgaben versorgt. Das ist in aller Regel nur der Fall, wenn Du einen Sinn in Deiner Tätigkeit entdecken kannst.

Ob Du Deinen Job als sinnvoll empfindest, hängt von verschiedenen Faktoren ab. Grundsätzlich ist **Sinnhaftigkeit** gegeben, wenn diese **4 Kriterien** erfüllt sind:[200]

1. **Kohärenz:** Die Arbeit passt zu Dir und zu Deinem Leben. Es gibt weder Konflikte noch Widersprüche.

2. **Wirkung:** Was Du innerhalb Deines Jobs erledigst, wirkt sich im größeren Unternehmenskontext aus. Es spielt eine Rolle, ob Du Deine Aufgaben gut, schlecht oder überhaupt nicht erfüllst.

3. **Orientierung:** Es gibt ein Ziel, das mithilfe Deiner Arbeit erreicht werden soll. Du weißt, wozu Deine Arbeit gut ist.

4. **Zugehörigkeit:** Du fühlst Dich als Teil eines größeren Ganzen – eines Unternehmens, eines Berufsstandes, einer Branche, etc.

Ob Dein Job für Dich persönlich Sinn macht, kannst Du durch die Beantwortung folgender Fragen herausfinden:[201]

200 Koglin, I.: Job-Crafting – Der Sinn. URL: https://jetztrettenwirdiewelt.de/lessons/job-crafting-der-sinn/ [Stand: 13-03-2022]
201 a. a. O.

- Welche persönliche Bedeutung misst Du Deiner Arbeit bei?
- Identifizierst Du Dich mit Deiner Arbeit?
- Welche Deiner eigenen Werte kannst Du durch die Arbeit verwirklichen?
- Stellt Dich Deine Arbeit zufrieden?

Im zweiten Schritt solltest Du überlegen, welchen **Sinn** Dein Job **für andere Menschen** hat. Frage Dich:[202]

- Wer erachtet Deine Arbeit als wichtig?
- Wie trägt Deine Arbeit zum Leben anderer bei?
- Was würde passieren, wenn Du Deine Arbeit schlecht ausüben oder überhaupt nicht ausüben würdest?
- Welches Ziel geht Dein Unternehmen bzw. Deine Organisation nach. Inwiefern hilft Deine Arbeit dabei, dieses Ziel zu erreichen?

Du kannst nicht wirklich einen Sinn in Deiner Arbeit entdecken? Dann frage Dich, was Dir im Job fehlt und was passieren müsste, damit Du ihn als sinnvoll empfindest.

Zu erkennen, was Dir an Deinem Job gefällt und was nicht, ist eine Sache. Deine Arbeit so zu gestalten, dass sie Dich erfüllt und zufriedenstellt, ist eine ganz andere. Ein Anfang kann es sein, Dich zu fragen, wo Du genügend Spielraum für Veränderungen hast. Denke über Folgendes nach:

---

202 a. a. O.

- Welche Tätigkeitsbereiche machen Dir Spaß, welche überhaupt nicht?
- Was kannst Du besonders gut und was fällt Dir schwer?
- Gibt es eine Möglichkeit, Dein Aufgabenfeld in Richtung der von Dir präferierten Tätigkeiten zu verschieben?

Sprich mit Deinen Kollegen und Vorgesetzten über mögliche Veränderungen. Überlege Dir vorab, welche Vorteile diese davon hätten.

Der 5-Punkte-Plan für ein erfolgreiches Job-Crafting

Job-Crafting kannst Du jederzeit und unabhängig von Deinem Alter durchführen. Du solltest Dir jedoch bewusst machen, dass es sich dabei nicht um eine einmalige Aufgabe handelt, sondern um einen Prozess, den Du regelmäßig reflektieren und an die aktuellen Gegebenheiten anpassen solltest. Eine bedeutsame Voraussetzung für den Erfolg von Job-Crafting sind Offenheit für Neues und der Wille, zu lernen und sich weiterzubilden. Darüber hinaus gilt:

- Effektives Job-Crafting schließt immer auch Deine Kollegen mit ein. Beginne zunächst bei Dir selbst und agiere als Vorbild für andere Teammitglieder, indem Du beispielsweise Erfolgserlebnisse teilst.
- Überdenke traditionelle Job-Profile und wage es, eine neue Aufgaben- und Rollenverteilung im Team vorzuschlagen.
- Versuche, eine möglichst gute Passung von Arbeitsort, Arbeitsaufgaben, Arbeitszeit und Deinen eigenen beruflichen Vorstellungen zu erreichen.
- Eigne Dir digitale Kompetenzen an, da diese in Zukunft eine wichtige Voraussetzung für das Job-Crafting sein werden.

Wenn Du jemand bist, der hohe Eigeninitiative zeigt, gut mit anderen Menschen umgehen kannst, grundsätzlich an Deine Fähigkeiten glaubst und in Deinem Job ein gewisses Maß an Autonomie hast, kann Job-Crafting der richtige Weg zum Traumjob sein. Der folgende **5-Punkte-Plan** hilft Dir, die Umwandlung Deines Jobs erfolgreich zu realisieren:[203]

1. Schreibe die Eigenschaften auf, die Du als Deine Stärken bezeichnen würdest und unterstreiche die, die Du weiterentwickeln möchtest.

2. Notiere eine Woche lang sämtliche Aufgaben, die Du in Deinem Job erledigst, und wie viel Zeit Du damit jeweils verbringst.

3. Bewerte mithilfe einer Skala von „---" bis „+++", wie viel Spaß Dir die verschiedenen Aufgaben machen und wie gut sie zu den Eigenschaften passen, die Du weiterentwickeln möchtest.

4. Sprich mit Deinem Vorgesetzten und berichte ihm von den Aufgaben, die Du besonders hoch bewertet hast. Kläre ab, ob in absehbarer Zeit ein Projekt geplant ist, das bislang nicht in Deine Zuständigkeit gefallen ist, bei dem diese Aufgabenart jedoch sehr wichtig ist. Erkundige Dich, ob es Kollegen gibt, die derartige Aufgaben gern abgeben würden.

5. Überlege Dir nach jeder erfreulichen Begegnung im Arbeitskontext, was Du tun kannst, um solche Zusammenkünfte häufiger zu erleben.

Auch wenn es Dir mit diesem 5-Punkte-Plan noch nicht gelingt, Deinen absoluten Traumjob zu craften, ist es sehr wahrscheinlich, dass Du dadurch zu einem Job kommst, den Du gerne machst. Als zusätzlichen Punkt solltest

---

203 Neufeind, M. (2020): Was nicht passt, wird passend gemacht – warum jetzt der richtige Zeitpunkt für den Job Crafting ist! URL: https://www.gq-magazin.de/lifestyle/artikel/warum-jetzt-der-richtige-zeitpunkt-fuer-job-crafting-ist [Stand: 10-03-2022]

Du Dir die Zeit nehmen, darüber nachzudenken, warum etwas fehlen würde, wenn es das Unternehmen, in dem Du tätig bist, nicht mehr gäbe, und was Du ohne Deinen Job vermissen würdest.[204]

4 Job-Crafting-Strategien zur Reduzierung von berufsbedingtem Stress

Ganz allgemein lassen sich 4 Strategien des Job-Craftings zur Stressreduzierung unterscheiden:[205]

1. **Ausbauen der eigenen Fähigkeiten**
   Hierzu zählt einerseits, Dir selbst Lernmöglichkeiten zu suchen, um Deine Fähigkeiten zu erweitern, andererseits aber auch, Dir bewusst Freiräume zu schaffen, indem Du beispielsweise Deine Arbeit anders strukturierst.

2. **Optimieren der sozialen Beziehungen**
   Du kannst zum Beispiel nach Feedback suchen oder gute Verhaltensansätze von anderen Kollegen für Dich nutzen und Dir gezielt Dinge abschauen und für Dich integrieren.

3. **Vergrößern herausfordernder Anforderungen**
   Im Zuge dieser Strategie kannst Du beispielsweise die Verantwortung für ein interessantes Projekt übernehmen, das nicht zwingend in Deinen Zuständigkeitsbereich fällt. Du kannst aber auch eigenständig neue Aufgaben suchen, statt abzuwarten, bis Dir andere, möglicherweise weniger attraktive Obliegenheiten zugeteilt werden.

---

204 a. a. O.

205 Kortsch, T. (2020): Job Crafting – Das Leben selbst in die Hand nehmen und entspannter gestalten. URL: https://www.hogrefe.com/at/thema/job-crafting-das-leben-selbst-in-die-hand-nehmen-und-entspannter-gestalten [Stand: 07-03-2022]

4. **Minimieren von Hindernissen**
   Diese Strategie ist unter anderem darauf ausgerichtet, kognitiv, sozial oder emotional belastende Tätigkeiten so weit wie möglich zu reduzieren. Sie umfasst aber auch das Setzen klarer Grenzen gegenüber Deinen Kollegen.

Diese 4 Strategien sind unterschiedlich effektiv. Du kannst sie in 2 Gruppen einteilen: Während es sich bei den Strategien 1 bis 3 um das Schaffen neuer Gelegenheiten (Annäherungsorientierung) geht, ist die Strategie 4 vermeidungsorientiert. Zu diesem Thema durchgeführte Studien deuten darauf hin, dass nur die annäherungsorientierten Strategien zu empfehlen sind. Die Vierte hingegen könnte das Burn-out-Risiko sogar noch steigern.

Job-Crafting zur Beseitigung einer Unterforderung

Dass sich Arbeitnehmer in ihrem Job chronisch langweilen, passiert häufiger als gemeinhin angenommen. Jedoch belastet es nicht jeden gleichermaßen. Einige können besser damit umgehen, andere werden davon krank. Nervosität und ein Stressgefühl können ebenso zu den Folgen der ständigen Unterforderung gehören wie Magenprobleme und andere körperliche Auswirkungen. Teilweise endet das Ganze sogar in einer Depression.

Erträgst Du die ständige Unterforderung nicht länger und Du möchtest endlich etwas dagegen unternehmen, können diese **Tipps** helfen:[206]

1. **Finde heraus, warum Du unterfordert bist**
   Analysiere, was genau Dich an Deinem Job langweilt, in welchen Bereichen Du Dir etwas anderes wünschst und wie die Veränderung aussehen könnte. Wichtig dabei ist, zwischen quantitativer und qualitativer (geistiger) Unterforderung zu unterscheiden. Hast Du

206 Mai, J. (2021): Unterforderung – Was tun? URL: https://karrierebibel.de/unterforderung-im-job/ [Stand: 03-03-2022] zu wenig zu tun und dadurch viel Leerlauf, der Langeweile erzeugt, oder fordern Dich Deine Aufgaben kaum, weil sie so einfach sind, dass Du sie im Schlaf bewältigst?

2. Fordere mehr Verantwortung

Hast Du das Gefühl, dass Deine Fähigkeiten die Anforderungen Deiner aktuellen Position übersteigen, solltest Du das Gespräch mit Deinem Chef suchen. Erkläre ihm, dass Du gern mehr Verantwortung übernehmen möchtest. Das zeigt Eigeninitiative, Selbstbewusstsein und Motivation. Will er Dich unbedingt in der derzeitigen Stelle belassen, gibt es vielleicht die Möglichkeit, die Zuständigkeiten in Deinem Arbeitsumfeld umzuverteilen. Überlege Dir am besten schon vor dem Gespräch, wie eine solche Lösung aussehen könnte und wie Du Deine Kompetenzen und Dein vorhandenes Potential im Sinne des Unternehmens besser einsetzen könntest. Sprich auch mit Deinen Kollegen. Möglicherweise fühlt sich der eine oder andere von einigen seiner Aufgaben überfordert und würde diese gern an Dich abgeben.

3. Mache Dir die Wichtigkeit Deines Jobs bewusst

Oftmals beruht das Gefühl der Unterforderung im Beruf auf dem Eindruck, nicht wirklich etwas zum Ergebnis beizutragen. Dieses Gefühl kann sich zusätzlich verstärken, wenn Kollegen gelobt werden, obwohl Du Dir sicher bist, dass Du es besser gemacht hättest, wenn Dir die Chance dafür gegeben worden wäre. Hilfreich kann es sein, Dir die Bedeutung Deiner Arbeit vor Augen zu führen und Dir Erfolgserlebnisse zu schaffen, die Dir bewusst machen, dass Du ein wichtiger Teil des Teams bist und mit Deiner Arbeit einen entscheidenden Anteil am gemeinsamen Erfolg hast. Versuche, ein Verständnis für das Gesamtbild des Unternehmens zu entwickeln. So kannst Du besser nachvollziehen, wie Dein Job zum Unternehmenserfolg beiträgt.

6.6 DIE GRENZEN DES JOB-CRAFTINGS

Viele Arbeitnehmer praktizieren Job-Crafting im Berufsalltag, ohne sich dessen bewusst zu sein. Manche konzentrieren sich auf ihre Lieblingsaufgaben und erledigen zusätzliche Fleißarbeit, während sie ungeliebte Obliegenheiten auf einen späteren Zeitpunkt verschieben oder einfach weglassen. Insbesondere Letzteres kann zu Unstimmigkeiten mit der Chefetage führen. Andere picken sich die Rosinen heraus und laden damit den Unmut ihrer Kollegen auf sich. Um solche Szenarien zu vermeiden, ist es ratsam, beim Job-Crafting nichts dem Zufall zu überlassen, aber auch nichts zu erzwingen.

Natürlich gibt es Kontexte, in denen das Job-Crafting nur eingeschränkt möglich ist, insbesondere, wenn sich daraus eine Gefahr für Leib und Leben ergeben würde. So ist mittlerweile bekannt, dass die Katastrophe von Tschernobyl unter anderem passierte, weil die verantwortlichen Ingenieure die Sicherheitsvorkehrungen zu „kreativ“ auslegten.

Grundsätzlich gilt: Je wichtiger es ist, in Deinem Job bestimmte Vorgaben und Regeln einzuhalten, um das gewünschte Ergebnis zu erzielen, desto weniger Gestaltungsspielraum hast Du beim Job-Crafting. Darüber hinaus hängen die Möglichkeiten und Grenzen des Job-Craftings von der Einstellung und dem Verhalten Deiner Vorgesetzten ab. Unter einem „Kontrollfreak“ wird es deutlich schwieriger, Dich zu entfalten, als mit einer Führungskraft, die Dir und Deinen Kollegen bewusst Freiräume zugesteht. Auf der sicheren Seite bist Du, wenn Du in einem Unternehmen arbeitest, das Job-Crafting aktiv fördert und Dich auf Crafting-Praktiken aufmerksam macht, die organisationsdienlich sind.

Nicht zuletzt wird das Job-Crafting durch Dein eigenes Persönlichkeitsprofil begünstigt oder gedrosselt. Um Deine berufliche Tätigkeit nach Deinen Vorstellungen zu gestalten, bedarf es Proaktivität, Selbstwirksamkeit und Kreativität. Doch auch wenn Du über die genannten Eigenschaften verfügst, lässt sich nicht jeder mit dem Beruf einhergehende Frust mittels Job-Crafting aus der Welt schaffen. Dieser Ansatz bietet Dir jedoch die Gelegenheit, von einer passiven in eine aktivere Haltung zu wechseln und herauszufinden, was Du selbst tun kannst, um Deine berufliche Situation zu verbessern. Dabei solltest Du eine realistische Sicht darauf behalten, was hilfreich und machbar ist und was nicht.

6.7 JOB-CRAFTING IM TEAM: DIESE MASSNAHMEN KANNST DU GEMEINSAM MIT DEINEN KOLLEGEN UMSETZEN

Job-Crafting wird erfolgreicher, wenn alle mitmachen. Versuche deshalb, Deine Kollegen, andere Abteilungen und Vorgesetzte in den Prozess mit einzubeziehen und am besten auch Deinen Chef mit an Bord zu holen. Für den Anfang empfiehlt sich folgendes Vorgehen:[207]

1. Suche Dir Verbündete

Halte nach Kollegen Ausschau, die eine ähnliche Auffassung vertreten und ihren Job ebenfalls persönlicher gestalten wollen. Auf diese Weise könnt ihr euch durch den kollegialen Austausch gegenseitig positiv durch gegenseitige Impulse beeinflussen.

207 Cerenak, M.: Wie Job Crafting auch für dich funktioniert. URL: https://markuscerenak.com/job-crafting.html [Stand: 09-03-2022]

2. Tauscht eure Aufgaben

Ob geliebt oder ungeliebt – die mit Deinem Job verbundenen Aufgaben müssen erledigt werden. Wer dabei was macht, ist letztlich egal. Hauptsache ist, dass die tägliche To-do-Liste zum Feierabend abgearbeitet ist. Mit der Arbeit ist es wie mit dem Essen: Geschmäcker sind verschieden. Vielleicht findest Du einen Kollegen, der genau die Tätigkeiten mag, die Du vermeiden willst, und umgekehrt. Tauscht ihr diese Aufgaben aus, kommt ihr beide schneller voran und erzielt im Idealfall auch bessere Ergebnisse.

3. Regt Innovationen an

Ein charakteristisches Merkmal erfolgreicher Unternehmen von heute: Sie passen sich rasch an sich veränderte (Markt-)Bedingungen an. Indem ihr im Team darüber nachdenkt, wie sich eure Ressourcen besser nutzen lassen, könnt ihr eure Firma adaptionsfähiger machen. Entsprechenden Argumenten zur Umgestaltung der Arbeit wird sich kaum ein Chef verschließen, wenn abzusehen ist, dass das ganze Unternehmen davon profitiert.

4. Gewinnt Vertrauen

Betrachtet die Stellenbeschreibungen für euren Job als Basis für Veränderungen und nicht als starres Konstrukt, das Du sklavisch durchführst. Arbeitet für alle Bereiche eures Tätigkeitsfeldes mögliche Modifikationen und damit verbundene Vorteile heraus. Versucht nicht gleich, das ganze Unternehmen umzukrempeln, sondern beschränkt euch auf kleine, aber wirksame Änderungen in eurem direkten Arbeitsumfeld. So könnt ihr beweisen, dass eure Aktivitäten das Tagesgeschäft nicht beeinträchtigen, erzielt aber gleichzeitig erste Erfolge.

Was tun, wenn Du zwischendurch den Mut verlierst?

Um Deinen Job nach Deinen Vorstellungen zu gestalten, musst Du zum Teil gewohnte Denk- und Handlungsweisen aufgeben und Neuland betreten. Das kann schon einmal eine gewisse Verunsicherung bewirken. Davon solltest Du Dich aber nicht abhalten lassen. Für gewöhnlich findet sich immer ein Ausweg, wenn Du mit dem nötigen Selbstvertrauen und einem kühlen Kopf an die Sache herangehst. Die folgenden **Tipps** können dabei helfen, Durststrecken zu überwinden:

1. Mache Dir bewusst, wie weit Du in beruflicher Hinsicht schon gekommen bist. Du hast eine Ausbildung abgeschlossen, Dich in Deinem Job etabliert und Dich vielleicht schon einige Stufen nach oben gekämpft. Das kann Dir niemand mehr wegnehmen.

2. Rufe Dir in Erinnerung, was Du in Deinem Leben schon alles gelernt und gemeistert hast, obwohl Du Dir zuerst sicher warst, das nie zu schaffen. Das steigert Deine Zuversicht und hilft Dir, neue Herausforderungen zu bewältigen.

3. Gib nicht vorschnell auf. Auch wenn es Rückschläge gibt, mache weiter. Denke immer daran, dass die Umgestaltung eines Jobs kein Sprint ist, sondern ein Marathon. Überall im Leben gehören Rückschläge und Fehler dazu. Lerne daraus und gehe Deinen Weg weiter.

6.8 SO FINDEST DU DEN RICHTIGEN ANSATZ ZUM JOB-CRAFTING

Bist Du mit Deinem Job unzufrieden, weißt aber nicht, wie Du das ändern kannst? Die folgenden **5 Schritte** helfen Dir dabei, herauszufinden, was Du vermisst und in welche Richtung Du Dein Job-Crafting lenken solltest.

1. Wisse, was Du nicht willst

Schreibe auf, was Dich derzeit in Deinem Job unglücklich macht. Ist es die fehlende Anerkennung, zu wenig Spaß an der Arbeit, ein zu geringes Gehalt, Ärger mit Kollegen oder etwas ganz anderes?

2. Wisse, was Du kannst

Notiere mindestens 5 Dinge, die Du richtig gut kannst. Fällt Dir dazu nichts ein, frage Deine Vorgesetzten und Kollegen, was sie an Dir schätzen. Auch Deine Freunde sind hierfür eine gute Informationsquelle.

3. Wisse, was Du liebst

Liste auf, was Dir in Deinem Beruf gut gefällt, was Dir Freude macht, was Du gerne tust und was Dich antreibt. Findest Du dazu im beruflichen Kontext nicht viel, lasse Deinen Blick über den Tellerrand hinausschweifen. Was machst Du gerne in Deiner Freizeit. Womit beschäftigst Du Dich am liebsten?

4. Finde Deinen „Sweetspot“

Nicht mit allem, was Du gerne machst, kannst Du Deinen Lebensunterhalt bestreiten. Und nicht alles, worin Du richtig gut bist, macht Dir so viel Spaß, dass Du Deine gesamte Arbeitszeit damit verbringen möchtest. Für berufliches Glück ist es wichtig, die Schnittmenge zwischen diesen beiden Dingen zu finden, die Zone, in der Selbstverwirklichung und Erfolg eng beieinanderliegen. Nahezu für jeden Sweetspot gibt es eine Möglichkeit, ihn beruflich auszuleben. Bist Du beispielsweise sehr gut im Programmieren, möchtest aber lieber mit Menschen arbeiten, solltest Du nach einem Weg suchen, beides miteinander zu verbinden.

5. Lerne, Dich selbst zu verwirklichen

Der ideale Beruf muss sowohl Deinen Lebensunterhalt sichern als auch Spaß machen. Daher sollte Dein Job ein möglichst exaktes Äquivalent zu Deinem Sweetspot sein. Heißt es „Sicherheit oder Selbstverwirklichung?“, sollte die Antwort immer „beides“ lauten. Bei der Selbstverwirklichung im Job geht es nicht um „alles oder nichts“, sondern um ein gesundes Maß an Zufriedenheit. Sei Dir im Klaren darüber, dass es Willen und Kraft kostet, aktiv neue Wege einzuschlagen, und dass Selbstverwirklichung um jeden Preis kein Garant für ein erfüllendes Arbeitsleben ist.

6.9 BERUFSBEDINGTE PROBLEME UND MÖGLICHE LÖSUNGSANSÄTZE

Ein Traumjob, der haargenau zu Deinen Interessen passt, dessen Aufgaben Dich weder über- noch unterfordern und in dem Du ausschließlich mit gleichgesinnten, inspirierenden Menschen zusammenarbeitest, ist nicht einfach zu finden. In seinem Blogbeitrag liefert Sebastian Mauritz wertvolle Impulse und Lösungsansätze, um sich den Problemen im Beruf aktiv zu stellen. Folgende Anzeichen solltest Du nicht ignorieren, sondern ihnen aktiv mit Lösungen begegnen:[208]

1. Du kommst schlecht aus dem Bett

Gehörst Du nicht zu den ausgesprochenen Morgenmuffeln oder zu den Chronotypen, die erst später am Tag zur Höchstform auflaufen, kann das morgens schlecht aus dem Bett kommen ein Indiz für mangelnde Motivation im Job sein.

Die Lösung:

Versuche herauszufinden, warum Dir das Aufstehen so schwerfällt, und vergleiche Deine Motivation an Arbeitstagen mit den Tagen, an denen Du nicht in die Firma musst. Fällt es Dir da ebenfalls schwer? Wenn nicht, könnte es helfen, den Arbeitsalltag mit einer Aufgabe zu beginnen, die Dir Spaß macht und auf die Du Dich freuen kannst.

Bist Du eine Eule, ist es ganz normal, dass Du morgens Anlaufschwierigkeiten hast. In diesem Fall reicht es meistens schon, etwas später in den Job zu starten.

208 Mauritz, S. (2021): Unglücklich im Job. URL: https://www.resilienz-akademie.com/ungluecklich-im-job/ [Stand: 18-02-2022]

2. Du langweilst Dich bei der Arbeit

Nicht nur Überlastung kann sich nachteilig auf Dein physisches und psychisches Wohlbefinden auswirken, sondern auch Unterforderung. Permanente Langeweile im Job, kann schlimmstenfalls in einen Bore-out, das Gegenstück zum Burn-out, münden. Selbst wenn das nicht passiert, mindert die anhaltende Langeweile Deine Lebensqualität. Frage Dich, wann Dich Deine Tätigkeit das letzte Mal mit Freude bereitet hat und welche Projekte oder Aspekte Deiner Arbeit Du zuletzt als spannend empfunden hast. Rufe Dir ins Gedächtnis, was die negative Veränderung bewirkt hat, vielleicht der Wechsel in ein anderes Tätigkeitsfeld oder ein Wechsel des Vorgesetzten?

Auch Routine kann ein Grund für Langeweile sein. Machst Du über Jahre immer nur das Gleiche und lernst nie etwas Neues, macht das unglücklich. Dein Gehirn braucht für die geistige Fitness herausfordernde Aufgabenstellungen und neue Impulse.

Die Lösung:

Zum einen kann hier die Veränderung des Blickwinkels auf die Aufgaben Abhilfe schaffen, zum anderen kannst Du ein offenes Gespräch mit dem Vorgesetzten führen und Dich nach neuen Aufgabengebieten erkundigen.

3. Es fällt Dir schwer, Dich zu konzentrieren

Gibt es in Deinem Job nichts mehr, was Deine volle Konzentration erfordert, geht das Interesse und damit auch die Freude an der Arbeit verloren. Dauerhafter Konzentrationsmangel führt zu Flüchtigkeitsfehlern, die immer schwerwiegender werden. Darüber hinaus kann anhaltend mangelnde Konzentration ein erstes Signal für einen sich anbahnenden Burn-out sein.

Die Lösung:

Achte darauf, wann und wie oft Dir Fehler unterlaufen. Bei welchen Aufgaben gelingt es Dir besser, die Konzentration aufrechtzuerhalten? Mach Dir Gedanken darüber, wie Du einen größeren Anteil der Aufgaben in Deinen Arbeitsalltag einbinden kannst.

4. Konflikte am Arbeitsplatz belasten Dich

Konflikte mit Kollegen und/oder Vorgesetzten sind keine Seltenheit. Immer mal wieder gibt es berufliche Dispute, die in aller Regel auf die individuellen Denkweisen der Beteiligten zurückzuführen sind. Meist lassen sich die Probleme durch eine wertschätzende und lösungsorientierte Kommunikation aus dem Weg schaffen. In einigen Fällen kann es jedoch vorkommen, dass ungelöste Probleme latent im Hintergrund oder auch offen über einen längeren Zeitraum fortbestehen.

Die Lösung:

Versuche, Deine Interaktionen im Job dahingehend zu ändern, dass Du mit problematischen Kollegen möglichst wenig in Kontakt kommst. Arbeitest Du beispielsweise in Schichten, frage Deinen Chef, ob Du in eine andere Schicht wechseln kannst.

5. Der Gedanke an den Job verursacht Bauchschmerzen

Unser „Bauchgefühl" täuscht uns meist nicht. Wenn sich bei Dir Bauchschmerzen bemerkbar machen, ist das meist ein Warnsignal Deines sechsten Sinnes. Nimmst Du Deine Unzufriedenheit im Job nicht ernst, kann sich das in körperlichen Symptomen widerspiegeln. Das müssen nicht zwingend Bauchschmerzen sein. Auch Kopf- und Rückenschmerzen sind ein häufiges Symptom.

Die Lösung:

Verursachen Deine beruflichen Probleme bereits körperliche Symptome, ist es höchste Zeit, etwas zu ändern und diesem auf dem Grund zu gehen. Job-Crafting kann hierfür der richtige Ansatz sein. Du solltest jedoch bedenken, dass es sich hierbei um einen längerfristigen Prozess handelt, der unter Umständen viel Geduld erfordert. Verbessert sich Dein gesundheitlicher Zustand nicht oder verschlimmert er sich sogar, könnte in diesem Fall ein Jobwechsel der bessere Weg sein.

Vorteile von Job-Crafting aus Unternehmenssicht: So überzeugst Du Deinen Arbeitgeber

Dein Chef hält nichts vom Job-Crafting und will, dass alles so bleibt, wie es ist? Vielleicht kannst Du ihn mit den folgenden Argumenten davon überzeugen, dass entsprechende Maßnahmen dem gesamten Unternehmen zugutekommen:[209]

Job-Crafting:

- hilft, die Leistungen der Mitarbeiter zu verbessern, da sie ihre individuellen Kompetenzen besser ausspielen können.
- erhöht den Wettbewerbsvorteil in einem immer dynamischeren globalen Geschäftsumfeld.
- gilt als innovativ und kreativ und bewirkt eine höhere Anpassungsfähigkeit und Flexibilität auf organisatorischer Ebene.
- gibt den Mitarbeitern mehr Verantwortung und verleiht ihrer Rolle dadurch mehr Positivität und Bedeutung.
- ist ein gutes Motivationsinstrument für die Arbeitnehmer und förderlich für ihr Wohlbefinden, da es ihre subjektiven und psychischen Bedürfnisse befriedigt.
- verleiht den Mitarbeitern ein Gefühl der Kontrolle bei den von ihnen ausgeführten Aufgaben.
- hilft den Arbeitnehmern, selbstgesteckte Ziele zu erreichen und persönliches Wachstum zu erzielen.

---

209 Bhasin, H. (2020): What is Job Crafting? Definition, Types and Advantages. URL: https://www.marketing91.com/job-crafting/ [Stand: 23-02-2022]

- ermöglicht es Mitarbeitern, die Art ihrer Arbeit so zu gestalten, dass sie sich mehr engagieren können.

- verbessert die Entwicklungsmöglichkeiten der Betriebsangehörigen.

- hilft bei der Ausrichtung der jeweiligen Aufgaben auf das Motiv und die Stärken eines Mitarbeiters, woraus ein besserer Job-Person-Fit im Unternehmen resultiert.

- führt zu höherer Selbstwirksamkeit.

- steigert das Glücks- und Erfüllungsgefühl der Mitarbeiter, da diese davon ausgehen, dass sie durch Veränderungen in ihrer Rolle das Vertrauen und den Respekt ihrer Vorgesetzten gewinnen können.

- hilft beim Herstellen zuverlässiger Kontakte innerhalb des Unternehmens. Oft arbeiten Mitarbeiter nach der Optimierung ihrer Rollen mit verschiedenen Abteilungen zusammen. Daraus ergeben sich bessere Möglichkeiten für die Teamarbeit und größere soziale Verbindungen.

- führt zu einem gesunden, glücklichen und optimistischen Arbeitsumfeld.

- erhöht die emotionale Bindung zwischen Mitarbeitern und ihrem Unternehmen.

- hilft, vorhandene Talente im Unternehmen zu halten, da diese es in aller Regel vorziehen, ihr derzeitiges Jobprofil an ihre Bedürfnisse anzupassen, anstatt anderswohin zu wechseln, wo sie diese Freiheit möglicherweise nicht haben.

- bietet einen strukturierten und gleichzeitig transparenten Ansatz, um das Verhalten innerhalb des Unternehmens zu überprüfen.

Außerdem solltest Du versuchen, Deinem Arbeitgeber bzw. Deinem Vorgesetzten die Angst vor möglichen negativen Auswirkungen des Job-Craftings zu nehmen. Das funktioniert am besten, wenn Du:[210]

- ihm aufzeigst, dass Deine persönlichen Ziele nicht in Konflikt mit den organisatorischen Zielen des Unternehmens stehen.
- ihn davon überzeugst, dass Du Deine Aufgaben trotz aller Veränderungen auch weiterhin zuverlässig, gewissenhaft, effizient und termingerecht ausführst.
- die Modifikation Deiner Rolle gut durchdacht hast. Idealerweise kannst Du darlegen, wie Du vorgehen möchtest, und dass diese Herangehensweise nicht die Abläufe im ganzen Unternehmen durcheinanderbringt.

6.10 WORAUF DU BEIM JOB-CRAFTING ACHTEN SOLLTEST

Passe unbedingt auf, dass Du Deinem Jobprofil im Rahmen des Job-Craftings nicht mehr Aufgaben hinzufügst, als Du bewältigen kannst. Manchmal erweisen sich einige Tätigkeiten im Laufe der Zeit als anstrengender als zunächst gedacht. Nicht selten führt unbedachtes und übertriebenes Job-Crafting zu zusätzlichen Pflichten und zu Überarbeitung. Hieraus können Stress, Erschöpfung, Burn-out und sogar Depression resultieren. Gehe außerdem nicht dauerhaft über das normale Arbeitsmaß hinaus, ohne Dich von Deinem Unternehmen gerecht entschädigen zu lassen.

210 a. a. O.

Tipp 1: Werde selbst aktiv

Du kannst Deinen Vorgesetzten oder Chef jederzeit nach seiner Meinung bezüglich der Umgestaltung Deines Jobs fragen. Warte aber nicht auf die Genehmigung oder den Input des Managements, bevor Du damit anfängst. Beim Job-Crafting ist es an Dir, die Initiative zu ergreifen.[211]

Tipp 2: Beachte die Grenzen im System

Gehe nicht davon aus, Deinen Job völlig neu definieren zu können. Schließlich hat Dein Arbeitgeber nach jemandem gesucht, der Deine Aufgaben erledigt, und das hast Du mit Unterzeichnung Deines Arbeitsvertrages akzeptiert. Gewährleiste unbedingt, dass Du die gesetzten Ziele auch nach der Umgestaltung Deines Jobs vollständig erreichst.[212]

Tipp 3: Modelliere erfolgreiche Kollegen nach

Um den richtigen Ansatz für Dein Job-Crafting zu finden, solltest Du Dich an Kollegen orientieren, die ihren Job offensichtlich genießen und für ihre Arbeit geschätzt werden. Durch entsprechende Beobachtungen kannst Du gegebenenfalls interessante Ideen entdecken und herausfinden, was für Dich funktionieren könnte.[213]

Übung zum Job-Crafting

Für diese Übung benötigst Du ein möglichst großes Blatt Papier, am besten A3, verschiedenfarbige Stifte, ein Lineal und Haftnotizzettel. Du kannst das Ganze aber auch digital durchführen, beispielsweise mithilfe einer Notizen-App oder eines digitalen Whiteboards:[214]

---

211 Mind Tools Content Team: Job Crafting – Shaping Your Job to Fit You Better. URL: https://www.mindtools.com/pages/article/newCDV_36.htm [Stand: 16-02-2022]
212 a. a. O.
213 a. a. O.
214 Work Life Romance: In 4 Schritten den perfekten Job finden und deine Zufriedenheit maximieren. URL: https://workliferomance.de/den-perfekten-job-finden/ [Stand: 22-02-2022]

1. Schreibe Deine Tätigkeiten auf

Nimm Dir etwa 10 Minuten Zeit, um alle in Deinem Job ausgeführten Arbeiten jeweils einzeln auf den Haftnotizen zu notieren. Idealerweise sortierst Du sie gleich sinnvoll, um Dir einen besseren Überblick zu verschaffen.

2. Ordne Deine Aufgaben hinsichtlich des Zeitaufwandes

Zeichne eine vertikale Linie auf Dein Blatt. Das obere Ende beschriftest Du mit „wenig Zeit", das untere mit „viel Zeit". Ordne jetzt Deine Haftnotizen entsprechend ein. Die genauen Zeiten sind dabei zweitrangig. Wichtiger ist, die Relation der verschiedenen Aufgaben zueinander.

3. Ordne die Aufgaben gemäß ihrem Energielevel

Zeichne eine horizontale Linie, die Du rechts mit „verleiht mir Energie" und links mit „raubt mir Energie" beschriftest. Verschiebe die Haftnotizen so, dass ihre Anordnung Deine Energielevel widerspiegelt. Aufgaben, die Dir Energie geben, sollten sich nun rechts der vertikalen Linie befinden, jene, die Dich Energie kosten, links. Lasse das Bild einen Moment auf Dich wirken.

4. Bewerte Deine Arbeitsaufgaben

In diesem Schritt klassifizierst Du Deine Tätigkeiten in die Kategorien „love it", „leave it", „change it" und „reframe it". Gib dafür jeder Kategorie ein passendes Symbol, z. B. ein grünes Häkchen für „love it" oder ein dickes schwarzes Kreuz für „leave it".

Mit dem grünen Häkchen markierst Du die Aufgaben, die Dir Spaß machen und Dir sehr viel Energie geben. Das sind die Tätigkeiten, von denen Du mehr in Deinen beruflichen Alltag implementieren solltest, um Deinen perfekten Job zu schaffen. Alle energieraubenden Arbeitsaufgaben streichst Du mit einem schwarzen Kreuz durch. Diese solltest Du möglichst vermeiden. Überlege, ob diese Tätigkeiten wirklich notwendig sind und ob Du sie in diesem Fall tatsächlich selbst erledigen musst. Einige davon wirst Du nicht abgeben können. Wie Du damit umgehen kannst, erfährst Du im nächsten Absatz.

In die Kategorie „change it“, die Du beispielsweise durch Pfeile kennzeichnen könntest, fällt alles, was Du modifizieren möchtest. Dabei ist unwichtig, welche Ausprägung die Veränderung annimmt. Hierzu gehören Aufgaben, die Du entweder quantitativ mehr oder weniger in Deinem Arbeitsalltag durchführen möchtest willst.
Zu guter Letzt ergänzt Du alle mit einem schwarzen Kreuz gekennzeichneten Aufgaben, von denen Du Dich weder ersatzlos trennen bzw. verabschieden noch an irgendwem abgeben bzw. delegieren kannst, durch eine weitere Haftnotiz. Diese stellen die Kategorie „reframe it“ dar. Auf dem neuen Klebezettel notierst Du, wie Du diese Tätigkeiten neu gestalten möchtest. Hierbei können folgende Fragestellungen nützlich sein:

- Was kann ich tun, damit mir die jeweilige Aufgabe mehr Spaß macht?
- Wer kann mir dabei helfen?
- Gibt es einen Kollegen, mit dem ich an dieser Tätigkeit mehr Freude hätte?
- Lässt sich die Aufgabe mit etwas verbinden, das mir besonders viel Energie gibt?
- Welche Belohnung kann ich mich für die Erledigung der ungeliebten Arbeit geben?

Nun überlegst Du Dir, wie und wann Du diese Veränderungen in Deinen Arbeitsalltag integrieren kannst. Dabei solltest Du die Sache langsam angehen und nicht versuchen, alles auf einmal umzukrempeln. Beginne mit den Aufgaben, die Dir aktuell am meisten Bauchweh bereiten, und arbeite Dich dann nach und nach durch die anderen durch. Rufe Dir immer wieder ins Gedächtnis, dass Job-Crafting ein Prozess ist, der viel Zeit und Geduld braucht.

6.11 FAZIT: JOB-CRAFTING

Einen Traumjob, der haargenau zu Deinen Interessen passt, dessen Aufgaben Dich weder über- noch unterfordern und in dem Du ausschließlich mit gleichgesinnten, inspirierenden Menschen zusammenarbeitest, wirst Du vergeblich suchen. Mit Job-Crafting hast Du jedoch die Möglichkeit, Deinen aktuellen Job so zu gestalten, dass Du ihn gern machst und nach Feierabend zufrieden und erfüllt nach Hause gehst.

Die genannten Job-Crafting-Strategien kannst Du übrigens nicht nur bei der Arbeit anwenden, sondern auch in anderen Bereichen. Beispiele hierfür sind:

- Home-Crafting: die proaktive Gestaltung Deines privaten Lebensumfelds im Sinne Deiner Bedürfnisse,
- Leisure-Crafting: die Auswahl Deiner Freizeitaktivitäten entsprechend den eigenen Bedürfnissen und
- Work-Life-Balance-Crafting: das bewusste Ziehen von Grenzen zwischen Beruf und Privatleben, passend zu den eigenen Bedürfnissen.

7. SCHLUSSBEMERKUNG

Das Glück ist also ein weites Feld, doch kein zu weites, um bei Fontane zu bleiben: Du hast es selbst in der Hand – ja, das klingt wie eine Plattitüde, entspricht aber den Tatsachen. Befindest Du Dich gerade in einer schwierigen beruflichen Situation, dürfte es Dir schwerfallen, dieser pauschalen Aussage irgendetwas abzugewinnen. Und doch solltest Du es versuchen: Schritt für Schritt, aber kontinuierlich. Die Fortschritte werden sich erst zaghaft, dann immer deutlicher zeigen. Fakt ist, dass alles in Deinem Kopf, nämlich mit Deiner Einstellung beginnt: Legst Du den Schalter um, startest Du eine spannende Reise in ein erfülltes Berufsleben!

Oft genug sehen wir die kleinen positiven Dinge im stressigen Berufsalltag nicht mehr: den Kollegen, der jeden Tag freundlich nachfragt, wie es Dir geht; die Aufgaben, die Dir vielleicht öde vorkommen, aber ein wichtiger Beitrag zum Gelingen eines sinnvollen Vorhabens sind; den Vorgesetzten, dem Deine Meinung, Deine speziellen Fähigkeiten und Deine Erfahrungen wichtig sind. Vielleicht ergreifst Du die Initiative und bist dann überrascht, von welcher Seite Deine Zuwendung dankbar aufgenommen wird und Du etwas zurückerhältst. Der gemeinsame Kaffee und ein kurzer Plausch, die Mittagspause in der Sonne oder das Angebot, bei einer komplizierten Aufgabe zu unterstützen – es ist meist nur ein kleiner Schritt, der Dir neue Perspektiven eröffnen kann.

Steckst Du jedoch schon in dem berühmten Loch und hast das Gefühl, die Wellen schlagen über Dir zusammen, mag es vielleicht schwerfallen, dankbar für derartige Dinge zu sein, doch es lohnt sich! Suchst Du hingegen vergeblich nach positiven Aspekten im Job, dann steht wohl eine grundlegende Entscheidung an: Setz Dir selbst einen Termin – Du wirst die erleichternde Wirkung sofort spüren und mit Mut an eine Neuorientierung gehen.

Und dann sind da die Energiespender in Deiner privaten Umgebung, nämlich die Menschen, die Dir Deine Aufmerksamkeit und Zuwendung mit Freuden zurückgeben: Pflege diese Beziehungen sowohl in der Familie als auch im Freundeskreis – hier geht es ebenfalls nicht um Großes oder Aufwendiges, sondern um die vielen Kleinigkeiten, die das Leben lebenswerter machen und in der Summe ein gewaltiges Ganzes ergeben. Hier kannst Du auftanken, Dich neu sortieren und Dir darüber klarwerden, was wirklich zählt – sowohl für Deinen Beruf als auch für Dein Privatleben.

„Jede große Reise, auch der weite Weg von 1.000 Meilen, beginnt mit dem ersten Schritt."

Konfuzius (551 - 479 v. Chr.)

Möge Deine Reise erfolgreich sein und Dir Dein wahres Glück offenbaren!
Tim Ong

PS: Ich hoffe, dass Dir der Ratgeber gefallen hat und Du nun einen beruflichen Schritt weiter als vorher bist. Bei Fragen und Anregungen kannst Du mir auch jederzeit gerne eine kurze Mail an info@tim-ong.de senden. Berichte mir auch gerne, welche Fortschritte Du mithilfe des Buches erreichen konntest. Ich freue mich von Dir zu hören!

WEIL SPIELEN SPASS MACHT …

und Du mich gleichermaßen bei meiner weiteren Arbeit unterstützen kannst, hast Du die Möglichkeit an einem Gewinnspiel teilzunehmen. Was Du hierfür tun musst:

1. Hinterlasse mir eine konstruktive und ehrliche Bewertung auf Amazon. Scanne hierzu einfach den unten stehenden QR-Code:

SCAN MICH

Alternativ kannst Du mir auch über den Link eine Bewertung hinterlassen: https://qrco.de/bdL8LM

2. Sende mir einen Screenshot Deines Feedbacks an info@tim-ong.de und Du nimmst automatisch an der monatlichen Verlosung teil.

3. Warte bis zur Verlosung ab und hoffentlich kannst Du Dich dann über einen Gewinn freuen. Der Gewinner wird jeden Monat in der Facebook-Gruppe https://www.facebook.com/groups/779744636077417 bekanntgegeben.

An der Stelle bedanke ich mich nochmals ganz herzlich bei Dir und ich freue mich schon sehr die Gewinner des Spiels in der Gruppe bekanntgeben zu dürfen.

QUELLEN UND WEITERFÜHRENDE LITERATUR

aerzteblatt.de (2021): Coronapandemie – Nachfrage nach Psychotherapie hat zugenommen. URL: https://www.aerzteblatt.de/nachrichten/121113/Coronapandemie-Nachfrage-nach-Psychotherapie-hat-zugenommen [Stand: 21-11-2022]

Allport, G. W. (1937): Personality – a psychological interpretation. New York: Holt & Co.

Aristoteles (2000): Nicomachean ethics. Cambridge, UK: Cambridge University Press

Bakker, A.; Demerouti, E. (2007): The Job Demands-Resources Model – State of the Art. In: Journal of Managerial Psychology, Vol. 22 (3), S. 309-328

Baltes, M. M.; Lang, F. R.; Wilms, H.-U. (1998): Selektive Optimierung mit Kompensation – Erfolgreiches Altern in der Alltagsgestaltung. In: Kruse, A. (Hrsg.), Psychosoziale Gerontologie, Stuttgart: Hogrefe, S. 188-202

Bandura, A. (1977): Self-efficacy – Toward a Unifying Theory of Behavioral Change. In: Psychological Review, Vol. 84 (2), S. 191-215

Bandura, A. (1993): Perceived Self-Efficacy in Cognitive Development and Functioning. In: Educational Psychologist, Vol. 28 (2), S. 117–148

Bayertz, K. (2010): Eine Wissenschaft vom Glück – Erster Teil: Was ist Glück? In: Zeitschrift für Philosophische Forschung 64 (3), S. 410-429

Becher, H.; Dollard, M. F. (2016): Psychosocial and better productivity in Australian workplaces – Cost, productivity, presenteeismn, absenteeism. Safe Work Australia Report. URL: https://www.safeworkaustralia.gov.au/system/files/documents/1705/psychosocial-safety-climate-and-better-productivity-in-australian-workplaces-nov-2016.pdf [Stand: 05-03-2022]

Bellet, C.; De Neve, J.-E.; Ward, G. (2019): Does Employee Happiness have an Impact on Productivity. In: SSRN Electronic Journal

Bendel, O.: VUCA – Definition - Was ist „VUCA"? URL: https://wirtschaftslexikon.gabler.de/definition/vuca-119684#:~:text=Definition%3A%20Was%20ist%20%22VUCA%22,Merkmale%20der%20modernen%20Welt%20beschrieben [Stand: 13-11-2021]

Bhasin, H. (2020): What is Job Crafting? Definition, Types and Advantages. URL: https://www.marketing91.com/job-crafting/ [Stand: 23-02-2022]

Bilir, P. (2016): Wie mental starke Menschen mit Stress umgehen. URL: https://www.businessinsider.de/strategy/wie-mental-starke-menschen-mit-stress-umgehen-2016-10/ Stand: 08-03-2022]

Bitkom (2013): Arbeit 3.0 – Arbeiten in der digitalen Welt. URL: https://www.bitkom.org/sites/default/files/file/import/Studie-Arbeit-30.pdf [Stand: 15-11-2021]

Blickhan, D. (2018): Positive Psychologie – Ein Handbuch für die Praxis. Paderborn: Junfermann Verlag

Boyce, C.; Daly, M.; Hounkpatin, H.; Wood, A. (2017): Money May Buy Happiness, but Often So Little That It Doesn't Matter. In: Psychological Science, Vol. 28 (4), S. 544-546

Braveman, P. A.; Egerter, S. A.; Mockenhaupt, R. E. (2011): Broadening the Focus – The Need to Adress the Social Determinants of Health. In: American Journal of Preventive Medicine, Vol. 40 (1), S. 4-18

Burazeri, G.; Goda, A.; Sulo, G.; Kark, J. D. (2008): Financial loss in pyramid savings schemes, downward social mobility and acute coronary syndrome in transitional Albania. In: Journal of Epidemiology and Community Health, Vol. 62 (7), S. 620-626

Burn, S. (2015): How's Your Work-Life-Balance? URL: https://www.psychologytoday.com/us/blog/presence-mind/201509/hows-your-work-life-balance [Stand: 20-01-2022]

Business Insider Deutschland (2021): Job Crafting – Je aktiver und individueller ihr euren Job gestaltet, desto gesünder lebt ihr, zeigt eine Studie. URL: https://www.businessinsider.de/karriere/job-crafting-studie-wer-den-job-selbst-gestaltet-lebt-gesund/ [Stand: 11-03-2022]

Cerenak, M.: Wie Job Crafting auch für dich funktioniert. URL: https://markuscerenak.com/job-crafting.html [Stand: 09-03-2022]

Clear Review: Why Is Wellbeing Important in the Workplace? URL: https://www.clearreview.com/resources/guides/workplace-importance-of-wellbeing/ [Stand: 15-05-2022]

Csíkszentmihályi, M. (2002): Flow – The classic work on how to achieve happiness. London: Rider

Csíkszentmihályi, M. (2008): Das Flow-Erlebnis – Jenseits von Angst und Langeweile - im Tun aufgehen. 10. Aufl., Stuttgart: Klett-Cotta

Csíkszentmihályi, M. (2017): Flow – Das Geheimnis des Glücks. Stuttgart: Klett-Cotta

Csíkszentmihályi, M. (2018): Eröffnungsrede bei der 9. Europäischen Konferenz zur Positiven Psychologie

Deci, E. L.; Ryan, R. M. (1993): Die Selbstbestimmungstheorie der Motivation und ihre Bedeutung für die Pädagogik. In: Zeitschrift für Pädagogik, Vol. 39 (2), S. 223-238

Deci, E. L.; Ryan, R. M. (2000): The "What" and "Why" of Goal Pursuits – Human Needs and the Self-Determination of Behavior. In: Psychological Inquiry, Vol. 11 (4), S. 227-268

Deci, E. L.; Ryan, R. M. (Hrsg.) (2004): Handbook of self-determination research. Rochester, NY: University of Rochester Press

Demerouti, E.; Bakker, A. B.; Nachreiner, F.; Schaufeli, W. B. (2001): The job demands-resources model of burnout. In: Journal of Applied Psychology, Vol. 86 (3), S. 499-512

Desmond, B. (2016): Positive Psychology in the Workplace – Thank God it's Monday. URL: https://positivepsychology.com/positive-psychology-workplace-labor-of-love/ [Stand: 20-01-2022]

Deutsches Ärzteblatt (2016): Wie Laufen das Gedächtnis (von Mäusen) verbessert. URL: https://www.aerzteblatt.de/nachrichten/69282/Wie-Laufen-das-Gedaechtnis-(von-Maeusen)-verbessert [Stand: 15-04-2022]

Deutsche Parkinson Vereinigung e.V. (2021): Blut von Marathon-Mäusen steigert die Gehirnfunktion ihrer Couch-Potato-Genossen. URL: https://dpv-bw.de/blut-von-marathon-maeusen-steigert-die-gehirnfunktion-ihrer-couch-potato-genossen [Stand: 12-04-2022]

Diener, E. (1984): Subjective well-being. In: Psychological Bulletin, Vol. 95 (3), S. 542-575

Diener, E; Oishi, S.; Lucas, R. E. (2009): Subjective well-being - The science of happiness and life satisfaction. In: Lopez, S. J.; Snyder, C. R. (Hrsg.), Oxford handbook of positive psychology, 2. Aufl. S. 187-194. Oxford: Oxford University Press

Divine, M. (2016): Unbezwingbar wie ein Navy SEAL – Resilienz und mentale Stärke für Erfolg auf höchster Ebene. München: riva

Donaldson, S. I.; Heshmati, S.; Lee, J. Y.; Donaldson, S. I. (2021): Examining building blocks of well-being beyond PERMA and self-report bias. In: The Journal of Positive Psychology, Vol. 16 (6), S. 811-818

Dubbelt, L.; Demerouti, E.; Rispens, S. (2019): The value of job crafting for work engagement, task performance, and career satisfaction – longitudinal and quasi-experimental evidence. In: European Journal of Work and Organizational Psychology, Vol. 28 (2), S. 1-15

Dweck, C. S.; Leggett, E. L. (1988): A social-cognitive approach to motivation and personality. In: Psychological Review, Vol. 95 (2), S. 256-273

Dweck, C. S. (2012): Mindset – How You Can Fulfill Your Potential, S. 111-113. London: Robinson Publishing

Dweck, C. S. (2017): From needs to goals and representations – Foundations for a unified theory of motivation, personality, and development. In: Psychological Review, Vol. 124 (6), S. 689-719

Edmondson, A. (1999): Psychological Safety and Learning Behavior in Work Teams. In: Administrative Science Quarterly, Vol. 44 (2), S. 350-383

Edmondson, A. (2012): Teaming – How Organization Learn, Innovate, and Compete in the Knowledge Economy. San Francisco, CA: Jossey-Bass

Ellis, A. (1979): Theory of Rational Emotive Therapy. In: Ellis, A.; Whiteley, J. M. (Hrsg.), Theoretical and Empirical Foundation of Rational Emotive Therapy, Monterey: Brooks Cole, S. 101-173

Emmons, R. A. (2003): Personal goals, life meaning, and virtue - Wellsprings of a positive life. In: Keyes, C. L. M. & Haidt, J. (Hrsg.), Flourishing – Positive psychology and the life well-lived, Washington DC: American Psychological Association, S. 105-128

Emmons, R. A.; McCullough, M. E. (Hrsg.) (2004): The Psychology of Gratitude. New York: Oxford University Press

Esch, T. (2012): Die Neurobiologie des Glücks – Wie die Positive Psychologie die Medizin verändert. Stuttgart: Thieme

eurapon online apotheke (2017): Was ist Glück? URL: https://www.eurapon.de/blog/was-ist-glueck/ [Stand: 18-12-2021]

Fischer, J. A.; Hüttermann, H. (2020): PsySafety-Check (PS-C). Zusammenstellung sozialwissenschaftlicher Items und Skalen (ZIS). ZIS – GESIS Leibniz Institute for the Social Sciences

Frankl, V. E. (2009): Ärztliche Seelsorge – Grundlagen der Logotherapie und Existenzanalyse. München: Deutscher Taschenbuch Verlag

Fredrickson, B. (2001): The role of positive emotions in positive psychology: The broaden-and-build theory of positive emotions. In: American Psychologist, Vol. 56 (3), S. 218-226

Fredrickson, B. (2009): Die Macht der guten Gefühle – Wie eine positive Haltung Ihr Leben dauerhaft verändert, S. 259 ff. Frankfurt/New York: Campus Verlag

Fredrickson, B. (2013): Updated Thinking on Positivity Ratios. In: American Psychologist, Vol. 68 (9), S. 814-822

Freisler, R. (2022): Positive Psychologie – Anleitung zum Glücklichsein am Arbeitsplatz. URL: https://unternehmer.de/management-people-skills/214696-positive-psychologie [Stand: 10-07-2022]

Frobeen, A. (2022): Schluss mit dem Multitasking. URL: https://www.tk.de/techniker/magazin/life-balance/balance-im-job/weniger-stress-ohne-multitasking-2007152?tkcm=aaus [Stand: 04-05-2022]

Froman, L. (2010): Positive Psychology in the Workplace. In: Journal of Adult Development, Vol. 17, S. 59-69

Gallup (2013): State of the Global Workplace – Employee Engagement Insights for Business Leaders Worldwide

Gallup-Institut (2022): Engagement Index Deutschland 2021

Gallup (2022): The 2022 Guide to Employee Engagement – 5 Elements of Success

Ganz, R. (2022): Was ist Glück? Es gibt zwei Arten – kennst du sie? URL: https://www.emotion.de/de/persoenlichkeit/was-ist-glueck-6127 [05-04-2022]

Gerhard, S. (2021): Das passiert, wenn du nicht mehr schläfst. URL: https://www.quarks.de/gesundheit/schlafentzug/ [Stand: 17-03-2022]

Gosselin, J. T.; Maddux, J. E. (2003): Self-Efficacy. In: Leary, M. R.; Tangney, J. P. (Hrsg.), Handbook of Self and Identity, New York: The Guilford Press, S. 218-238

Graf, H. (2007): Die kollektiven Neurosen im Management: Viktor E. Frankl – Wege aus der Sinnkrise in der Chefetage. Wien: Linde Verlage

Grahn K.; Pfleger-Lorenz, B. (2020): Angstfrei arbeiten – eine Kultur der psychologischen Sicherheit etablieren. URL: https://lorenz-grahn.de/angstfrei-arbeiten-eine-kultur-der-psychologischen-sicherheit-etablieren/ [Stand: 28-11-2021]

Greef, S.; Schroeder, W.; Sperling, H. J. (2020): Plattformökonomie und Crowdworking als Herausforderungen für das deutsche Modell der Arbeitsbeziehungen. In: Industrielle Beziehungen, Vol. 27 (1), S. 205-226

Habermann-Horstmeier, L. (2017): Risikofaktor „Stress" – Kompakte Einführung und Prüfungsvorbereitung für alle interdisziplinären Studienfächer. Bern: Hogrefe Verlag

Harzer, C.; Ruch, W. (2012): When the job is a calling – The role of applying one's signature strengths at work. In: Journal of Positive Psychology, Vol. 7 (5), S. 362-371

Harzer, C.; Ruch, W. (2013): The application of signature character strength and posititve experiences at work. In: Journal of Happiness Studies, Vol. 14, S. 965-983

Heider, F. (2013): The Psychology of Interpersonal Relations. New York: Psychology Press

Jahoda, M. (1958); Curent concepts of positive mental health. Joint commission on mental health and illness monograph series (Vol. 1). New York, NY: Basic Books

Jungo, D.; Ruch, W.; Zihlmann, R. (Hrsg.) (2008): Das VIA-IS (»Values in Action Inventory of Strengths«), ein Instrument zur Erfassung von Charakterstärken. Informationen und Interpretationshilfen für die Berufs-, Studien- und Laufbahnberatung. Bern: SDBB Verlag

Hall, C. (2022): Zufriedenheit im Job – Diese 6 Faktoren sind ausschlaggebend. URL: https://www.roberthalf.de/blog/sind-sie-gluecklich-im-job-6-faktoren [Stand: 10-05-2022]

Helliwell, J.; Layard, R.; Sachs, J. (2017): World Happiness Report 2017. New York: Sustainable Development Solutions Network

Helliwell, J.; Layard, R.; Sachs, J. (2018): World Happiness Report 2017. New York: Sustainable Development Solutions Network

Helliwell, J.; Layard, R.; Sachs, J.; De Neve, J. E. (2020): World Happiness Report 2020. New York: Sustainable Development Solutions Network

Helliwell, J.; Layard, R.; Sachs, J.; De Neve, J. E. (2021): World Happiness Report 2021. New York: Sustainable Development Solutions Network

Helliwell, J.; Layard, R.; Sachs, J.; De Neve, J. E.; Aknin, L. B.; Wang, S. (2022): World Happiness Report 2022. New York: Sustainable Development Solutions Network

Hoffmeister, M. (2019): Bedeutung der Glücksforschung für das Management und die Führungskräfteausbildung – Bericht über das Forschungssemester WS 2018/2019. URL: https://www.ostfalia.de/cms/de/w/fakultaet/team/hoffmeister/END-Forschungsbericht-2019-Glueck-Happiness-at-Work.pdf [Stand: 26-11-2021]

Huppert, F., A.; So, T. (2009): What percentage of people in Europe are flourishing and what characterises them?

HUSS-MEDIEN GmbH (2020): Hälfte der Berufstätigen ist unzufrieden im Job. URL: https://www.arbeit-und-arbeitsrecht.de/news/haelfte-der-berufstaetigen-ist-unzufrieden-im-job.html [Stand: 19-03-2022]

Huta, V. (2015): An overview of hedonic and eudaimonic well-being concepts. In: Reinecke, L.; Oliver, M. B. (Hrsg.), Handbook of media use and well-being. New York: Routledge

Kahler, T. (1977): The Miniscript. In: Barnes, G.; Brown, M. (Hrsg,), Transactional Analysis after Eric Berne – Teachings and Practices of Three TA Schools, New York: Harpers College Press, S. 223-256

Kaluza, G. (2015): Gelassen und sicher im Stress – Das Stresskompetenz-Buch - Stress erkennen, verstehen, bewältigen. Berlin-Heidelberg: Springer

Kaluza, G. (2015): Stressbewältigung – Trainingsmanual zur psychologischen Gesundheitsförderung. Heidelberg: Springer

Keller, A.; Litzelman, K.; Wisk, L. E.; Maddox, T.; Cheng, E. R.; Creswell, P. D.; Witt, W. P. (2012): Does the Perception that Stress Affects Health Matter? – The Association with Health and Mortality. In: Health Psychology, Vol. 31 (5), S. 677-684

King, L. A. (2001): The health benefits of writing about life goals. In: Personality and Social Psychology Bulletin, Vol. 27 (7), S. 798-807

King, P. W. (2009): Climbing Maslow's Pyramid – Choosing Your Own Path Through Life. Leicester: Troubador Publishing

Koehn, S.; Morris, T.; Watt, A. P. (2013): Flow state in self-paced and externally-paced performance contexts – An examination of the flow model. In: Psychology of Sport and Exercise, Vol. 14 (6), S. 787-795

Koglin, I.: Job-Crafting – Der Sinn. URL: https://jetztrettenwirdiewelt.de/lessons/job-crafting-der-sinn/ [Stand: 13-03-2022]

Kortsch, T. (2020): Job Crafting – Das Leben selbst in die Hand nehmen und entspannter gestalten. URL: https://www.hogrefe.com/at/thema/job-crafting-das-leben-selbst-in-die-hand-nehmen-und-entspannter-gestalten [Stand: 07-03-2022]

Langer, E.; Rodin, J. (1976): The Effects of Choice and Enhanced Personal Responsibility for the Aged – A Field Experiment in an Institutional Setting. In: Journal of Personality and Social Psychology, Vol. 34 (2), S. 191-198

Lantz, P. M.; House, J. S.; Mero, R. P.; Williams, D. R. (2005): Stress, Life Events, and Socioeconomic Disparities in Health – Results from the Americans' Lives Study. In: Journal of Health and Social Behavior, Vol. 46 (3), S. 274-288

Lazarus, R. S.; Launier, R. (1981): Stressbezogene Transaktion zwischen Person und Umwelt. In: Nitsch, J. R. (Hrsg.): Stress - Theorien, Untersuchungen, Maßnahmen, Bern: Huber, S. 213-259
Lazarus, R. S.; Folkman, S. (1984): Stress, Appraisal, and Coping. New York: Springer Publishing Company

Lazarus, R. S.; Folkman, S. (1987): Transactional theory and research on emotions and coping. In: European Journal of Personality, Vol. 1 (3), S. 141–169

Lazarus, R. S. (1999): Stress and Emotion – A new synthesis. New York: Springer

Linnen, A.-M. (2011): Oxytocin, Stress Reactivity, and Emotional Information Processing – Investigating Two Potential Mechanism Mediating Oxytocin's Pro-Social-Effects

Lynch, S. (2015): Why Your Workplace Might Be Killing You – Stanford scholars identify 10 work stressors that are destroying your health. URL: https://www.gsb.stanford.edu/insights/why-your-workplace-might-be-killing-you [Stand: 22-03-2022]

Lyubomirsky, S.; Dickerhoof, R.; Boehm, J. K.; Sheldon, K. (2004): Becoming Happier Takes Both a Will and a Proper Way – Experimental Longitudinal Intervention To Boost Well-Being. In: American Psychological Association, Vol. 11 (2), S. 391-402

Lyubomirsky, S. (2008): Glücklich sein – Warum Sie es in der Hand haben, zufrieden zu leben. Frankfurt/New York: Campus-Verlag

machtfit (2021): Gallup-Report 2020 - Mitarbeiterbindung stärken um Fehlzeiten zu reduzieren. URL: https://www.machtfit.de/bgm-studien/gallup-report/ [Stand: 17-11-2021]

Maddux, J. E. (2009): Self-Efficacy – The Power of Believing You Can. In: Lopez, S. J. & Snyder, C. J. (Hrsg.), Oxford Handbook of Positive Psychology, New York: Oxford University Press, S. 277-287

Madeson, M. (2017): Seligman's PERMA+ Model explained – A Theory of Wellbeing. URL: https://positivepsychology.com/perma-model/ [Stand: 04-05-2022]

Maeck, S. (2016): Training für mehr Wohlbefinden. URL: https://www.spiegel.de/gesundheit/psychologie/dankbarkeitsuebungen-training-fuer-mehr-wohlbefinden-a-1124223.html [Stand: 02-12-2021]

Mai, J. (2021): Unterforderung – Was tun? URL: https://karrierebibel.de/unterforderung-im-job/ [Stand: 03-03-2022]

Management Coaching (2021): Management Letter – Mein bestes Selbst. URL: https://www.management-coaching.org/toolbox/management-letter/mein-bestes-selbst [Stand: 28-11-2021]

managerSeminare (2020): Change in Krisenzeiten – Spannungsfelder im Wandel. Heft 268, 07/2020

Mangels, J. A.; Butterfield, B.; Lamb, J.; Good, C.; Dweck, C. S. (2006): Why do beliefs about intelligence influence learning success? A social cognitive neuroscience model. In: A Social Cognitive and Affective Neuroscience, Vol. 1 (2), S. 75-86

Matthew, K. A.; Gump, B. B. (2002): Chronic work stress and marital dissolution increase risk of posttrial mortality in men from the Multiple Risk Factor Invervention Trial. In: Archives of Internal Medicine, Vol. 162 (3), S. 309-315

Mauritz, S. (2021): Unglücklich im Job. URL: https://www.resilienz-akademie.com/ungluecklich-im-job/ [Stand: 18-02-2022]

McClelland, D. C. (1988): Human Motivation. Cambridge: Cambridge University Press

McGonigal, K. (2015): The Upside of Stress – Why Stress is Good for You, and How to Get Good at It. New York: Avery

McGonigal, K. (2018): Glücksfaktor Stress – Warum Stress uns erfolgreich und gesund macht. Stuttgart: TRIAS

Me & Company: VUCA Welt – Definition, Beispiele und Workhacks für agile Führungskräfte. URL: https://www.me-company.de/magazin/vuca-welt/ [Stand: 12-11-2021]

Mindful Staff (2021): What the Longest Study on Happiness Reveals About Building a Fulfilling Life. URL: https://www.mindful.org/what-makes-a-good-life-lessons-from-the-longest-study-on-happiness/ [Stand: 18-12-2021]

Mind Tools Content Team: Job Crafting – Shaping Your Job to Fit You Better. URL: https://www.mindtools.com/pages/article/newCDV_36.htm [Stand: 16-02-2022]

Mineo, L. (2017): Good genes are nice, but joy is better. URL: https://news.harvard.edu/gazette/story/2017/04/over-nearly-80-years-harvard-study-has-been-showing-how-to-live-a-healthy-and-happy-life/ [Stand: 18-12-2021]

Monat, A.; Lazarus, R. (1991): Stress and Coping – An Anthology. New York: Columbia University Press

Moore, C. (2019): What is Job Crafting? (Incl. 5 Examples and Exercises). URL: https://positivepsychology.com/job-crafting/ [Stand: 28-03-2022]

Morehead, J. (2012): Stanfords University's Carol Dweck on the Growth Mindset and Education. URL: https://onedublin.org/2012/06/19/stanford-universitys-carol-dweck-on-the-growth-mindset-and-education/ [Stand: 10-01-2022]

Morin, A. (2015): 7 Ways People With Phenomenal Mental Toughness Fight Stress. URL: https://www.inc.com/amy-morin/7-ways-mentally-strong-people-handle-stress-effectively.html [Stand: 04-03-2022]

MÜNCHNER KREIS, Bertelsmann Stiftung & TUM Campus Heilbronn gGmbH (2020): Zukunftsstudie – Sonderstudie zur Corona-Pandemie

MÜNCHNER KREIS & Bertelsmann Stiftung (2020): Leben, Arbeit, Bildung 2035+ – Durch Künstliche Intelligenz beeinflusste Veränderungen in zentralen Lebensbereichen - Zukunftsstudie MÜNCHNER KREIS, Band VIII

Nakamura, J.; Csíkszentmihályi, M. (2009): Flow theory and research. In: Snyder, C. R.; Lopez, S. J. (Hrsg.), Handbook of positive psychology, Oxford: Oxford University Press, S. 195-206

Neff, K.; Vonk, R. (2008): Self-compassion versus global self-esteem – two different ways of relating to oneself. In: Journal of Personality, Vol. 77 (1), S. 23-50

Neff, K. (2012): Selbstmitgefühl – Wie wir uns mit unseren Schwächen versöhnen und uns selbst der beste Freund werden. München: Kallash Verlag

Neff, K.; Long, P.; Knox, M.; Davidson, O.; Kuchar, A.; Costigan, A.; Williamson, Z.; Rohleder, N.; Tóth-Király, I.; Breines, J. (2018): The forest and the trees – Examining the association of self-compassion and its positive and negative components with psychological functioning. In: Self and Identity, Vol. 17 (6), S. 627-645

Neufeind, M. (2020): Was nicht passt, wird passend gemacht – warum jetzt der richtige Zeitpunkt für den Job Crafting ist! URL: https://www.gq-magazin.de/lifestyle/artikel/warum-jetzt-der-richtige-zeitpunkt-fuer-job-crafting-ist [Stand: 10-03-2022]

New Work SE (2020): Neue XING Studie – Jeder Vierte ist unzufrieden mit Jobsituation. 42 Prozent müssen im Job eine Rolle spielen. URL: https://www.new-work.se/de/newsroom/pressemitteilungen/2020-neue-xing-studie-jeder-vierte-ist-unzufrieden-mit-jobsituation- [Stand: 20-03-2022]

Niemic, R. M. (2017): Character Strengths Interventions – A Field Guide for Practitioners. Boston, MA: Hogrefe Publishing

Nink, M.; Sinyan, P. (2021): 2 Decades of Low Engagement – How Germany Can Turn It Around. URL: https://www.gallup.com/workplace/339842/decades-low-engagement-germany-turn-around.aspx [Stand: 17-11-2021]

OECD and European Union (2018): Health at Glance: Europe 2018 – State of Health in the EU Cycle. Paris: OECD Publishing; Brüssel: European Union

Oishi, S.; Westgate, E. C. (2021): A psychologically rich life – Beyond happiness and meaning. In: Psychological Review. Advance online publication

Park, N.; Peterson, C.; Seligman, M. E. P. (2004): Strength of Character and Well-Being. In: Journal of Social and Clinical Psychology, Vol. 23 (5), S. 603-619

Peterson, C. (2003): The Values-in-Action Structured Interview (VIA-SI). Cincinnati, OH: The VIA Institute on Character
Peterson, C.; Park, N.; Seligman, M. E. (2005): Orientations to happiness – the full life vs. the empty life. In: Journal of Happiness Studies, Vol. 6, S. 25-41

Peterson, C. (2006): A Primer in positive psychology. New York: Oxford University Press

Peterson, C.; Ruch, W.; Beermann, U.; Park, N.; Seligman, M. E. (2007): Strengths of character, orientations to happiness, and life satisfaction. In: The Journal of Positive Psychology, Vol. 2 (3), S. 149-156

Peterson, C.; Seligman, M. E. (2004): Character strengths and virtues – A handbook and classification. Washington DC: American Psychological Association; New York: Oxford University Press

Poelmans, S.; Rock, D.; Siegel, D.; Payne, J. (2012): The Healthy Mind Platter. In: Neuroleadership Journal, Vol. 4, S. 1-23

Poulin, M. J.; Brown, S. L.; Dillard, A. J.; Smith, D. M. (2013): Giving to Others the Association Between Stress and Mortality. In: American Journal of Public Health, Vol. 103 (9), S. 1649-1655

Proyer, R. T.; Ruch, W.; Buschor C. (2013): Testing strength-based interventions – A preliminary study on the effectiveness of a program targeting curiosity, gratitude, hope, humor, and zest for enhancing life satisfaction. In: Journal of Happiness Studies, Vol. 14 (1), S. 275-292

Quinn, R. E.; Dutton, J. E.; Spreitzer, G. M. (2003): Reflected Best Self Exercise. Center for Positive Organizational Scholarship, University of Michigan

Rassek, A. (2022): PERMA-Modell – So gelangen Sie zu einem erfüllteren Leben. URL: https://karriere-bibel.de/perma-modell/ [Stand: 20-05-2022]

Regler, G. (2020): Frust, Hoffnung und Selbstmitgefühl nach einem Misserfolg im Beruf. URL: https://www.gabyregler.de/frust-hoffnung-und-selbstmitgefuehl-nach-einem-misserfolg-im-beruf/ [Stand: 23-02-2022]

Reitinger, C. (2017): Zur Anthropologie von Logotherapie und Existenzanalyse – Viktor Frankl und Alfried Längle im philosophischen Vergleich. Wiesbaden: Springer Fachmedien

Rönisch, S. (2020): Jeder Zweite mit seiner Arbeit unzufrieden. URL: https://www.onetoone.de/artikel/db/075755SUR.html [Stand:24-03-2022]

Rosenberger, P.; Ickovics, J.; Epel, E.; Nadler, E.; Jokl, P.; Fukerson, J.; Dhabhar, F. (2009): Surgical stress-induces immune cell redistribution profiles predict short-term and long-term postsurgical recovery – A prospective study. In: The Journal of bone and joint surgery, Vol. 91 (12), S. 2783-2794

Rotter, J. B. (1966): Generalized expectancies for internal versus external control of reinforcement. In: Psychological Monographs – General and Applied, Vol. 80 (1), S. 1-28

Ruch, W.; Proyer, R. T.; Harzer, C.; Park, N.; Peterson, C.; Seligman, M. E. (2010): Adaption and Validation of the German Version of the Values in Action Inventory of Strengths (VIA-IS) and the Development of a Peer-Rating Form. In: Journal of Individual Differences, Vol. 31 (3), S. 138-149

Ruch, W.; Proyer, R. T. (2011): Positive Interventionen – Stärkenorientierte Ansätze. In: Frank, R. (Hrsg.), Therapieziel Wohlbefinden – Ressourcen aktivieren in der Psychotherapie, 2. Aufl., S. 83-91. Heidelberg: Springer

Ruch, W.; Proyer, R. T. (2011): Positive Psychologie – Grundlagen, Forschungsthemen und Anwendungen. In: Report Psychologie, Vol. 36 (2), S. 60-70

Rudolph, C. W.; Katz, I. M.; Lavigne, K. N.; Zacher, H. (2017): Job Crafting – A Meta-Analysis of Relationships with Individual Differences, Job Characteristics, and Work Outcomes. In: Journal of Vocational Behavior, Vol. 102, S. 112-138

Ruzanski, C. (2020): Positive Psychologie – wie wir im Beruf glücklich werden. URL: https://www.bbx.de/positive-psychologie-wie-wir-im-beruf-gluecklich-werden/ [Stand: 08-12-2021]

Sax, M. (2020): Glück. URL: https://www.planet-wissen.de/gesellschaft/psychologie/glueck/index.html [Stand: 20-12-2021]

Scarcella, F.: Positive Psychologie. URL: https://filizscarcella.com/positive-psychologie/ [Stand: 14-7-2022]

Schmid, D. (2021): WOOP-Methode – Wie Sie in 4 Schritten jedes Ziel erreichen, Impulse Medien GmbH. URL: https://www.impulse.de/management/selbstmanagement-erfolg/woop/7302190.html [Stand: 01-12-2021]

Schneider, J. (2013): Burnout vorbeugen und heilen – Erfolgreich arbeiten - erholt in den Feierabend. Paderborn: Junfermann Verlag

Schueller, S. M. (2010): Preferences for positive psychology exercises. In: The Journal of Positive Psychology, Vol. 5 (3), S. 192-203

Schwartz, S. H.; Cieciuch, J.; Vecchione, M.; Davidov, E.; Fischer, R.; Beierlein, C.; Ramos, A.; Verkasalo, M.; Lönnqvist, J.-E.; Demirutku, K.; Dirilen-Gumus, O.; Konty, M. (2012): Refining the theory of basic individual values. In: Journal of Personality and Social Psychology, Vol. 103 (4), S. 663-688

Seligman, M. E.; Csíkszentmihályi, M. (2000): Positive psychology – An Introduction. In: The American Psychologist, Vol. 55 (1), S. 5-14

Seligman, M. E. P. (2005): Der Glücksfaktor – Warum Optimisten länger leben. Bergisch Gladbach: Lübbe

Seligman, M. E. P.; Steen, T. A.; Park, N.; Peterson, C. (2005): Positive psychology progress – Empirical validation of interventions. In: American Psychologist, Vol. 60 (5), S. 410-421

Seligman, M. E. P. (2012): Wie Menschen aufblühen – Die Positive Psychologie des gelingenden Lebens. München: Kösel-Verlag

Seligman, M. E. P. (2018): PERMA and the building blocks of well-being. In: The Journal of Positive Psychology, Vol. 13 (4), S. 1-3

Sgroi, D. (2015): Happiness and Productivity – Understanding the Happy-Productive Worker. URL: https://www.smf.co.uk/wp-content/uploads/2015/10/Social-Market-Foundation-Publication-Briefing-CAGE-4-Are-happy-workers-more-productive-281015.pdf [Stand: 15-12-2021]

Shaw, R. (2009): Steigert körperliche Fitness die Intelligenz. URL: https://www.praxis-dr-shaw.de/blog/steigert-korperliche-fitness-die-intelligenz/ [Stand: 06-04-2022]

Simon-Thomas, E. R. (2018): The Four Keys to Happiness at Work. In: Greater Good Magazin

Sin, N. L.; Lyubomirsky, S. (2009): Enhancing wellbeing and alleviating depressive symptoms with positive psychology interventions – A practice-friendly meta-analysis. In: Journal of Clinical Psychology, 65 (5), S. 467-487

Sorensen, S. (2014): How Employees' Strengths Make Your Company Stronger - Employees who use their strengths are more engaged, perform better, are less likely to leave -- and boost your bottom line. URL: https://news.gallup.com/businessjournal/167462/employees-strengths-company-stronger.aspx [Stand: 05-03-2022]

Techniker Krankenkasse (2020): Gesundheitsreport Techniker Krankenkasse 2020

Toane, M. (2017): How to Build a Culture of Curiosity in Your Organization. URL: https://medium.com/@actionableco/how-to-build-a-culture-of-curiosity-in-your-organization-10622f00ed86 [Stand: 14-12-2021]

Tödtmann, C. (2021): Gallup-Studie 2020 – Die Top Manager haben bei der Pandemie einen guten Job gemacht, die Führungskräfte eher nicht. Kurzarbeit verzeihen die Mitarbeiter nicht. URL: https://blog.wiwo.de/management/2021/03/18/gallup-studie-2020-die-top-manager-haben-bei-der-pandemie-einen-guten-job-gemacht-die-fuehrungskraefte-eher-nicht-kurzarbeit-verzeihen-die-mitarbeiter-nicht/ [Stand: 18-11-2021]

Universität Zürich: Positive Psychologie. URL: http://www.positive-psychologie.ch/?page_id=24 [Stand: 30-11-2021]

Universität Zürich (2021): Was sind ihre Stärken? (ungekürzte Fassung des VIA-Tests). URL: https://www.charakterstaerken.org/ [Stand: 22-10-2021]

University of Southern Carolina (2010): Over long haul, money doesn't buy happiness

VIA Institute on Character (2021): Bring Your Strengths to Life & Live More Fully (überarbeitete Version des VIA-Tests). URL: https://www.viacharacter.org/ [Stand: 22-10-2021]

Viswanathan, K.; Dhabhar, F. (2005): Stress-induced enhancement of leukocyte trafficking into sites of surgery or immune activation. In: Proceedings of the National Academy of Sciences, Vol. 102 (16), S. 5808-5813

Walker, C. J. (2010): Experiencing flow – Is doing it together better than doing it alone? In: The Journal of Positive Psychology, Vol. 5 (1), S. 5-11

Weiner, B. (1972): Theories of Motivation – From Mechanism to Cognition. Chicago: Markham

Weiner, B. (1986): An Attributional Theory of Motivation and Emotion. New York: Springer

Wellbeing Works: PIXAR's Unparalleled Success and its roots in Psychological Safety. URL: http://well-being-works.co.uk/pixars-unparalleled-success-and-its-roots-in-psychological-safety/ [Stand: 12-12-2021]

WHO (2004): Promoting mental health – Concepts, emerging evidence, practice: Summary report

Wilke, J.: Positive Psychologie. URL: https://workalive.de/positive-psychologie/ [Stand: 15-7-2022]

Wintermann, O. (2019): Studie zur Plattformarbeit – So ist die Lage - und so kann es weitergehen. URL: https://www.zukunftderarbeit.de/2019/05/07/plattformarbeit-in-deutschland-freie-und-flexible-arbeit-ohne-soziale-sicherung/ [Stand: 18-11-2021]

Wintermann, O. (2020): Die Auswirkungen der Corona-Krise auf die Arbeitswelt – Was bleibt und was nicht? URL: https://www.bertelsmann-stiftung.de/de/unsere-projekte/betriebliche-arbeitswelt-digitalisierung/projektnachrichten/die-auswirkungen-der-corona-krise-auf-die-arbeitswelt#detail-content-51a2-10 [Stand: 20-11-2021]

Wolf, S. (1994): Freedom within Reason. Oxford: Oxford University Press

Work Life Romance: In 4 Schritten den perfekten Job finden und deine Zufriedenheit maximieren. URL: https://workliferomance.de/den-perfekten-job-finden/ [Stand: 22-02-2022]

Wrzesniewski, A.; Dutton, J. E. (2001): Crafting a Job – Revisioning Employees as Active Crafters of Their Work. In: The Academy of Management Review, Vol. 26 (2), S. 179-201

Wrzesniewski, A.; LoBuglio, N.; Dutton, J.; Berg, J. M. (2013): Job Crafting and Cultivating Positive Meaning and Identity in Work. In: Advances in Positive Organizational Psychology, Vol. 1, S. 281-302

RECHTLICHES

Die Inhalte dieses Buches wurden anhand von anerkannten Quellen recherchiert und mit hoher Sorgfalt geprüft. Der Autor übernimmt dennoch keinerlei Gewähr für die Aktualität, Richtigkeit und Vollständigkeit der bereitgestellten Informationen.

Haftungsansprüche gegen den Autor, welche sich auf Schäden gesundheitlicher, materieller oder ideeller Art beziehen, die durch Nutzung oder Nichtnutzung der dargebotenen Informationen bzw. durch die Nutzung fehlerhafter und unvollständiger Informationen verursacht wurden, sind grundsätzlich ausgeschlossen, sofern seitens des Autors kein nachweislich vorsätzliches oder grob fahrlässiges Verschulden vorliegt. Dieses Buch ist kein Ersatz für medizinische oder professionelle Beratung und Betreuung.

Dieses Buch verweist auf Inhalte Dritter. Der Autor erklärt hiermit ausdrücklich, dass zum Zeitpunkt der Linksetzung keine illegalen Inhalte auf den zu verlinkenden Seiten erkennbar waren. Auf die verlinkten Inhalte hat der Autor keinen Einfluss. Deshalb distanziert der Autor sich hiermit ausdrücklich von allen Inhalten aller verlinkten Seiten, die nach der Linksetzung verändert wurden. Für illegale, fehlerhafte oder unvollständige Inhalte und insbesondere für Schäden, die aus der Nutzung oder Nichtnutzung solcherart dargebotener Informationen entstehen, haftet allein der Anbieter der Seite, auf welche verwiesen wurde, nicht aber der Autor dieses Buches.

ÜBER DEN AUTOR

Tim Ong ist Coach der Positiven Psychologie, der Wissenschaft des gelingenden Lebens, Karrierecoach und Trainer für Glück und Resilienz. Als Autor schreibt er über Themen aus dem Bereich des persönlichen Glücks und Berufs, um die Arbeitswelt mit sinnstiftenden Impulsen zu bereichern und die Menschen zu einer sinnorientierten Karriere zu begleiten.
Er erinnert Menschen daran, dass ihr persönliches Glück im Beruf leicht sein kann, damit sie ein freies und selbstbestimmtes Leben von innen heraus führen können – denn das haben sie verdient.

Lust Dich zu vernetzen?

Website: https://tim-ong.de/
LinkedIn: https://www.linkedin.com/in/tim-ong-karriere/
FB-Gruppe: https://www.facebook.com/groups/779744636077417

Printed in Poland
by Amazon Fulfillment
Poland Sp. z o.o., Wrocław

11579907R00175